WITHDRAWN
No longer the property of the
Boston Public Library.
Sale of this material benefits the Library.

D1197535

WITHDRAWN
No longer the property of the
Boston Public Library.
Sale of this material benefits the Library.

HISTORIA DE LAS SOCIEDADES SECRETAS

Si este libro le ha interesado y desea que lo mantengamos
informado de nuestras publicaciones, escríbanos indicándonos
qué temas son de su interés (Astrología, Autoayuda, Natu-
rismo, Nuevas terapias, Espiritualidad, Tradición, Qigong,
PNL, Psicología práctica, Tarot...) y gustosamente lo compla-
ceremos.

Puede contactar con nosotros en
comunicacion@editorialsirio.com

Diseño de portada: Editorial Sirio, S.A.

© Ramiro Calle

© de la presente edición

EDITORIAL SIRIO, S.A.	**EDITORIAL SIRIO**	**ED. SIRIO ARGENTINA**
C/ Panaderos, 14	Nirvana Libros S.A. de C.V.	C/ Paracas 59
29005-Málaga	Camino a Minas, 501	1275- Capital Federal
España	Bodega nº 8 , Col. Arvide	Buenos Aires
	Del.: Alvaro Obregón	(Argentina)
	México D.F., 01280	

www.editorialsirio.com
E-Mail: sirio@editorialsirio.com

I.S.B.N.: 978-84-96595-28-6
Depósito Legal: B-4.933-2010

Impreso en los talleres gráficos de Romanya/Valls
Verdaguer 1, 08786-Capellades (Barcelona)

Printed in Spain

*Cualquier forma de reproducción, distribución, comunicación pública o transformación de esta
obra sólo puede ser realizada con la autorización de sus titulares, salvo excepción prevista por la
ley. Diríjase a CEDRO (Centro Español de Derechos Reprográficos, www.cedro.org) si necesita
fotocopiar o escanear algún fragmento de esta obra.*

Ramiro Calle

HISTORIA DE LAS SOCIEDADES SECRETAS

HOJAS ❧ DE LUZ
EDITORIAL

A todos los buscadores genuinos que saben que no hay otro
refugio que uno mismo, ni mejor maestro que el interior;
a los alumnos del Centro de Yoga
SHADAK por su confianza y afecto.

El que sabe no habla;
el que habla no sabe.
Obtura sus aberturas,
cierra sus puertas,
embota sus bordes,
desata sus nudos,
amengua su luz,
ahoga su estruendo.
Ésta es la Unidad Mística.

Tao Teh King
LAO-TSE

INTRODUCCIÓN

Desde los comienzos de la humanidad han existido determinados hombres que experimentaron vivamente el vacío que se desprende de los interrogantes insolubles que plantea la existencia. De súbito, el ser humano, sin aparente opción por su parte, se encuentra en la vida, pasa por ella y, finalmente, muere. Todo ello como por arte de encantamiento. Y en la mente de esos hombres a los que me he referido, con frecuencia inusitada e incluso alarmante, se repiten las preguntas, todas ellas bajo el común denominador de querer saber, de poder resolver esos interrogantes aparentemente sin solución a los cuales ni la religión, ni la ciencia, ni la filosofía logran responder de forma satisfactoria.

¿Cómo denominar a esos hombres? Aunque quizá no sea del todo acertado, podríamos llamarlos «buscadores de la

Verdad. Ellos no se satisfacen con la verdad común ni con la verdad a medias. No pretenden cubrir su vacío buscando la verdad científica, histórica, religiosa, social o política. Buscan la Verdad absoluta, trascendente. En su búsqueda arriesgan prácticamente todo lo que tienen, aun sabiendo de antemano que muy pocos hallarán lo buscado, aun teniendo clara conciencia de que pueden extraviarse definitivamente y penetrar para siempre en un mundo sin luz.

Esos hombres forman una gran familia. Aquí, allí, en todas partes, están esperando una oportunidad. Aunque son numerosos, comparados con el resto de los otros hombres la cifra resulta escasamente significativa. Llegan a sentirse como hormigas en un hormiguero ajeno, como abejas desorientadas que se equivocaron de colmena. Pero muchos de ellos no desfallecen; por el contrario, la adversidad los estimula y confían en que un día, por lejano que sea, la rosa terminará por limar las espinas del rosal.

Algunos miembros de esa gran familia deciden recorrer el camino solos. Apartados del mundo, desapegados, renuncian a sus lazos familiares y a la vida cotidiana y se retiran a la soledad de los bosques o de las montañas, para allí, a través de la austeridad y de una rígida disciplina, comenzar la ardua empresa de rescatar a su Yo. Otros pretenden la evolución desde dentro, confundidos entre los demás hombres, pasando inadvertidos, sin renunciar formalmente a nada, pero tratando de no depender de nada. Estos miembros de la gran familia que se quedan entre los otros hombres agudizan enormemente su sensibilidad para encontrarse entre ellos, hasta un extremo tal que llegan a intuirse. Se buscan entre sí y cuando se encuentran forman grupos, escuelas, sectas o sociedades.

Y frecuentemente se ven obligados por unos u otros motivos a guardar el secreto, a evadirse de la curiosidad de los demás.

Estos «buscadores de la Verdad» absoluta tendrán que soportar la incomprensión de los demás. Muchos fueron condenados a la hoguera o encarcelados durante toda su vida. Hoy en día, en que la humanidad juega a ser algo más tolerante, no serán probablemente quemados, aunque entra dentro de lo posible que su destrucción, en lugar de material, sea mental, psicológica o espiritual. No deben sorprenderse si en el mejor de los casos son tachados de «escapistas» o encuentran una continua reticencia.

Por fortuna, muchos de los que forman esa gran familia no buscan la comprensión de los demás, sino la propia; no anhelan el poder sobre los otros, sino sobre sí mismos; no malgastan su tiempo en adquirir honores y privilegios, sino en conquistarse a sí mismos. El muro se levanta ante ellos: sólido, gigantesco, casi inaccesible. Hay que comenzar a trepar sin vacilaciones, con entusiasmo febril, aunque la carne quede hecha jirones en el intento.

Sobre esos hombres pueden escucharse tantas cosas... Se dice que temen a la vida, que no han aprendido a aceptar la realidad. Así sea. Ojalá sea así por siempre. Si temer a la vida es temer a la violencia y a la opresión, esos hombres por supuesto que la temen, y no podemos imaginarnos hasta qué grado. Si aceptar la realidad es aceptar la crueldad y el desamor, claro que no la aceptan. Algunos, ante las dudas que se les han planteado en su interior, desesperados por no poder arrojar cierta luz a lo que ellos consideran un mundo de tinieblas, han llegado incluso a acariciar la idea de quitarse la vida, pero nunca han sido tan necios como para decidir suicidarse espiritualmente. Combaten contra la anquilosis moral, contra la ignorancia y la ilusión. Han combatido, combaten y combatirán. Sus armas son casi desconocidas. Sus nombres, tratando de recordar, son Tolerancia y Comprensión.

Si alguna vez el hombre termina de «despertar» —y en este sentido no hay que ser muy optimistas, pues su sueño parece eterno—, con esas armas y no con otras podrá someter a la fortaleza más inexpugnable. Más allá de toda palabrería sofisticada, más allá de toda jerga mística, la tolerancia y la comprensión deberían tener un puesto de honor en el corazón y en la mente de todos los hombres.

La injusticia y el crimen se han apoderado de las riendas. El porvenir es siempre tan imprevisible que sería estúpido imaginar su fin por la bomba atómica o por la colisión con otro planeta. Cualquiera sabe. Tomando como datos los actos del ser humano, el resultado no parece ser muy halagüeño. Pero aunque incluso para el más crédulo resulta en cierto modo difícil creerlo, quizá surja un milagro, aunque para ello no sea necesario un Buda o un Cristo, sino cientos de ellos. Uno mira a su alrededor y termina por acostumbrarse —que es lo más corriente— a lo que ve, o corre el peligro de enloquecer. Eres niño cuando te educan en la Iglesia de tus padres y te repiten que hay que amar, perdonar y ayudar. Los humanos adultos te lo dicen, ellos que son los que hacen el mundo día a día, los grandes seres a los que el adolescente desea parecerse. Pero son tales las barbaridades que el niño habrá de ver y escuchar que, si no termina por endurecerse, sentirá que se asfixia. No obstante, logra sobrevivir.

Cuando un especialista observa con los rayos X el cuerpo del niño, diagnostica que se encuentra perfectamente y felicita a los padres. Sin embargo, de cómo está su mundo anímico, de eso nadie se ocupa. Si el hígado y el páncreas funcionan, todo va bien. Pero el niño, después el joven, y luego el hombre nota que algo le falta, aunque no padezca insuficiencia hepática, estenosis mitral o dilatación del bazo. Más allá de sus estudios, de los escarceos amorosos o de las palabras con que su padre le arenga a competir en la vida y ser un triunfador, busca un procedimiento que le permita encontrar la libertad interior. Se siente indeciso, acorralado. No desea morir, pero tampoco exactamente seguir viviendo. Observa que los demás tampoco son libres y que curiosamente a la mayoría de ellos no parece importarles demasiado. Perplejo, desorientado, busca en los libros, esos excelentes amigos que tanto dan y tan poco exigen. Nadie se libera siendo un gusano de biblioteca, pero se puede encontrar cierta orientación. Tal vez un día se haga la luz en su mente y comience a trabajar sobre sí mismo: ya sea solo, renunciando al mundo, ya sea en compañía de otros como él. Grupos, escuelas y sociedades iniciáticas. El lector del presente libro se convencerá por sí mismo de que abundan, aunque, a fin de no extendernos excesivamente, nos hemos limitado a recoger sólo los más significativos movimientos espiritual-esotéricos. Porque no ahora, sino siempre, muchos seres humanos han sido conscientes del aislamiento del hombre y no han podido por menos que sorprenderse al comprobar que, en lugar de hacer lo posible por remediar ese aislamiento, el hombre se destruye. Cuando las escuelas espiritualistas nos dicen que el hombre común está dormido, ¿lo podemos dudar? Cuando los iniciados nos señalan que el hombre común tiene una espesa venda sobre los ojos que le impide toda visión, ¿lo podemos dudar?

Cuando los maestros nos aseguran que el hombre tiene que desarrollarse para saber amar, ¿lo podemos dudar? No es ya que el hombre haya sido expulsado del paraíso, sino que hace del paraíso su propio infierno. Se necesita una nueva enseñanza, vigorosa, arrolladora, firme y esencial. Pero ¿cuál es y quién podrá predicarla? Quienes creen en un futuro Mesías o en el bondadoso Maitreya esperan resignados, con la esperanza de que su presencia entre nosotros habrá de cambiar la faz del mundo.

Comoquiera que sea, el ser humano tiene que transformarse y llegar ante todo a la profunda convicción de que la violencia nada soluciona y de que los procedimientos violentos lo degeneran y lo exterminan mental, física y moralmente. Pero para transformarse, el hombre debe conocerse. Es difícil promover el autoconocimiento, porque el hombre es perezoso y siempre que le es posible evita todo esfuerzo. Una vez más son sabias las palabras de Huxley cuando dice:

> Si la mayoría de nosotros nos ignoramos, es porque el conocimiento de uno mismo es doloroso, y preferimos los placeres de la ilusión. En cuanto a las consecuencias de tal ignorancia, son malas según todo criterio, desde el utilitario al trascendental. Malas porque la ignorancia de uno mismo lleva a una conducta irrealista, con lo que se ocasiona toda clase de trastornos para todos los interesados; y malas porque sin el conocimiento de uno mismo no puede haber verdadera humanidad, ni, por lo tanto, conocimiento unitivo de la divina Base que está debajo del Yo, ordinariamente eclipsada por éste.

Si por algo, indiscutiblemente, se preocupa el ser humano, es por él mismo. Muchas veces incluso las posturas o actos altruistas enmascaran un egotismo inconsciente. Y el hombre, para madurar, debe dejar de depender morbosamente de sí mismo, comenzar por liberarse del «yoísmo». Si el hombre no comprende es porque no se esfuerza por ver las cosas también desde la otra orilla, y esto es doblemente perjudicial, porque no evoluciona y porque, dado que parece estar en su naturaleza destruir todo lo que no comprende, se hace agresivo. Hay que esforzarse por adquirir el conocimiento exacto, la «vista penetrante», como dicen los iniciados tibetanos. Porque mediante el conocimiento auténtico será posible llegar a la verdad, y aquel que la haya obtenido podrá llevarla hasta los otros, ya que «la verdad levanta tormentas que desparraman su semilla a los cuatro vientos» (Tagore).

Gran parte del conocimiento iniciático se ha conservado y perpetuado mediante las sociedades esotéricas. Sus miembros han sido moralmente obligados a guardar silencio, y aunque muchos no han seguido estos preceptos, otros sí lo han hecho, con lo cual dicho conocimiento ha sido en cierto modo preservado y protegido.

Las sociedades auténticamente iniciáticas han tenido siempre como finalidad mantener vivo el conocimiento oculto y preparar espiritualmente a la humanidad. En teoría al menos, han pretendido enseñar a los hombres la verdad y adiestrarlos en el amor. No hay que olvidar, sin embargo, que las sociedades están formadas por hombres, y que éstos en muchas ocasiones —como tantas veces ha sucedido— se han servido de aquéllas para la consecución de sus propios fines. Cuando sus miembros se disputan el poder, cuando el egoísmo y la vanidad no son controlados, cuando los intereses del individuo se anteponen a los de la sociedad, ésta termina degenerando. Esto es lo que ha sucedido con diversos grupos iniciáticos, escuelas y sociedades secretas. Sin ningún miramiento, con una carencia absoluta de escrúpulos, algunos miembros han utilizado la sociedad a la que pertenecían como trampolín para obtener sus fines; miembros de una sociedad espiritualista, lobos disfrazados con piel de cordero que se han despreocupado de los principios y preceptos espirituales enseñados por la sociedad en cuestión, para entregarse a asuntos materiales, muchas veces turbios e indignos. No es la sociedad la que ha fallado, sino sus desaprensivos miembros; no es el grupo o la escuela, sino aquellos que la «forman» y la «deforman». Pero si por una parte las sociedades iniciáticas han contado con personas a las cuales lo que menos les interesaba, indiscutiblemente, era el progreso espiritual del individuo y el bienestar del mundo, por otro han cultivado individuos de gran solvencia moral y fecunda capacidad intelectual.

Cualquiera que se asome, por discretamente que sea, a la historia de la espiritualidad del hombre se quedará asombrado al observar su exuberante riqueza. Harían falta muchos volúmenes para describir los miles de sociedades, sectas, escuelas y grupos de naturaleza espiritual o iniciática que han existido a lo largo de los tiempos y en los más insospechados lugares del mundo.

Aunque en el presente volumen nos hemos interesado fundamentalmente por las sociedades esotéricas, no nos hemos limitado únicamente a ellas. Hemos creído conveniente e interesante extendernos también sobre escuelas y grupos de naturaleza iniciática, grandes iniciados y célebres esoteristas, movimientos esotéricos y sectas religiosas, deseando aproximar al lector al conocimiento oculto, aquel que subterráneamente se ha deslizado desde la antigüedad hasta nuestros días, transformando y alentando a muchos seres humanos, haciéndolos espiritualmente sabios, pues, como dice el Bhagavad Gita, «ninguna cosa en el mundo iguala en pureza al conocimiento». Porque el conocimiento lleva al amor, y nada hay tan puro como el amor cuando no persigue otros fines que los del amor mismo.

I

LAS SOCIEDADES SECRETAS

Esotéricamente se considera que hay unas verdades eternas que a lo largo de los siglos han sido expuestas por los grandes iniciados, a fin de perfeccionar al hombre y mejorar a la humanidad. A pesar del materialismo, de la despreocupación espiritual, del odio y la perversidad, estas verdades eternas nunca se han perdido ni nunca se perderán. Los grandes iniciados actúan cuando lo creen conveniente, a fin de preparar a determinados hombres y aproximarlos a la conciencia cósmica. Desde siempre se ha estimado como imprescindible el conocimiento de sí mismo. Todo aspirante a la iniciación debe desear este conocimiento que lo llevará de la razón a la intuición. Antes de ser iniciado en las grandes verdades, el neófito ha de saber «cómo es» y «qué quiere» realmente; debe estar dispuesto a trabajar tenazmente sobre sí y a no apartarse del recto sendero.

¿Qué es la vida? ¿Qué soy yo? ¿Cuál es mi destino? Para el hombre común estas preguntas carecen de sentido; quizá ni siquiera en toda una vida cruzan por su mente. Para el buscador de la verdad, por el contrario, tales interrogantes se mantienen vivos en lo más profundo de su corazón. Hay una verdad más allá del mundo competitivo, y generalmente cruel, en el que uno está inmerso. Esa verdad no se refleja en la historia, tan sembrada de horrores y violencias de todo tipo. Esa verdad, custodiada por los grandes iniciados, pasa desapercibida para las estadísticas y para los historiadores de hechos concretos. La historia difícilmente reseña a aquellos que se apartaron del mundo para reflexionar incansablemente desde su retiro sobre esos interrogantes que están ahí, se los plantee o no el ser humano. Si la vida tiene un secreto, el verdadero esoterista, el místico y el renunciante tratan de desvelarlo. Más allá de las leyes físicas, el iniciado busca familiarizarse con unas leyes «suprafísicas»; más allá de las apariencias busca la esencia; más allá del hombre falso, busca al hombre real.

Los grandes iniciados han investigado profundamente sobre la naturaleza y sobre sí mismos. Asimismo, porque la entrega a los demás es importante, han tratado de llevar la luz hasta los otros. De una u otra forma, todos los grandes iniciados han expresado lo mismo. La verdad es una. Deseando evitar que ciertos conocimientos demasiado trascendentales pudiesen ser obtenidos por personas todavía no preparadas para ellos, y que incluso pudiesen utilizarlos negativamente, los ocultaron a los profanos: surgió así la Ciencia Secreta. Para los profanos, para el hombre común, está la enseñanza exotérica, adornada de ritos y ceremoniales que la hacen más fácil. Para los iniciados, para los que alcanzaron la evolución necesaria y aprendieron a descifrar las leyes ocultas y los símbolos y mitos tradicionales, está la enseñanza esotérica, con los principios superiores de la filosofía, la religión y el misticismo.

Antes de que al neófito le sea mostrada la enseñanza esotérica, debe ser iniciado, «abierto» al nuevo mundo que habrá de conocer. La iniciación ha sido empleada desde tiempos inmemoriales tanto por los maestros como por las sociedades espiritualistas. Puede estar o no revestida de un ceremonial y determinados ritos, pero su finalidad es siempre la misma: pulsar las facultades interiores aletargadas en el ser humano, «abrir su tercer ojo», simbolizar que penetra en un mundo superior, situar al neófito en el camino que lo llevará a la unión con la realidad. De nada sirve la iniciación si el neófito no está preparado para ella o no le presta la atención necesaria. Su actitud es importante, mucho más importante que los ritos de la ceremonia, que como tales nada representan.

Durante la iniciación hay que agudizar al máximo la sensibilidad, tratar de vivirla y experimentarla desde lo más hondo de uno mismo. Los ayunos, los símbolos, los ritos y las palabras no representan absolutamente nada si todo ello no «ajetrea» espiritualmente al neófito.

Las sociedades secretas han surgido en todas las épocas y en todas las latitudes, aunque con diferentes finalidades. Unas para custodiar el conocimiento esotérico y perpetuarlo; otras para purificar al ser humano y extender a toda la humanidad la fraternidad y el amor; otras para llevar a cabo el desarrollo superior del hombre y activar sus facultades superiores; otras para imponer la justicia y contrarrestar las arbitrariedades de los poderosos, y otras, en fin, para cometer en la oscuridad toda clase de crímenes.

Una sociedad secreta está formada por un conjunto más o menos numeroso de personas que poseen un objetivo similar y cuyos preceptos, ideas y métodos se mantienen ocultos, celosamente guardados y apartados de la curiosidad de aquellos que no forman parte de ella.

Las sociedades secretas pueden clasificarse en «iniciáticas» o «espiritualistas», «políticas, «justicieras» y «criminales». Entre las iniciáticas y las restantes existen marcadísimas diferencias.

Las sociedades secretas políticas, los carbonarios, por ejemplo, son aquellas que desde la oscuridad combaten el régimen establecido o la dominación extranjera, pretendiendo en algunas ocasiones el poder político.

Las justicieras, la Santa Vehme, por ejemplo, son aquellas que, aparte de la justicia legal, tratan de imponer su propia justicia, utilizando sus propios juicios y procedimientos.

Las criminales, como los thag, por lo general siempre al margen de la ley, actúan con fines fanáticos o lucrativos, cometiendo toda clase de actos delictivos.

Muy diferentes de todas las sociedades secretas descritas son las sociedades iniciáticas, excepto en que también son secretas. En tanto que las no iniciáticas buscan unos fines materialistas, las iniciáticas tienen —o al menos deben tener— unos fines espirituales. Toda sociedad iniciática no debe aspirar al poder político o económico, aunque no cabe duda de que algunas de ellas parecen haberse olvidado de este precepto. Debido a que las sociedades secretas políticas persiguen unos fines materiales, desaparecen por lo general muchísimo antes de lo que puedan hacerlo las iniciáticas, ya que las circunstancias políticas limitan su duración. Sin embargo, las sociedades iniciáticas, no determinadas por la vida material, sino alentadas por el vigor espiritual, se extienden durante siglos. Sus miembros buscan la autosuperación personal, la purificación de la conducta y de los pensamientos y actos, el bienestar de la humanidad. Aunque mantienen en secreto sus símbolos, preceptos, enseñanzas y ceremonias, no se ocultan porque estén fuera de la ley, como puedan hacerlo las sociedades criminales, o porque pretendan llevar a cabo sus propios procedimientos justicieros, como sucede con las sociedades justicieras; ocultan sus métodos esotéricos y sus principios filosóficos, pero todos saben de su existencia, e incluso el profano puede aspirar a formar parte de la sociedad si demuestra su buena fe y un grado necesario de madurez. Las sociedades secretas iniciáticas preservan sus conocimientos para los iniciados, porque no desean que éstos sean objeto de burla o de mala utilización entre los profanos.

Cuando las sociedades iniciáticas o espiritualistas persiguen el poder o la riqueza, vulneran gravemente sus principios y se apartan de su misión verdadera, que en todo momento y en toda circunstancia debe ser la de mostrar las verdades superiores y conducir a sus miembros hasta la luz imperecedera.

BIBLIOGRAFÍA

Alfonso, Eduardo: *La Iniciación*. Jesther. Córdoba, Argentina, 1952.

Alleau, R.: *Les Sociétés Secrétes*.

Bailey, A.: *Iniciación Humana y Solar*, Kier. Buenos Aires.

Bessant, Annie: *El Sendero de la Iniciación*. Maynadé. Barcelona.

Billy, A.: *Chapelles et Sociétés Secrétes*. París, 1951.

Briem, E.: *Les Sociétés Secrétes de Mystéres*. Payot. París, 1951.

Durville, H.: *Historia de la Ciencia Secreta*.

Hall, Manly P.: *Twelve World Teachers*.

Heckenthorn, C. W.: *The Secret Societies*. Londres, 1897.

Heindel, M.: *Iniciación Antigua y Moderna*. Kier. Buenos Aires.

Hutin, Serge: *Las Sociedades Secretas*. Endeba. Buenos Aires.

Lantoine, A.: *Les Sociétés Secrétes Actuelles en Europe et en Amerique*. París, 1940.

Lepper, J. H.: *Les Sociétés Secretes*. Payot. París, 1936.

Morberger-Thom, G. K.: *Enigmas de las Sociedades Secretas*. Daimon. Barcelona.

Pichon, J. C.: *Historia Universal de las Sectas y Sociedades Secretas*. Bruguera. Barcelona.

Schreiber, Hermann Georg: *Mistagogos, Masones y Mormones. Sociedades Secretas en Cuatro Milenios*. Luis de Caralt. Barcelona.

Schuster, G.: *Die Gejeimen Gesellschaften*. Leipzig, 1906.

2

LA INICIACIÓN POR LA INACCIÓN

E l gran iniciado de China ha sido Lao-Tse, fundador del taoísmo y de cuya vida muy pocos datos se poseen. Su nombre verdadero era Lao Tan y nació aproximadamente en el año 604 a. de C., en el estado de Chow. Era contemporáneo de Confucio, y aunque es probable que ambos se hubiesen entrevistado, no es posible asegurarlo.

Lao-Tse —que significa «niño viejo» o «viejo maestro—, debido a que nació en una familia pobre, se vio obligado desde niño a trabajar en las más ingratas labores. Se sabe que se casó, que tuvo un hijo y que, posteriormente, dejó su casa para aislarse y entregarse al trabajo interior. Muy poco más puede decirse; en todo caso, que desempeñó el cargo de archivero imperial y que murió alrededor del año 517 a. de C.

Ni siquiera la vida de Pitágoras es tan oscura como la del fundador del taoísmo, cuyas palabras sobre sí mismo nos pueden ofrecer una primera idea de su paradójico carácter:

Los demás son felices como si asistieran a un banquete o como si subieran a una torre en primavera. Sólo yo permanezco quieto; mis deseos no se expresan. Soy como un niño que jamás ha sonreído. Estoy triste y abatido, igual que aquel que no tiene un sitio de refugio. Los demás poseen mil cosas superfluas; en cambio yo parezco haberlo perdido todo. Mi espíritu es el de un estúpido. ¡Qué confusión! Los demás tienen el aire de seres inteligentes; yo asemejo, por el contrario, un idiota. Los otros aparentan saber discernir; yo demuestro ser una nulidad completa. Soy arrastrado por las olas, sin tener el asidero en parte alguna. Los demás ocupan cargos y desempeñan funciones; yo soy inepto como un primitivo. Sin embargo, yo me diferencio de los otros en que yo venero al Tao.

Humilde en su grandeza, desapegado e indiferente, trascendente en sus conocimientos y profundo en sus reflexiones, Lao-Tse fue un gran místico. Muy superior a Confucio, más intuitivo que racional, brillante en sus palabras, amante de la naturaleza y de la quietud, sabía que el camino verdadero se encuentra en la paz y no en la violencia, en la suavidad y no en la brusquedad.

El hombre debe vivir en la serenidad y a través de la serenidad, desapegado de todo, distante de las cosas.

Por lo tanto, el Sabio:

Conduce los asuntos sin acción;
predica la doctrina sin palabras;
todas las cosas ascienden, pero él no se aleja de ellas;
les da vida, pero no se apodera de ellas;
actúa, pero no se apropia;
cumple, pero no exige que se le reconozcan méritos.
Y porque no pretende que se le reconozcan méritos
ningún mérito puede serle arrebatado.

Tales palabras pertenecen al *Tao-Teh-King*, excelente obra atribuida a Lao-Tse, en la que se expone la enseñanza taoísta en ochenta y un capítulos.

Por tanto, el Tao es el principio superior y poseedor de todos los atributos. Es el eterno, el único, el creador, el indivisible.

El Tao es un recipiente hueco,
¡y su utilización es inagotable!
¡Insondable!
¡Como el manantial de todas las cosas!
Con sus bordes agudos redondeados,
sus marañas desenredadas,
sus luces suavizadas,
su estruendo sumergido,
y, sin embargo, oscuro como las aguas profundas parece seguir siendo.
No sé de quién es Hijo.
Imagen de lo que existió ante Dios.

El Tao es todo y todo lo compenetra. Del Tao surge el ser humano y al Tao debe retornar. El hombre ha de amarlo intensamente, pensar de continuo en Él y meditar sobre su naturaleza, vivir armónicamente con su doctrina y desapegarse de todo lo mundano, purificarse para fusionarse a Él.

El alma está compuesta de Shen y Kwei. Shen es la chispa divina que, emanada del Tao, a Él retornará y en Él se sumergirá eternamente. Kwei es el cuerpo etéreo, que desaparece poco tiempo después de la muerte física.

El Tao es eterno; desde el principio fue el Tao; todo es según el Tao.

Antes de que existieran el Cielo y la Tierra
había algo nebuloso;
silencioso, aislado,
sólo, inmutable,
girando eternamente, sin cesar,
digno de ser Madre de Todas las Cosas.
No conozco su nombre.
Y lo llamo Tao.
Si se me obliga a darle un nombre, lo llamaría «Grande».
Ser grande significa extenderse en el espacio,
extenderse en el espacio implica largo alcance,
largo alcance implica reversión al punto original.

El hombre no debe interponerse entre el Tao y la naturaleza: tiene que mantenerse siempre al margen, no actuar, permitir que las cosas se sucedan sin su intervención, que ni es necesaria ni mucho menos deseable. El Tao es autosuficiente, crea y conserva sin que el hombre deba ayudarle en su labor. Llueve, hace sol, los pájaros cantan, amanece. ¿Para qué tiene que intervenir el hombre, para qué tiene que actuar?

La sustancia más blanda del mundo
pasa a través de la más dura.
Aquello-que-carece-de-forma penetra
lo-que-no-tiene-grietas;
por ello conozco el beneficio de no actuar.
La enseñanza sin palabras
y el beneficio de no actuar
no tienen comparación en el universo.

Con su actuación, el ser humano se opone al Tao y desaprovecha su propia vida. Para llegar al Tao hay que no actuar, «dejarse vivir», permanecer en la inacción. El desapego y la indiferencia son dos cualidades muy valoradas por el taoísta. Será el más sabio aquel que mejor haya aprendido a no actuar, a estar pasivo y permanecer en continua contemplación. Ése será el más sabio, y su Shen retornará al Tao.

Alcanza lo máximo en Pasividad,
mantente firmemente aferrado a la base de Quietud.
Las innumerables cosas toman forma
y se elevan a la actividad.
Pero yo las veo volver al reposo.
Como vegetación que lujuriosamente crece,
pero regresa a la raíz (suelo) de la que ha surgido.

En lugar de actuar sobre el exterior, el hombre debe actuar sobre sí mismo, cultivarse, fortalecerse, fortalecer su carácter, disciplinarse, llegar al autoconocimiento.

El que conoce a los demás es ilustrado;
el que se conoce a sí mismo es sabio.
El que vence a los demás tiene la fuerza de los músculos;
el que se conquista a sí mismo es fuerte.

Estar debajo de un árbol. Observar el arroyo. Sentir los tibios rayos del sol sobre el rostro. Escuchar el trino de los pájaros. Permanecer en «comunión» con la naturaleza y con el Tao. No actuar. No intervenir. No interponerse en la labor del Tao. El ignorante actúa y se encadena a sus actos; se esfuerza en atesorar riquezas y descuida su mundo interior; busca honores y privilegios, pero no se busca a sí mismo.

Tiende (un arco) al máximo
y desearás haberte detenido a tiempo.
Templa (un filo de espada) hasta lo más agudo
y el filo no durará mucho.
Cuando oro y jade llenan tu casa
no podrás mantenerlos seguros.
Enorgullecerse con la riqueza y el honor
es sembrar las simientes de la propia caída.
Retírate cuando hayas terminado tu trabajo:
tal es la forma del Cielo.

El universo aparece regido por dos principios: el Yang y el Yin. El primero de ellos es el principio activo, progresivo, masculino y agresivo; el segundo, el principio pasivo, regresivo y femenino. Aunque son principios contrarios, se complementan y se alternan, manteniendo así el equilibrio ideal, ya que algo de Yang hay en Yin y viceversa. Para llegar al Tao, el ser humano debe trascender estos opuestos, liberarse de las apariencias. La mejor forma de evitar la dependencia de Yang y Yin es la inacción, entendida ésta en su más intrínseco sentido. No poseer, no desear, no guardar, no dañar, no relacionarse, no aspirar a cargos públicos, honores o privilegios. Ser compasivo, generoso y humilde. Independencia y libertad. El hombre se debe al Tao, nada más que al Tao.

Un fragmento del *Tao-Teh-King*, según traducción de Lin-Yu Tang, dice:

Tengo tres tesoros:
guárdalos y mantenlos en lugar seguro.
El primero es amor.
El segundo es nunca demasiado.
El tercero es nunca seas el primero en el mundo.
Gracias al amor, uno no tiene temores;
gracias a no hacer demasiado, uno tiene amplitud
de fuerzas de reservas;
gracias a que no se tiene la pretensión
de ser el primero en el mundo,
uno puede desarrollar el propio talento y dejar que madure.

BIBLIOGRAFÍA

Granet, Marcel: *La Religion des Chinois*. P. U. F. París, 1951.

Marín, Juan: *Lao-Tse o el Universismo Mágico*. Espasa Calpe. Buenos Aires.

Maspero, Henry: *Le Taoisme*. París, 1950.

Maurer, Herrymon: *Lao-Tse, el adversario de Confucio*. Juventud, Buenos Aires, 1947.

Muller, Max: *The Textes of Taoism*. Nueva York, 1927.

Weiger, L.: *Taoisme*.

Yih-Ching, Chow: *La Philosophie chinoise*. P. U. F. París, 1956.

Yutang, Lin: *La Sabiduría de Lao-Tse*. Ed. Sudamericana. Buenos Aires.

3

LOS INICIADOS
DE LA INDIA

En la India, durante cientos de años el conocimiento superior ha sido conservado por los yoguis. Estos hombres han sabido encontrar en la soledad, y trabajando incansablemente sobre sí mismos, unas valiosas técnicas de interiorización, capaces de conducir al ser humano al autoconocimiento y a la transformación. Apartados de los densos ceremoniales y ritos del hinduismo, más allá del mundo ilusorio de las apariencias, despreciando honores y riquezas, cortando sus lazos familiares y sociales, los yoguis, con denodado afán, se han dedicado desde hace siglos a la búsqueda de la verdad trascendente. ¿De qué le sirve al hombre ser dueño de todo si no es dueño de sí mismo? El yoga es autocontrol; autocontrol físico, mental y emocional. El Yo debe prevalecer sobre los instintos y las pasiones, sobre los pensamientos y la imaginación, sobre los sentimientos y las emociones. El Yo debe ser purificado. Para llegar a la liberación hay que transformarse profundamente; para poder transformarse hay que conocerse; para poder conocerse hay que descender hasta los abismos de uno mismo y tomar estrecha conciencia del mundo interior. Complejos, inhibiciones, conflictos, temores, hábitos y pensamientos negativos... El yogui debe realizar en sí mismo una gran limpieza. El adiestramiento es necesario, imprescindible. Durante años, a veces durante toda una vida o varias vidas, el yogui mantiene un tenso y abierto combate consigo mismo. No puede haber un minuto de descanso o de distracción, porque en ese caso es posible que la liberación se retrase considerablemente. La libertad interior exige un esfuerzo tal que sólo unos pocos entre miles serán capaces de efectuarlo.

El término yoga –formado por la raíz *Yuj* y el sufijo *Ghan*– significa «unir» o «reunir». Unión del hombre consigo mismo –integración– y con Dios –liberación–. Es un sistema soteriológico originado en la India y que ha tenido una inmensa influencia en todo el pensamiento indio en general. Se trata de un sistema difícil de seguir. No exige unas creencias definidas, pero sí una exhaustiva investigación del Yo. El practicante, mediante determinadas técnicas de introspección, concentración y meditación, debe despojarse del falso Yo –la personalidad– y llegar al verdadero Yo –la conciencia pura–. Con la liberación (*samadhi*) sobreviene la unión de *atman* –principio superior del hombre– con Brahma –principio universal.

Los yoguis nos han transmitido una valiosa y eficaz enseñanza, que se ha ido enriqueciendo cada vez más a lo largo de los siglos gracias a la labor admirable de unos hombres que supieron sacrificarlo todo para obtener el conocimiento superior.

Para conseguir el conocimiento superior es necesario el desapego, la exploración minuciosa de uno mismo, la conciliación de los pares de opuestos (frío-calor, amargo-dulce, negro-blanco), esto es, el pensamiento dualista y alcanzar la visión intuitiva.

El yogui debe seguir un autoadiestramiento tanto mental como moral, psicológico y espiritual. Si el trabajo sobre su mente y sobre su mundo interior en general es importante, también lo es el que debe realizar sobre su conducta. Ha de observar estrictamente unas normas morales y unas reglas mentales y espirituales. Las normas morales que purificarán su conducta, llamadas *Yama*, son:

Ahimsa: no matar, no ofender, no perjudicar, no dañar.
Satyan: no mentir.
Asteya: no robar.
Brahmacharya: ser casto, ser puro en acciones y pensamientos.
Aparigraha: no ambicionar, no codiciar.

Las reglas de purificación mental y espiritual se conocen con el nombre de *Niyama*, y son:

Saucha: limpieza externa e interna.
Tapah: persecución de un ideal elevado.
Santocha: resignación, conformidad, alegría.
Iswarapraxildhana: pensamiento en Dios.
Swadyaya: estudio y defensa de la Verdad.

A medida que el yogui va perfeccionando su conducta y ennobleciendo su espíritu debe ir entrenándose en el control de su mente. Hay que destruir los moldes del pensamiento y los conceptos erróneos, a fin de llegar al «conocimiento exacto». Dos grandes obstáculos en la evolución espiritual lo representan el deseo y la ignorancia. El yogui debe controlar su deseo hasta que logre extirparlo, porque de otra forma lo arrastrará una y otra vez al mundo de las apariencias, de la ilusión (*maya*). Como explicaba Siddharta Gautama, el fundador del budismo, la ignorancia es causa de muchos otros males. El hinduismo también considera que hay que llegar al «conocimiento exacto», y el yogui va tratando de encontrar, día a día, la luz que termine por disipar las tinieblas de la ignorancia. Desapegado y dueño del «conocimiento exacto», el camino hacia la liberación (*samadhi*) será mucho más seguro; sus esfuerzos resultarán más fructíferos y la verdad interior relucirá con un nuevo fulgor.

Todos los esfuerzos del yogui están destinados a la persecución del *samadhi*, porque representa la liberación absoluta —no sólo psicológica o mentalmente, sino, lo que es mucho más importante, espiritualmente—, el cese de nuevos nacimientos y muertes, el conocimiento de la verdad trascendental, la obtención de una supraconciencia y la fusión definitiva con la conciencia cósmica (*atman Brahma*). El yogui encontrará muchas dificultades en su camino hacia la realización, incluso muchos riesgos, porque toda aventura espiritual es peligrosa, y mucho más aquella que pretende escalar hasta las cimas más elevadas. Pero si la caída no se produce, el yogui podrá experimentar las delicias de un mundo interior imperturbablemente sereno.

El yogui, conocedor de que sus técnicas pueden resultar peligrosas para el principiante que no las siga con prudencia, las ha conservado durante cientos de años en secreto, y aun actualmente, en que los grandes maestros como Vivekananda y tantos otros han difundido más la doctrina, no hay que dudar de que existen técnicas todavía no mostradas al común de los hombres. Por otra parte, cada yogui tiene su propio sistema, y muchos de ellos no se lo comunican más que personalmente a sus discípulos más entrañables. Durante muchos siglos se ha seguido la enseñanza oral y personal, y los maestros sometían previamente a sus discípulos a una significativa iniciación. Las prácticas ascéticas, el absoluto desapego y el enorme trabajo interior que tienden a la consecución de una conciencia más allá de la normal –supraconciencia–, así como la transmutación, pueden originar graves perturbaciones en el practicante que no conozca y observe fielmente la enseñanza.

Es tal el cúmulo de experiencias psicológicas, e incluso parapsicológicas, por las que debe pasar el practicante que un paso en falso puede precipitarle en la más hermética oscuridad. Son muchas y muy variadas las técnicas, y algunas exigen cuidado, dedicación y paciencia. No es lo mismo cambiar simplemente un hábito por otro que proceder a toda una transformación de raíz. El practicante no deberá conformarse con dominar su mente consciente, sino que también tendrá que investigar en su subconsciente y dominar sus corrientes (*vrtti*) y sus latencias (*vasanas*). El autoconocimiento y el autocontrol deben ser totales: fisiológico, mental –tanto consciente como subconscientemente–, psicológico y espiritual. El Yo debe lograr su propia autonomía. Únicamente así puede surgir la libertad y la independencia interiores, tan apreciadas por el yogui. Es un dominio tal el que el practicante ha de obtener que nada debe pasar desapercibido para su conciencia, que con el entrenamiento adecuado cada vez se va volviendo más receptiva y penetrante. Y así le será dado obtener la plenitud de la conciencia, que está más allá de las palabras y de los conceptos, y que por su naturaleza es intelectualmente inaprensible, aunque experimentable.

Algunos autores, hay que pensar que por un completo desconocimiento, han calificado a los yoguis de «escapistas» o visionarios. Curiosa paradoja ésta de que el hombre determinado por sus prejuicios y convencionalismos, esclavizado por sus moldes mentales y por sus deseos, condicionado por sus hábitos e inclinaciones, tache de «escapista» al hombre desapegado y libre, más allá de toda turbadora apariencia. Precisamente el yogui lucha de manera desesperada contra todo tipo de evasión. Y no olvidemos que hay tanto evasiones físicas como intelectuales, conscientes como inconscientes. Lo que quiere el yogui es «realizarse» —sinónimo de hacerse real—, es decir, ver las cosas tal y como son. Para eso hace falta un gran coraje y ser capaz de superar todo posible subterfugio mental o psicológico. Nada debe atar al practicante. Ni el placer por intenso que sea, ni el dolor por lacerante que se torne, ni ninguna clase de miedo. Ni siquiera el miedo a la muerte existe para el verdadero yogui, porque vida y muerte ¿qué son? El hombre cultiva su intelecto, pero se olvida de cultivar su mundo interior y, aun conociendo muchas cosas, vive angustiado y acorralado por sus propios problemas mentales. Y, lamentablemente, tiene una gran facilidad para hacer de todo un problema. Vive en conflicto con todo, y puede asegurarse algo de él: que está sumamente lejos de ser libre.

La mente del hombre común está como aletargada, falta de vitalidad. El yogui trata de alertar su mente, de hacerla muy receptiva, hipersensible. Se esfuerza por «existir en las profundidades», y no en la superficie. Después de enérgicos esfuerzos logra la beatífica quietud de todo su ser y encuentra en ese silencio lo mejor de sí mismo, lo que todo hombre lleva dentro aunque no lo perciba, porque sabido es que el lodo oculta la pepita de oro.

Los HATHA-YOGUIS

Los hatha-yoguis buscan la «realización» a través del dominio fisicomental. Mediante el control fisicomental, el practicante de hatha-yoga va consiguiendo elevarse a superiores niveles de conciencia y va perfeccionando tanto su organismo y sus funciones como su voluntad y el mecanismo de su atención.

Los hatha-yoguis obtienen un asombroso y a veces espectacular dominio de sus cuerpos —pueden controlar sus funciones digestivas, su acción cardíaca, la temperatura del cuerpo, el ritmo respiratorio, etc. Se sabe de yoguis que han cambiado los movimientos intestinales, que han retrasado los latidos del corazón hasta casi la detención completa, que se han mantenido sin respirar durante varios minutos, que han absorbido con facilidad líquidos a través del recto o de la uretra, que han resistido el dolor o que han logrado sobrevivir en las temperaturas más bajas. Pero el hatha-yogui no pretende únicamente el control de su cuerpo como si se tratara de un simple faquir, sino que también anhela la perfección mental y espiritual, y se sirve de su cuerpo como medio para adiestrar su mente y controlar sus instintos. El hatha-yoga, como todas las modalidades de yoga, exige el «trabajo interior», y sólo así, combinando el adiestramiento físico con el mental y el psicológico, se podrá obtener la integración.

Las técnicas de que se sirven los hatha-yoguis son: los *asanas*, el *pranayama*, los *mudras*, los *bandhas* y los *shatkarmas*.

Los *asanas* son determinadas posturas corporales que deben mantenerse durante cierto tiempo —que oscila según el *asana* de que se trate—, mientras se controla el ritmo respiratorio, se consigue una total inmovilidad y se dirige la atención mental a una zona del organismo. Existen numerosísimos *asanas* y sus efectos son, entre otros, los siguientes: serenan la acción cardíaca, estabilizan el ritmo respiratorio, reducen las pasiones, preparan la mente, mejoran la circulación sanguínea, regulan la energía fisiológica y la energía pránica, facilitan la toma de conciencia de uno mismo, actúan sobre nervios y músculos, influyen sobre determinadas glándulas y centros nerviosos, controlan ciertas funciones y activan la energía espiritual.

El *pranayama* comporta un número considerable de técnicas respiratorias que se caracterizan todas ellas por la retención del aliento. Hay pues tres tiempos en todo ejercicio de *pranayama*: la inspiración (*puraka*), la retención (*kumbhaka*) y la expulsión (*rechaka*). Existe una estrecha conexión entre la respiración y la mente; al controlar la primera se va controlando más fácilmente la segunda y se pueden provocar determinados estados de conciencia. Las palabras de Bhoja lo explican con nitidez:

Porque todas las funciones de los órganos están precedidas por la de la respiración —y porque existe siempre una conexión entre la respiración y la conciencia en sus funciones respectivas—, la respiración, cuando están suspendidas todas las funciones de los órganos, lleva a cabo la concentración de la conciencia en un solo objeto.

Además de las posibilidades mentales de la respiración consciente y controlada —también aprovechadas por el taoísmo, el Zen e incluso los monjes hesicastas—, el *pranayama* asimismo favorece considerablemente el organismo, mejorando la calidad de la sangre y el alimento de las células, regenerando plenamente los pulmones, favoreciendo la acción circulatoria, etc.

Los *mudras* y los *bandhas* son técnicas especiales de contracción y contención que activan y regulan la energía, mejorando determinadas funciones del cuerpo. Hay numerosos *mudras* que facilitan el control sobre los músculos y los nervios, purifican los conductos nerviosos, previenen algunos trastornos físicos y apaciguan la mente.

Los *shatkarmas* son ejercicios de purificación y limpieza corporal, algunos de ellos muy complicados, pero de una sorprendente eficacia.

Los hatha-yoguis, mediante sus precisas técnicas, producto de muchos y muchos años de experiencia personal, influyen sobre todo el cuerpo en general (nervios, glándulas, músculos, aparato respiratorio, sistema circulatorio, vísceras, centros nerviosos), desarrollan y dominan las facultades mentales (concentración, atención, memoria, imaginación), disciplinan el carácter y se aproximan a niveles superiores de conciencia.

LOS RADJA-YOGUIS

Los radja-yoguis, para obtener la serenidad y el autoconocimiento, trabajan básicamente sobre su contenido mental y sus facultades mentales mediante un claro análisis, un lúcido discernimiento, el cese de la dinámica del pensamiento dualístico y el descubrimiento del Yo. Partiendo del nivel mental primitivo en que se encuentra el hombre común, y que se caracteriza por la inestabilidad y el descontrol, el radja-yogui debe llegar al nivel mental superior, iluminado por la intuición –trascender del *Rajaguna* al *Sama-samadhi*.

El radja-yogui, mediante sus técnicas de introspección, debe llegar a la realización del Yo. Para ello tendrá que superar los obstáculos que se le presentan a todo practicante, entre los cuales se encuentran, como los más difíciles de sortear, la ignorancia, la duda, el desaliento, la distracción, el apego, la debilidad, la enfermedad, la pereza y la inercia.

Las técnicas de que se sirve el radja-yogui para conseguir la liberación son la retracción sensorial (*pratyahara*), la concentración (*dharana*) y la meditación (*dyana*).

El *pratyahara* es la reducción de la actividad sensorial hasta su total anulación, con lo que el practicante, preservado contra todo estímulo sensorial, puede interiorizarse con mejores y más profundos resultados, logrando un estado de serenidad óptimo para entrar en contacto con las partes más inaccesibles de su ser. Los sentidos, con su incesante actividad, y los pensamientos y emociones descontrolados opacan la luz del Yo, como las aguas revueltas del lago impiden ver los guijarros del fondo. Cuando la mente es apaciguada el Yo resplandece con intensidad.

El *dharana* es la fijación de la mente en un punto, con exclusión absoluta de todo lo demás. Mediante los ejercicios de concentración se va unificando el pensamiento y controlando las ideas; a la vez que se serena el contenido mental se perfecciona el mecanismo de la atención y se hace la mente más penetrante. De una u otra forma, todas las modalidades de yoga se sirven de la concentración, ya sea concentrando la mente en Dios (bhakti-yoga), en la acción (karma-yoga), en el cuerpo (hatha-yoga), en el sonido (mantra-yoga) o en la energía *kundalini* (kundalini-yoga). La concentración perfecciona la mente y la toma como un valiosísimo instrumento para la autoindagación y el autoconocimiento. Todas las técnicas orientales de autorrealización se han dado cuenta de lo importante que es una mente unificada, y por ello le han concedido tanta importancia a su entrenamiento.

El *dyana* es la sucesión de pensamientos en torno al objeto o tema seleccionado. En tanto la concentración se sirve de dicha unificación mental y de dicha perfección de la atención para profundizar en determinada cuestión —tratando de no perderse en la superficie, en las apariencias, y de llegar al fondo, a la realidad—, la meditación —empleada por los místicos de todos los sistemas religiosos— enriquece el mundo interior y despierta la intuición.

Mediante la concentración y la meditación, el radja-yogui eliminará sus preocupaciones, agudizará su discernimiento y con paso firme se acercará a la iluminación. Hace falta una práctica ininterrumpida, porque únicamente así se podrá alcanzar la «nube de virtud» (*samadhi*).

Los KARMA-YOGUIS

Los karma-yoguis buscan la liberación a través de la acción desinteresada, superando toda ambición, toda vanidad, todo afán de recompensa y de poder. Actuando desapegadamente, obrando por amor a la obra, llevando el bien a los demás sin esperar recompensa alguna, el karma-yogui va purificando su mente y su espíritu. A diferencia del yogui-renunciante, permanece en el mundo, «actuando sin actuar», es decir, sin encadenarse a sus actos, permaneciendo libre e independiente haga lo que haga.

Los karma-yoguis deben ser humildes y tolerantes, suaves y afectuosos en su trato con los demás, dueños de sí mismos; han de aniquilar la falsa personalidad y vivir a través del auténtico Yo.

Los KUNDALINI-YOGUIS

El kundalini-yoga es una de las formas más secretas y complejas del yoga. Sus practicantes tratan de alcanzar la liberación despertando la energía *kundalini*, que descansa, aletargada, en la base de la columna vertebral. El cuerpo físico encuentra su contraparte en un cuerpo de energía sutil que goza de siete centros energéticos (chakras) y de numerosísimos conductos (*nadis*) para la distribución de la energía: los *nadis* alimentan energéticamente a los chakras, que son los grandes acumuladores de la energía.

Cada chakra tiene sus propias características y controla una función del organismo. Los chakras se denominan *Muladhara*, situado en la base de la columna vertebral; *Swadisthana*, en la raíz de los genitales; *Manipura*, a la altura del ombligo; *Anahata*, a la altura del corazón; *Vishudda*, a la altura de la garganta; *Ajna*, a la altura del entrecejo, y *Sahasrara*, a la altura del vértice de la cabeza.

Los *nadis* más importantes son el *sushumna*, el *ida* y el *pingala*; el primero se extiende a lo largo de la columna vertebral y los otros dos a izquierda y derecha de la misma, respectivamente.

Mediante las técnicas propias del kundalini-yoga, el practicante debe purificar el *nadi sushumna*, que permanece obturado, e impulsar la energía *kundalini* a lo largo de él. Al ir ascendiendo, la energía *kundalini* penetra en los chakras que hay a su paso y, al hacerlo, ilumina superiores planos de conciencia, hasta que llega al *sahasrara*, el centro superior, lo que comporta la iluminación total y definitiva.

Los BHAKTI-YOGUÍS

Los bhakti-yoguis alcanzan la liberación a través de la devoción y del amor a Dios. El practicante debe desear la unión con la divinidad y purificar en todos los aspectos su conducta, siendo humilde, pacífico y desapegado.

El bhakti-yoga es muy similar en todo a cualquier sistema religioso. Predica el amor a Dios y las buenas obras. Apartado de toda filosofía profunda o de toda práctica de interiorización difícil, es, no obstante, un sendero arduo que exige perfección y amor.

Según su grado de evolución, los practicantes de bhakti-yoga se clasifican en «principiantes», «avanzados», «maduros» y «maestros». Maestro es aquel que ha obtenido el *samadhi* y vive a través de la conciencia pura, desapegado de actos y pensamientos. El maestro debe tener fe inquebrantable en la divinidad, pureza física, mental y espiritual, generosidad, bondad y paciencia, sinceridad para consigo mismo y para los demás.

Krishna le dice a Arjuna en el Bhagavad-Gita:

Alcanza mi amor quien no es egoísta ni conoce el «yo» y «lo mío», quien es piadoso y amigo de todos los seres, quien no odia a ningún ser, quien mantiene tranquilo su ánimo en la prosperidad y en la desgracia, quien es paciente y lleno de misericordia, quien está satisfecho, quien ha dominado su yo, su voluntad y tiene la firme resolución del yogui, quien me entrega su mente y su razón por su amor y piedad, quien no causa ninguna pena ni temor en el mundo, quien no es entristecido ni turbado por él, quien no tiene la agitación producida por las malas pasiones, quien se ha liberado de la alegría, del temor, del odio y de la ansiedad, quien no desea nada, quien es puro, hábil, indiferente, quien no se entristece por ningún acontecimiento, quien renuncia a toda acción, quien no está ansioso de placeres ni se regocija con ellos, quien no rehúye el dolor ni se aflige con él, quien no distingue entre sucesos felices y desgraciados, quien considera del mismo modo al amigo y al enemigo, la gloria y la infamia, el placer y el dolor, la alabanza y la injuria, la desgracia y la felicidad, el calor y el frío; quien está contento de cualquier cosa y no ama a ningún ser y mantiene su espíritu fijo en Mí.

Pero aún entrego un cariño más profundo a los devotos que me consideran como su único fin y que cumplen con una fe y una constancia extraordinarias la norma que yo acabo de exponer y que es el camino de la inmortalidad.

El devoto (*bhakta*) debe tener siempre presente a la divinidad en sus actos y en sus pensamientos. Tal es el misticismo, tanto entre los sufíes como entre los hindúes o los cristianos. En palabras de Eckhart: «Dios espera una sola cosa de ti: que salgas de ti mismo, en cuanto eres un ser creado, y dejes a Dios ser Dios en ti». Pero para que Dios pueda penetrar en el hombre y manifestarse a través del hombre, éste debe haber eliminado todo aquello que de uno u otro modo empaña su espíritu y enturbia su amor.

Los MANTRA-YOGUIS

Los practicantes del mantra-yoga se realizan a través del sonido, mediante la repetición de los mantras (*japa*). Es un yoga muy secreto, cuya enseñanza se ha transmitido de maestros a discípulos (*chela*) con mucha precaución, evitando que estos conocimientos fueran profanados.

El mantra es un fonema sagrado y esotérico. El ejercicio de *japa* —repetición del mantra— está compuesto por una o más palabras, aunque por lo general se eligen pocos términos, pero muy significativos. Es el gurú (maestro) el que selecciona el mantra oportuno para su discípulo, atendiendo a sus características, a su madurez y a su grado de evolución.

Hay mantra-yoguis que en la soledad de su cueva repiten miles y miles de veces el mantra, días y noches, ininterrumpidamente, durante un tiempo considerable. De esa forma van despertando determinadas energías en sí mismos, perfeccionando el mecanismo de su atención y unificando sus corrientes mentales. Llega un momento en que el mantra se vive desde dentro, en que hay una identificación del practicante con el mantra repetido.

El mantra se puede pronunciar verbal, semiverbal y mentalmente, siendo esta última la forma más conveniente y eficaz.

Los GNANA-YOGUÍS

El gnana-yoga es el sendero del conocimiento, del conocimiento real, directo, transparente, que está más allá de la ilusión y de las categorías mentales. El hombre es todo, y todo es el hombre; es aquello, y aquello está en él. Desde el principio se le hizo libre, aunque él, al no saber apreciar ni conservar ese maravilloso estado de libertad, se encadenó. Vive esclavizado por sus conceptos, por el exterior, por sí mismo. Habla de libertad, de independencia, de madurez y estabilidad, aunque está muy lejos de alcanzar todo eso, y realmente no hace nada por lograrlo.

Para el gnana-yoga la ignorancia no se disipa atracándose de conocimientos adquiridos de los libros o tomados de uno u otro sistema filosófico. El verdadero conocimiento es aquel que se consigue eliminando la ilusión (*maya*). En desenfrenada carrera, el ser humano común va en pos del goce. No se da cuenta de que ningún goce material podrá satisfacerle a la larga, que aquello por lo que hoy entregaría toda su vida mañana puede no representar nada para él. No es apegándose más y más a las cosas como se logra la plenitud, sino desapegándose de ellas. Las sensaciones, los sentimientos, los deseos, ¿qué consistencia tienen? Como el vapor empaña los cristales, así el hombre ha empañado su alma –originalmente pura– con todo un mundo fabricado a partir de sentimientos que se desvanecen, emociones que se contradicen y pensamientos que carecen de una base real. El conocimiento relativo confunde más que ilumina, está mediatizado por los propios complejos e inhibiciones, por la sugestión, por los prejuicios y la imaginación dispersa; es un conocimiento estéril, irreal, coloreado por elementos ajenos. Es el conocimiento directo, real, no adulterado, el que persigue el gnana-yogui mediante su adiestramiento; aquel conocimiento que surge directamente del sí mismo, que no está amenazado por las apariencias. Vivekananda explica:

> El hombre Real es, por consiguiente, uno e infinito, el Espíritu Omnipresente. Y el hombre aparente no es más que una limitación de este hombre Real. En este sentido, las mitologías son verdaderas; el hombre aparente, por más grande que sea, no es más que un débil reflejo del hombre Real, que está más allá. El hombre Real, el Espíritu, estando más allá de la causa y del efecto, no estando ligado ni por el tiempo ni por el espacio, debe ser, por lo tanto, libre: jamás estuvo ligado ni podrá estarlo. El hombre aparente, el reflejo, está limitado por el tiempo, el espacio y la causalidad y, por consiguiente, está ligado. O bien –para hablar como algunos de nuestros filósofos– parece estar ligado, pero en realidad no lo está. Lo que es realidad en nuestra alma es esta omnipresencia, esta naturaleza espiritual, este infinito. Toda alma es infinita; por lo tanto, no hay ninguna cuestión de nacimiento o muerte.

Basándose en el análisis intelectivo, el gnana-yogui debe trascender a la visión intuitiva. El practicante ha de aprender a discernir con claridad, a tornarse impermeable a las influencias del exterior, a examinarse con objetividad, a diferenciar entre lo ilusorio y lo real.

¿QUIÉN SOY YO?

Si no soy mi cuerpo, ni mis sentimientos, ni mis pensamientos, ¿quién soy yo? Si no soy mis hábitos, ni mis deseos, ni mis ideas, ¿quién soy yo?

Venkataraman, más adelante conocido como Ramana Maharshi, uno de los más grandes maestros espirituales de todas las épocas, explica con detenimiento cómo obtuvo, cuando casi todavía era un niño, la «visión trascendental»:

Unas seis semanas antes de abandonar Madura, ocurrió el gran cambio en mi vida. Fue algo súbito. Estaba sentado, solo, en una habitación de la primera planta de la casa de mi tío. Rara vez me sentía enfermo; aquel día no me aquejaba ninguna dolencia física, pero un violento miedo a morir se apoderó de mí. No había nada en mi estado físico a que pudiera atribuir estos temores, y tampoco traté de hallar una razón a ellos. Me dije: «Voy a morir», empecé a pensar qué era lo que debía hacer. No se me ocurrió ni por un momento consultar a un médico o a mis mayores o amigos; tenía pleno conocimiento de que había de resolver aquel problema por mí mismo, allí y en aquel momento.

El *shock* del miedo a morir hizo que fijara mi mirada en mi interior y me dije mentalmente, sin formular palabras: «Ha llegado la muerte, ¿qué significa esto? ¿Qué es morir? Este cuerpo muere». Y, al instante, dramaticé el acto de morir. Estaba tumbado con los miembros estirados, como si estuvieran ya en el rígor mortis, e imitaba a un cadáver con el fin de dar una mayor realidad a mi pregunta. Contuve la respiración y apreté fuertemente los labios para que no pudiera escapar un solo sonido a través de ellos, con el fin de no poder pronunciar la palabra «Yo» ni ninguna otra. «Bien, este cuerpo ha muerto —me dije—. Lo quemarán y lo convertirán en cenizas. ¿Pero acaso he muerto yo con la muerte de mi cuerpo? ¿Acaso este cuerpo soy yo? Está silencioso e inerte, pero toda la fuerza de mi personalidad, e incluso la voz del Yo dentro de mí mismo, sigue fuera de mí. De modo que soy un espíritu que trasciende el cuerpo. El cuerpo muere, pero el espíritu que trasciende no puede ser alcanzado por la muerte. Esto quiere decir que soy un espíritu inmortal.» No era un sueño, vibraba en mí como una verdad viva y tangible, algo que percibía de un modo directo, incluso sin pensar en ello. Yo era algo muy real, lo único real en el estado en que me encontraba, y todas mis actividades conscientes relacionadas con mi cuerpo se centraban en aquel Yo. A partir de aquel momento, el Yo centraba toda la atención gracias a una poderosa fascinación. La absorción en el Yo continuó ininterrumpida desde aquel momento. Se presentaban otros pensamientos que volvían a alejarse, como unas notas musicales, pero el Yo continuaba como la nota fundamental confundiéndose con todas las restantes notas. Tanto si el cuerpo se dedicaba a pensar, leer o lo que fuere, yo quedaba centrado en el Yo. Antes de esta crisis no había tenido una percepción clara de mi Yo y no me había sentido atraído de un modo consciente hacia él. No había experimentado ningún interés perceptible o directo en el Yo, y mucho menos una inclinación por establecerme de un modo permanente en el mí mismo.

¿Quién soy yo? Ésta es la pregunta que Ramana Maharshi aconsejaba a sus discípulos que se hiciesen una y otra vez, hasta encontrar la respuesta en lo más profundo de su ser. Para «trascender» es necesaria la autoindagación (*vichara*). El practicante debe desear permanentemente resolver la pregunta ¿quién soy yo?; en todo momento tiene que mantener la mente alerta en la pregunta, esperando una respuesta que puede demorarse años, pero que terminará llegando. El sabio de la iniciación por el silencio, como se podría denominar al Maharshi, porque iluminó a muchos sin necesidad de las palabras, sabía que cualquier técnica o sistema que aproxime al sí mismo es bueno. Como todos los grandes maestros, era tolerante. Instaba a sus discípulos a meditar sobre su Yo, a rescatarlo y elevarlo hasta lo absoluto.

Se trata de un gran maestro cuya vida resulta estimulante e iluminadora, el sabio de Arunachala –montaña sagrada del sur de la India–, en cuya mirada se reflejaba un amor intenso y una paz infinita, y cuyas palabras eran sencillas, pero tan eficaces espiritualmente como sólo pueden serlo las de un *jivanmukta* –liberado en vida.

BIBLIOGRAFÍA

Bernard, Theos: *El Cielo está en Nosotros*. Siglo Veinte. Buenos Aires.

_____*Hatha-Yoga*. Siglo Veinte. Buenos Aires.

_____*The Report a Personal Experience*. Rider. Londres.

_____*Land of Thousand Buddhas*. Rider. Londres.

_____*Penthouse of the Gods*. Rider. Londres.

Besant, Annie: *Introducción al Yoga*. Schapire. Buenos Aires, 1954.

_____*El Yoga*. Schapire. Buenos Aires, 1950.

Brunton, Paul: *La India Secreta*. Hachette. Buenos Aires, 1954.

_____*Más allá del Yoga*. Kier. Buenos Aires.

Calle, Ramiro A.: *Yoga, Refugio y Esperanza*. Cedel. Barcelona, 1967.

_____*Teoría y Técnica del Yoga*. Cedel. Barcelona.

_____*Introducción al Yoga*. Cedel. Barcelona.

Choisy, Maryse: *Yogas et Psychoanalyse*. Mont-Blanc. Ginebra, 1948.

Eliade, Mircea: *Técnicas del Yoga*. Cia. Gral. Fabril Editora. Buenos Aires.

_____*Yoga, Inmortalidad y Libertad*. Leviatán. Buenos Aires.

Ramacharaka, Yogui: *Serie de Lecciones sobre Radja-Yoga*. Kier. Buenos Aires.

_____*Ciencia Hindú-Yogui de la Respiración*. Kier. Buenos Aires.

_____*Hatha-Yoga*. Kier. Buenos Aires.

Rele, V. B.: *Tite Mysterios Kundalini*. Taraporevala. Bombay, 1957.

Riviere, Jean: *El Yoga Tántrico, Hindú y Tibetano*. Kier. Buenos Aires.

Shuddananda: *Secrets of Yoga*. Ganesh. Madrás, 1956.

Sivananda, Swami: *Essence of Yoga*. Londres.

_____*Yogic Home Exercises*. Londres.

_____*Gnana+Yoga*. Londres.

_____*Yoga in Daily Life*. Londres.

_____*A Practical Guide for Student of Yoga*. Londres.

_____*Kundalini-Yoga*. Kier. Buenos Aires.

_____*Hatha-Yoga*. Kier. Buenos Aires.

_____*Meditación y Concentración*. Kier. Buenos Aires.

_____*Ciencia del Pranayama*. Kier. Buenos Aires, 1956.

Sri Aurobindo: *La Síntesis del Yoga*. Kier. Buenos Aires.

_____*Basses of Yoga*.

_____*Ideals of a Karma-Yoga*.

_____*Yoga Spiritual*. Londres.

_____*Tite Yoga and its Objects*.

Vivekananda, Swami: *Bhakti-Yoga*. Kier. Buenos Aires, 1946.

_____*Gnana-Yoga*. Kier. Buenos Aires, 1952.

_____*Karma-Yoga*. Kier. Buenos Aires, 1942.

_____*Pláticas sobre filosofía yogui*.

Wood, Ernest: *Yoga práctico, antiguo y moderno*. Orión. México.

_____*Yoga Dictionary*. Philosophical Library. Nueva York.

Yogendra: *Yoga, Physical Education*. Bombay.

_____*Personal Hygiene*. Bombay, 1953.

TEXTOS CLÁSICOS DE YOGA

Hatha Yoga Pradipika, Gheranda Samhita, Siva Samhita, Bhagavata Purana, Bhagavad-Gita, Narada Purana, Yoga Sara, Yoga Darshana, Sangraba, Yoga Kundalini Upanishad, Hamsa Upanishad, Agni Purana y Mandukya Upanishad.

4

LA INICIACIÓN
EN EL TÍBET

A lo largo de los siglos la doctrina suprema del Tíbet ha estado en poder de los lamas y los anacoretas. En ese excitante lugar a 4.000 metros de altura, en donde el aire se enrarece y todo adquiere un marcado colorido mágico, en donde los fenómenos paranormales han sido siempre aceptados como la cosa más natural, y un número elevadísimo de jóvenes abrazaba la vida religiosa y se dedicaba con fervor a la meditación, en donde el budismo se entremezcló con el tantrismo y con la primitiva religión Bon-po; en ese enigmático país en donde lo milagroso no llama la atención y en donde los monasterios de los lamas han sido edificados en los más escarpados lugares, como un reto a la exuberante naturaleza, la iniciación ha ocupado un lugar sobresaliente: la región de las nieves, el techo del mundo. Clarividencia y premonición, viajes astrales y telepatía. Zona de hermosos y sólidos monasterios (*gompa*), lamas superiores (*tulkus*) de una iluminadora sabiduría, desconcertantes hechiceros (*bon*), místicos de penetrante intuición, ermitaños (*gomtchen*) expertos en las más eficaces técnicas mentales, seres humanos especializados en elevar la temperatura del cuerpo (*tumo*) o en recorrer velozmente enormes distancias (*lung-gompas*).

El neófito va siendo iniciado poco a poco, progresivamente, a medida que se va conociendo y purificando. No recibe la iluminación del maestro, sino de él mismo. El maestro le orienta, le prepara, le ayuda a resolver sus dudas. La verdad está en uno mismo y en uno mismo hay que rescatarla.

El asceta tibetano es aquel que ha renunciado por completo al mundo, apartándose de todo. Los placeres son pasajeros y nada representan para él: son como pétalos de rosa que se marchitan. Se esfuerza en contemplar su propia mente, en escudriñarla, en conocer todos sus mecanismos. Habrá de sustituir el raciocinio por la aprehensión directa. El Yo debe observar la propia mente e ir imponiéndole la serenidad necesaria, pues tal serenidad es requisito previo para pasar a superiores estados de conciencia. El ermitaño recorre así un sendero inaccesible para la persona ordinaria. Los obstáculos materiales o espirituales no le decepcionan o desaniman, sino que le estimulan y le sirven de medio para fortalecer su voluntad. Sabe lo que quiere y lo que debe hacer. Nada puede sorprenderle; ninguna dificultad puede detenerle; ha adoptado una actitud de imperturbable quietud ante todo.

No hay que confundir al monje con el ermitaño, pues en tanto el primero puede permanecer durante toda su vida en un estado espiritual vegetativo, el segundo, desde el momento en que ha tomado la decisión de apartarse de todo, lo hace porque va a trabajar de firme sobre sí y a tratar de escalar hasta las más elevadas cimas del misticismo. Siempre han existido los que han seguido los preceptos religiosos más por costumbre o por educación que por otra cosa –la mayoría–, y los devotos que han tratado de vivir plena y fielmente la parte más espiritual de dicha religión. La primera categoría de devotos se dejan conducir; la segunda se hacen y se conducen a sí mismos. Esto es igual en todas partes, e igual ha sido en todas las épocas.

El ermitaño desarrolla brillantemente su intuición y reafirma sus valores morales, mentales y espirituales. Muchos han pasado seguramente por la iniciación mística; otros han emprendido la aventura sin ninguna orientación ajena.

El neófito tiene que ir esclareciendo su discernimiento, serenándose y desapegándose, autocontrolándose y cultivando su mundo interior. El maestro le preguntará, le someterá a diversas pruebas, sopesará su grado de progreso espiritual. Pueden emplearse unas u otras técnicas –varían según los maestros–, pero, comoquiera que sea, el discípulo debe ir tomando plena conciencia de sí mismo y de sus reacciones. El dominio de las pasiones es insoslayable. El adiestramiento psíquico es con frecuencia difícil y no está exento de peligros. El discípulo debe mostrarse con su gurú o lama sumamente respetuoso y obediente. Es su maestro quien le va a facilitar los conocimientos necesarios para progresar espiritualmente, quien va a resolver sus dudas cuando lo crea conveniente. No importa cómo sea el maestro, sino lo que sepa y lo que enseñe. Más allá de los defectos que pueda tener el maestro, el discípulo cree firmemente en él, porque la flor sigue siendo flor por muchas espinas que tenga el rosal. Es curioso observar como en todos los sistemas religiosos o filosóficos de Oriente el maestro es siempre incondicionalmente respetado. En el Tíbet, además de la enseñanza oral, el maestro se comunica a veces usando la telepatía con el discípulo y le estimula psíquicamente. A medida que el discípulo va progresando, se va haciendo consciente de que carece de Yo, de que él no es más que un conjunto de agregados que cambian continuamente; es el principio budista de la negación del ego.

Los maestros, dado que durante mucho tiempo han experimentado sobre sí mismos, distinguen perfectamente entre los diversos estados de la conciencia y los estados mentales de lucidez. Pero no todo maestro es apto para todo discípulo, ya que la relación entre ambos dependerá de las necesidades espirituales del último, el método que le sea más apropiado y su grado de madurez. En ocasiones, encontrar un maestro adecuado representa un gran esfuerzo de búsqueda y espera. Porque en realidad no se trata de encontrar tan sólo un maestro, sino lo que es más difícil, encontrar el maestro de uno. Tiene que haber una vinculación psicológica y espiritual entre el discípulo y el maestro, una afinidad que comience por aproximarlos.

Si el maestro considera que el aspirante está en condiciones espirituales para recibir la enseñanza, le someterá a determinadas pruebas. Las pruebas, más o menos arduas, varían como es lógico de unos a otros maestros, por lo que son difíciles de concretar. Bástenos decir que a veces el maestro se muestra excesivamente inflexible y que el discípulo debe atravesar una dolorosa situación. Si el maestro observa que el aspirante no está todavía maduro para la iniciación, tendrá que esperar por tiempo indefinido, hasta que alcance dicha madurez imprescindible. En el Tíbet, como en otras técnicas orientales de autorrealización, el camino hacia la iluminación es muy difícil. Como siempre, el conocimiento intelectual no basta y hay que obtener la aprehensión directa. En su día, cuando el discípulo se haya convertido en maestro, también le será dado impartir la enseñanza, y tal vez podrá comunicarse telepáticamente con sus discípulos, haciendo incluso innecesario todo diálogo, enseñando de corazón a corazón, de mente a mente, más allá de las insuficientes palabras. Pero para que la comunicación telepática sea posible tiene que haber una estrechísima conexión entre el maestro y el discípulo, y debe el primero gozar de una gran preparación espiritual muy avanzada, es decir, ser lo que en la India se conoce como un *jivanmukta*. Cada día, sin embargo, los contactos entre el maestro y el discípulo parecen ser menores, aunque eso, según consideran los tibetanos, no quiere decir ni mucho menos que ya no existan. Por otra parte, no es fácil conocer esas intimidades entre el maestro y su discípulo, porque este último está obligado a observar el voto de silencio en cuanto a la enseñanza recibida.

El discípulo, mediante el adiestramiento adecuado, debe ir desarrollándose mentalmente y aprender, mediante el conocimiento, a trascender el dolor de la ilusión. Cada uno debe llegar a sus propias conclusiones, pero siempre a través del conocimiento exacto. La atención juega un destacado papel en el entrenamiento psíquico, y hay que irla perfeccionando progresivamente, pues permitirá al discípulo que se vaya aproximando al conocimiento exacto. Hay que alertar la atención, mantenerla siempre vigilante para permanecer consciente de sí mismo y de todo lo que a uno le rodea. Es necesario indagar, buscar, escudriñar. La meditación va enriqueciendo el mundo interior y abriendo la mente; los deseos son extirpados y los conflictos y las contradicciones eliminados. Hay que trascender el agitado contenido mental, pasar de la verdad relativa a la verdad absoluta, aprender a distinguir lo que es realmente de uno y lo que es adquirido, falso, artificial.

La iniciación exige mucha disciplina y no siempre es fácil ni grato seguir el programa impuesto por el maestro. Desde el amanecer hasta a veces bien entrada la noche, el discípulo deberá trabajar sobre sí mismo. No son meditaciones de una o dos horas las que llevará a cabo, sino con frecuencia incluso de cuatro, cinco o más horas. El encuentro consigo mismo, además de exigir trabajo, también exige tiempo. La meditación se efectúa sobre los principios superiores del budismo, sobre determinados textos, sobre uno mismo. Mediante estas prácticas de introspección, el discípulo va aproximando su mente a la realidad y se va preparando para alcanzar planos superiores de conciencia. Los ejercicios son muy numerosos y variados, y tienen una gran importancia los que tienden a proyectar la mente en el vacío, como el de observar el cielo y tratar de disolver la mente, tal como se disuelve el azúcar en el agua. Es una práctica yogui, mediante la cual se pueden obtener excelentes resultados. El practicante se extiende en el suelo en decúbito supino, controla su ritmo respiratorio y pierde la mirada en el horizonte, tratando de parpadear lo menos posible y de irse «perdiendo» en el cosmos. Con el entrenamiento necesario, la sensación obtenida es más que agradable; una inefable paz embarga al practicante, su mente se detiene y surge un profundo e intenso sentimiento de plenitud.

Las técnicas yogo-tántricas abundan en la enseñanza tibetana, y el practicante debe conocer su mente y las modificaciones de ésta. Quienes eligen lo que podríamos denominar el camino normal, que es el seguido por la gran mayoría de los monjes, no encuentran dificultades, pues se limitan a seguir las normas morales y los principios monásticos; pero aquellos otros que optan por el «camino directo», en donde hay que observar sutiles procedimientos mentales, un riguroso entrenamiento psíquico y una difícil ascesis, pueden extraviarse para siempre si no gozan de la dirección conveniente. La enseñanza recibida por el discípulo se llama en tibetano *Rgynd-pa Qn Kadjupa*. Tras la iniciación, surgen unos poderosos lazos espirituales, una elevada comunión mística entre el maestro y el discípulo.

El verdadero conocimiento ha sido siempre perpetuado por estos admirables seguidores del «camino directo». Exige un gran esfuerzo personal que da comienzo con la búsqueda del lama o del gurú, pero es un esfuerzo que puede verse recompensado con creces. Durante el período preparatorio, el maestro examina minuciosamente a su discípulo, le ofrece los rudimentos de la enseñanza y le entrena en la contemplación de los mandalas. Después, puede considerar conveniente que el discípulo se someta durante meses o años a un absoluto aislamiento en una cueva, a fin de trabajar más intensamente sobre sí mismo y sin estímulos exteriores que le perturben. El practicante debe ir acostumbrándose a examinar todas las cosas (*don*), analizar los detalles más ínfimos de las cosas (*bslabs*), meditar (*sgom*) y comprender.

Padmasambhava cifraba la evolución espiritual en varias fases. La primera es aquella durante la cual el practicante debe leer y estudiar numerosos libros filosófico-religiosos y experimentar personalmente todos los métodos y enseñanzas que descubra.

La segunda fase consiste en seleccionar la enseñanza que al practicante le parezca mejor para él y desestimar todas las restantes.

Durante la tercera etapa, el practicante debe tratar de conseguir una gran confianza y seguridad en sí mismo, esforzándose por obtener el desapego y por ser humilde.

La cuarta etapa comporta un tenaz entrenamiento psicológico y mental, a fin de que el practicante pueda independizarse de todo y no verse afectado o perturbado por nada.

La quinta fase es la de la serenidad absoluta.

La sexta representa la comprensión del vacío.

El practicante puede así ir apoderándose de las cinco clases de sabiduría: la «sabiduría absoluta» o intuición; la «sabiduría diferenciadora», que sirve para diferenciar lo falso de lo real; la «sabiduría transparente», que capta sin conservar; la «sabiduría igualadora», que permite encontrar las más sutiles semejanzas entre las cosas, y la «sabiduría de lo divino», que facilita la «comprensión total».

El practicante se va aproximando a las diversas clases de sabiduría a medida que se va preparando en el camino oculto, formado por la voluntad controlada, las visiones justas, el discurso preciso, la acción adecuada, los procedimientos adecuados, el esfuerzo adecuado, la atención despierta y la meditación perfecta.

La práctica de la virtud es muy importante. En todo momento el iniciado debe tener controlados sus actos y sus pensamientos, pues se considera que tan nocivos son los pensamientos perversos como los mismos actos, y ni siquiera debe permitirse uno tener sueños inmorales.

La austeridad, el autocontrol, la proyección en el vacío, el conocimiento exhaustivo de uno mismo, el adiestramiento en la verdad y la escalada hacia la «sabiduría de lo divino», todo ello es la labor nada sencilla del asceta (*naldjorpa*).

El budismo llegó al Tíbet alrededor del siglo VII. Encontró en la «región de las nieves» un terreno fértilmente abonado para su desenvolvimiento, porque el príncipe Srong-brtsansgam-po estaba desposado con dos mujeres budistas, una hija del emperador de China y otra hija del rey de Nepal. Incluso el príncipe se convirtió a la doctrina de la buena ley y envió a numerosos jóvenes de la aristocracia a la India para que se instruyesen sobre la enseñanza budista. Al principio, pues, el budismo se desarrolló entre la aristocracia, pero después se fue extendiendo a las clases restantes y consiguió cada vez mayor número de adeptos, constituyéndose en religión nacional durante el período del soberano Krisron-lde-brtsan (755-797).

Uno de los máximos y más eficaces exponentes de la doctrina fue Santiraksita, que no se dejaba desanimar por las muchas dificultades que suponía el hecho de impartir una enseñanza tan sutil a las gentes primitivas.

De nada sirvió el entusiasmo casi fanático de Santiraksita. Acusado de ser la causa de que acaeciesen diversos males, el soberano le pidió que abandonase el país. Santiraksita regresó a su lugar de procedencia, Nalanda, y conoció allí a

Padmasambhava, un devoto del tantrismo, discípulo del rey Indrabhutir.

Todo parece indicar que Padmasambhava («el nacido del loto») era un hombre realmente extraordinario, experto en magia y poseedor de unas sorprendentes facultades ocultas. Aquél era el hombre que Santiraksita estaba buscando. Si anteriormente había fracasado en implantar la doctrina era porque resultaba demasiado elevada para aquellas gentes ignorantes y supersticiosas. Padmasambhava representaba el elemento mágico, tan atrayente para los tibetanos y a la vez tan temido. Padmasambhava podría contrarrestar la influencia que los bon-pos ejercían sobre aquellos incultos campesinos.

Santiraksita no se equivocaba. Una vez en el Tíbet, Padmasambhava, con sus maravillosas dotes mágicas, dejó estupefactos a los tibetanos y se sobrepuso a la influencia de los bon-pos. El devoto del tantrismo se hizo tan popular, tan admirado y querido, que la leyenda ha entrado a formar parte de él. Se dice que no ha muerto y que habita en la Noble Montaña Color de Cobre, hermoso lugar en la isla de Lanka, en Ceilán (actual Sri Lanka).

El budismo empezó o penetrar entonces sin grandes dificultades en el pueblo tibetano. Pero, naturalmente, ya no era un budismo puro, sino mezclado con los elementos mágicos propios del tantrismo.

En el siglo V fue fundado el monasterio de Sam-yas, y como en el lugar había diferentes corrientes religiosas y filosóficas (budismo, tantrismo, escuela del vacío, escuela Chan), tuvo lugar un concilio de todas las sectas budistas. A partir de ese momento se tradujeron numerosas obras sánscritas y múltiples pandits indios se establecieron en el Tíbet. Todo parecía indicar que el budismo arraigaba definitivamente en este entorno. Pero el rey fue asesinado por su hermano y esto iba a comportar una cruel persecución del budismo, ya que el nuevo rey era bon-po. Se arrasaron los monasterios, fueron asesinados o expulsados del lugar numerosos monjes y se quemaron los textos sagrados.

Al rey asesino lo mató a su vez un monje tibetano. Se sucedieron las guerras civiles y, después de varias décadas, los biznietos del soberano que persiguió tan fanáticamente el budismo se interesaron vivamente por la doctrina e hicieron acudir al lugar a algunos misioneros budistas.

Dos hombres se esforzaron plenamente por implantar, en esta ocasión, el budismo en el Tíbet: Rinc-en-bzanpo y Atisa.

Rinc-en-bzanpo nació en el 958, y a la edad de trece años ya era monje. Atisa, por su parte, era profesor de la Universidad de Vikramasila, y aportó al Tíbet el Pala del Mahayana.

El budismo toma de nuevo vida en el Tíbet, pero fusionado a elementos yoguis y tántricos. Lobon Padma Chungne fundó la secta del lamaísmo, conocida como los «bonetes rojos». Budismo, yoga, tantrismo, bon-po, nigromancia y magia formaban el contenido doctrinal propio del lamaísmo.

El gran reformador del lamaísmo fue Tson-Ka-pa, en el siglo XVI, quien, enérgico y honesto, expulsó a los monjes degenerados, prohibió la hechicería y la magia, cerró monasterios y eliminó lugares santos. Fundó la secta de los «bonetes amarillos», también conocidos como «observadores del valor virtuoso». Con unas sobresalientes dotes de organización, creó normas y preceptos, restableció los verdaderos principios e impuso una eficaz jerarquía.

En tanto los «bonetes rojos» han perdido la esencia verdadera del budismo, adoran a las imágenes y están influenciados por la magia bon-po, los «bonetes amarillos» rechazan las imágenes, condenan la nigromancia y otras formas de magia y viven más de cerca el verdadero budismo.

Había tres jefes espirituales del lamaísmo. Uno de ellos era el Dalái Lama, que vivía en la capital del Tíbet, en Lhasa, descendiente espiritual de Tson-Ka-pa, reencarnación de Avalokitesvara y máxima autoridad tanto en los asuntos materiales como en los espirituales; era él quien regentaba el célebre monasterio de Potala. Otro de los jefes espirituales era el Tashi Lama, que únicamente tenía autoridad espiritual y que vivía comúnmente en la provincia de Tsang. La Gran Lama, la abadesa del monasterio situado en las proximidades del lago Yamdok, también era jefe espiritual. A estos jefes espirituales les seguían por orden jerárquico los *chutuktus*, similares a nuestros cardenales, y los *chubil kans* o sacerdotes.

Aparte de los «bonetes rojos» y los «bonetes amarillos», estaba la secta Sakyapa, y la más trascendente de todas, la de la visión profunda o Kargyupa, que conservaba la verdadera y secreta sabiduría y cuyos adeptos seguían un dificilísimo adiestramiento psíquico y una vida rigurosamente ascética. A la secta de la visión profunda pertenecía el gran iluminado Jetsun Milarepa, que nació en el Tíbet en el 1038 y fue discípulo de Marpa, quien obtuvo un grado elevadísimo de progreso espiritual y fue considerado como un gran santo.

El aspirante a lama tiene que estudiar medicina, escritura sagrada, filosofía, metafísica, ritual, gramática, aritmética, los preceptos monásticos y esoterismo. Los «bonetes amarillos» deben ser célibes todos ellos, pero los «bonetes rojos» sólo exigen el celibato para los lamas superiores. El aspirante estudia, medita y lleva una vida totalmente monacal. Pero el que no desea seguir el camino religioso y monacal, sino el «camino directo», no encontrará en el monasterio lo que busca, y tendrá que tratar de hallar un maestro que le imparta personalmente la enseñanza secreta. Los maestros del camino directo no están por lo general en los monasterios, sino en la soledad de las montañas o de los bosques; no siguen normas religiosas establecidas ni se someten a los ritos; viven aislados en su reducida celda (*tsham-khang*), dedicados por entero al trabajo interior y llevando una vida ascética que la mayoría de los seres humanos no podrían soportar.

Antes de la dominación china, no era tan extraño como pueda parecer encontrarse con un devoto del camino directo encerrado en su *tsham-khang*, en la que a veces permanecía durante muchos años, o incluso durante toda una vida, en absoluto silencio y en una total oscuridad. Se necesita ya una sólida madurez para poder soportar durante tanto tiempo esa hermética soledad.

El anacoreta invierte su tiempo haciendo prácticas de concentración y de meditación, ejercicios respiratorios y contemplación del *kyükhor*, que son diagramas con un significado esotérico y simbólico especial, y que sirven de apoyo a la atención y van unificando el pensamiento. Así el renunciante va elevándose por encima de sus sentidos físicos y obteniendo la «vista penetrante» (*thagthong*). La ignorancia se transmuta en conocimiento y el místico comienza a vivir a través de una sublime serenidad.

BIBLIOGRAFÍA

Bacot, J.: *Le Poète Tibetain Milarepa.* Bossard. París, 1924.

Bell, Charles: *The Religion of Tibet.* Oxford, 1931.

_____*Tibet Past and Present.* Oxford, 1924.

Bleichsteiner: *L'Eglise Jaune, Tibet, Mongolie.* Payot. París, 1936.

Calle, Ramiro A.: *Introducción al Zen y al Lamaísmo.* Cedel. Barcelona.

David-Neel, Alexandra: *Místicos y Magos del Tibet.* Espasa Calpe. Madrid.

_____*Las Enseñanzas Secretas de los Budistas Tibetanos.* Kier. Buenos Aires.

_____*Textos Tibetanos Inéditos.* Kier. Buenos Aires.

Govinda, Anagarika: *Foundations of Tibetan Mysticism.* John Watkins. Londres.

Hoffmann, H.: *Die Religionen Tibets.* Múnich-Friburgo, 1956.

Lalou, M.: *Les Religions du Tibet.* P. U. F. París, 1957.

Wentz, Evans: *Tibetan Yoga and Secret Doctrines.* Rider. Londres.

_____*The Tibetan Book of Dead.* Rider. Londres, 1927

5

LA INICIACIÓN
EN EGIPTO

Egipto, tierra de faraones, de misterios, de grandes iniciados, ejerció una marcada influencia esotérica sobre los pueblos de la antigüedad. Los griegos, los romanos y los judíos reconocieron en Egipto el país de la tradición oculta por excelencia; los ocultistas de la Edad Media se esforzaron en descifrar sus grandes secretos; las sociedades secretas buscaron con tesón sus enseñanzas y se afanaron en hacerlas suyas. Egipto siempre ha estado envuelto por una enigmática neblina y sus conocimientos ocultos han atraído vivamente a los esoteristas de todas las épocas.

Sabemos que los egipcios pensaban que el ser humano está formado por el cuerpo físico, el *Khan* o cuerpo astral, el *Khu* o aliento vital, y el *Bah* o principio superior; sabemos también que la Tríada de Obidos está compuesta por Osiris, Isis y Horus, y que Osiris se manifestaba bajo cuatro aspectos: el espiritual (Osiris-Ptah), el mental (Osiris-Horus), el astral (Osiris-Lunus) y el material (Osiris-Tifón); sabemos qué dioses componían el panteón egipcio (Okhar, Serapis, Aten, Anubis, Nephitis, Ra, Nu, Ammon, etc.) y los preparativos llenos de minuciosidad que se llevaban a cabo para la vida de ultratumba; sabemos qué mancias practicaban y los muchos elementos mágicos que inundaban su medicina. Pero apenas conocemos nada de cómo era la iniciación entre los egipcios. Es probable que se realizase en el templo de Tebas, en el de Menfis o en la gran pirámide de Keops, pero no disponemos de datos que lo confirmen. Comoquiera que sea, el neófito debía pasar por muy diversas pruebas, morir temporalmente para renacer eternamente en Osiris.

Suponemos que las pruebas a que era sometido el neófito eran tanto físicas como morales y espirituales, y todas ellas indudablemente nada fáciles de trascender. Los sacerdotes egipcios eran sumamente expertos en esoterismo, y por ello con seguridad se mostraban exigentes en extremo. El neófito tenía que superar toda clase de temores, para someterse así a la purificación y a la transformación. La revelación divina sólo llegaría cuando la purificación fuera total, cuando el aspirante hubiera fertilizado su espíritu lo suficiente como para entrar en contacto con la divinidad.

Sabiendo de la pomposidad desorbitada de los egipcios, cabe suponer como lo más verosímil que la iniciación iría acompañada de un llamativo y espeso ceremonial. El neófito tenía que realizar obligatoriamente el juramento de silencio, común a todas las iniciaciones antiguas y modernas.

Oscuros símbolos, interminables plegarias, himnos embriagadores, solemnes ritos... En la suntuosidad del templo, el neófito se estaba preparando para pasar a una nueva forma de vida, pues con la iniciación su espíritu experimentaría una considerable transmutación. Había que introvertirse, que meditar profunda y sinceramente, tratando de llegar hasta el fondo de uno mismo y rescatar allí la propia verdad. Allí, serios y concentrados, estaban los sacerdotes para dirigir sus pasos, para orientarle en su significativo «viaje». Aquellos hombres llenos de sabiduría, doctores en el más elevado esoterismo, colaborarían en su perfeccionamiento y le harían partícipe poco a poco, gradualmente, de sus vastos conocimientos, enseñándole también la medicina sagrada y las prácticas mágicas, desde cómo predecir el futuro hasta cómo imponer las manos y concentrar la mente para llevar la curación a los enfermos. Ellos, poseedores de unas supuestas facultades psíquicas de gran alcance, le mostrarían las fórmulas necesarias para intervenir y controlar las leyes de la naturaleza.

Largos ayunos, toda clase de incomodidades, silencio y soledad. El neófito tenía que aprender a controlar sus inclinaciones físicas, sus apetencias de todo tipo. Partiendo del autodominio y purificación físicos, debía llegar al autodominio y purificación mentales y espirituales. Sólo de esa forma sería digno de aspirar a ser iniciado en los misterios de Isis y Osiris, a entrar en la cofradía de los seres superiores, los hombres perfectamente desarrollados, los iniciados de Egipto. Todo hombre puede llegar a formar parte del Gran Todo, pero muy pocos lo consiguen. Convertirse en parte de Osiris era una empresa muy difícil, y a veces incluso arriesgada. Había que obtener un elevadísimo grado de evolución para convertirse de hombre en hombre-dios. Más allá de las ostentosas ceremonias, de los estimulantes ritos, de las orientadoras palabras de los sacerdotes, el neófito tenía que llevar a cabo un difícil trabajo en su interior, eliminar toda posible impureza e imponerse una estricta disciplina y una rigurosa forma de vida. Mientras el odio, la vanidad, la ira, la ambición o la lujuria mancillasen su espíritu, en lugar de caminar por un sendero firme, se estaba hundiendo en absorbentes arenas movedizas. La iniciación, como tal, siempre ha exigido mucho, aunque luego, ésta es la realidad, los iniciados la hayan entendido como mejor les pueda haber parecido y hayan continuado siendo como antes. Verdaderamente todo es una actitud interna y jamás externa; hace falta el convencimiento interior y el deseo sincero de superación. Cuando el bautismo −rito iniciático muy empleado a lo largo de toda la humanidad− carece de toda significación, se convierte en un simple chapuzón. Para que el hombre pueda trascender sus flaquezas de hombre, su forma mecánica de vivir, sus limitaciones y sus ataduras mentales, psicológicas y espirituales; para que pueda ver más allá de las apariencias y arrojar cierta luz en su mundo interior confuso e incluso caótico, no basta con un suntuoso templo, unos cadenciosos cánticos ni unos símbolos esotéricos. El verdadero trabajo espiritual hay que entenderlo sobre sí y llevarlo a cabo perseverantemente. De esa forma, todo el edificio externo, que únicamente puede ayudar cuando no es tomado jocosa o rutinariamente, representa un apoyo para la atención y un estímulo para la voluntad.

No hace falta ser un visionario para creer que el hombre puede superarse, conseguir su «integración», elevarse por encima de sus estrechas y egoístas miras. No se requiere una dilatada vida para esta elevación; es suficiente con un ferviente deseo y un comenzar en el momento sin subterfugios de ninguna clase. Empezar a examinar los propios hábitos negativos e inhibiciones, los múltiples temores que encadenan al ser humano, y todas aquellas ideas y conceptos poco cristalinos que lo someten a una irreparable ceguera. Mediante el examen surge el conocimiento, y a través del conocimiento un hombre se puede realizar. A lo largo de toda la historia siempre ha habido determinados seres humanos que han creído en la posibilidad de esa superación y han luchado por ella aun cuando se hayan visto obligados a renunciar a lo que para ellos pudiera ser más preciado.

HERMES TRIMEGISTO

Aunque es muy poco lo que podemos decir sobre él, no debemos pasar por alto en estas páginas a Hermes Trimegisto, el «tres veces grande», cuyo nombre, más que distinguir a una sola persona, parece que reúne a un conjunto de grandes iniciados de la antigüedad, alrededor de tres siglos antes de nuestra era. Su nombre se ha asociado siempre con las ciencias ocultas, y de él deriva el vocablo «hermetismo». Aun cuando Jámblico no duda en atribuirle miles de obras, resulta más razonable la deducción de Clemente de Alejandría, que le atribuye cuarenta y dos. Sin poder determinar el número exacto de obras que este gran iniciado, o conjunto de iniciados —más probable esto último—, llevó a cabo, lo cierto es que solamente contamos con tres de ellas: *La Tabla de Esmeralda*, *Pimandro* y *Asclepios*.

En *Pimandro* se nos muestra a Hermes como discípulo, recibiendo la doctrina suprema de Pimandro, quien le orienta moral y espiritualmente, aconsejándole disipar la ignorancia, vencer las pasiones, purificar el espíritu y solamente comunicar las verdades aprendidas a las personas que previamente hayan sido iniciadas. Después es el mismo Hermes quien directamente le muestra la doctrina a su hijo Tat, señalándole los doce obstáculos básicos que todo hombre debe eliminar de sí mismo para poder obtener la iniciación: el primero es la ignorancia; el segundo, la tristeza; el tercero, la intemperancia; el cuarto, la concupiscencia; el quinto, la injusticia; el sexto, la avaricia; el séptimo, el error; el octavo, la envidia; el noveno, la astucia; el décimo, la cólera; el undécimo, la temeridad, y el duodécimo, la maldad.

Asclepios trata de la iniciación y enseñanzas que Hermes imparte a Asclepios, mostrándole los puntos esenciales de la doctrina.

La Tabla de Esmeralda es la obra de Hermes que con mucho ha interesado más a los alquimistas, ya que la consideran una descripción muy importante en lo relativo a la obra alquímica. Dice así:

> En verdad, ciertamente y sin duda: lo de abajo es igual a lo de arriba, y lo de arriba igual a lo de abajo, para obrar los milagros de una cosa.
>
> Así como todas las cosas proceden del Uno y de la meditación del Único, también todas las cosas nacen de este Uno mediante conjugación.
>
> Su padre es el Sol, y su madre, la Luna, el viento lo llevó en su vientre y su nodriza fue la Tierra.

Es el padre de las maravillas del mundo entero.

Su fuerza es perfecta cuando se convierte en tierra.

Separa la tierra del fuego y lo fino de lo grueso, suavemente y con todo cuidado.

Sube de la tierra al cielo y de allí vuelve a la tierra, para recibir la fuerza de lo de arriba y de lo de abajo. Así poseerás la luz de todo el mundo, y las tinieblas se alejarán de ti.

Ésta es la fuerza de todas las fuerzas, pues vence a todo lo que es fino y penetra en todo lo sólido.

Por tanto, el mundo pequeño está hecho a semejanza del mundo grande.

Por ello, y de este modo, se obrarán aplicaciones prodigiosas.

Por eso me llaman Hermes Trimegisto, pues yo poseo las tres partes de la sabiduría de todo el mundo.

Terminado está lo que he dicho de la obra del sol.

Este texto de Hermes Trimegisto recibió el título que lleva porque los soldados de Alejandro Magno lo encontraron en Egipto, grabado en una gran esmeralda. Se le confiere un gran valor esotérico y se estima que no solamente tiene una importancia alquímica, sino mucho más amplia, porque representa una síntesis de los elevados principios del conocimiento oculto.

Muchas escuelas y sociedades esotéricas han tratado de restablecer y revivir las iniciaciones de los pueblos antiguos, sometiendo a sus alumnos a unos ritos que en cierto modo se suponen, muchas veces sin fundamento objetivo alguno, similares a aquellos empleados por los egipcios, los caldeos o los griegos. Hay que comprender que tener una visión certera de las antiguas iniciaciones y de sus grados o etapas es muy difícil, tanto como saber de forma indiscutible qué pruebas le eran aplicadas al neófito antes de serle revelada la filosofía arcana.

BIBLIOGRAFÍA

Festugiere, A. J.: *La Révélation d'Hermés Trimegiste*. Gabalda. París, 1942.

Guirao, Pedro: *Escritos Sagrados de Hermes*.

Mead, G. R. S.: *The Titrice Greatest Hermes*. Londres, 1906.

_____*Hymns of Hermes*. Londres, 1907.

Millinger, Jean: *Le Tabiet D'Emeraude d'Hermés Trimegiste*. Bruselas, 1932.

Schuré, Edouard: *Los Grandes Iniciados*. El Ateneo. Buenos Aires, 1960.

6

LA INICIACIÓN
EN GRECIA

Profunda significación esotérica tenían para los griegos los Misterios de Eleusis, fundados por Triptolomeo tras su iniciación en Egipto. Eleusis, antigua ciudad de Ática que adquirió gran celebridad por sus Misterios, se convirtió en un lugar de alta iniciación, piedra angular de la enseñanza esotérica propia de Grecia. Porque los iniciados guardaban celosamente su secreto, poco se conoce con exactitud de dichos Misterios, que eran una prolongación en Grecia de los Misterios de Isis en Egipto.

Los Misterios de Eleusis se rodearon de una pompa exuberante, de un ceremonial externo llamativo y de vivo colorido. Pero, más allá de esa superficie de reluciente barniz, se hallaba el verdadero misterio, la luz, para el iniciado. Hay que considerar, no obstante, que nada puede afirmarse con plena seguridad. Si a lo esotérico, que de por sí resulta difícil de penetrar, se le suma el factor tiempo, uno queda sumido casi en la más profunda oscuridad. Por eso no resulta nada fácil explorar los conocimientos esotéricos de la Antigüedad.

Si exotéricamente los Misterios de Eleusis se celebraban en honor de Deméter, la diosa de la Tierra, para buscar su protección y agradecer sus favores, esotéricamente representaban el «morir para renacer», la elevación espiritual a que debe aspirar todo ser humano y la plenitud del espíritu; una representación del mito de Proserpina.

Proserpina, hija de Zeus y Deméter, fue arrebatada por Plutón. Entonces Deméter frustró el crecimiento de los frutos de la tierra, con lo cual los hombres no podían realizar sus sacrificios, por lo que Zeus se vio obligado a pedirle a Plutón que le devolviese a su hija. Zeus, sin embargo, dio su permiso para que su hija estuviera seis meses en un lugar y seis meses en otro. Mediante este mito se representa el crecimiento de los frutos de la tierra, que si primero están en su interior después surgen al exterior.

Los Misterios de Eleusis, cuyo origen se remonta probablemente al siglo VI a. de C. y permanecen estrechamente unidos a los ritos religiosos vinculados con la agricultura, eran una representación del drama de Deméter y de Proserpina, con una enorme proyección esotérico-espiritual; el iniciado debe morir para renacer, someterse a una transformación anímica total. El concepto de morir para renacer es común a muchas iniciaciones, y las diversas sociedades iniciáticas le han concedido relevante importancia. El espíritu desciende, se encarna y se relaciona con la materia, para después renacer a la vida divina, volver al seno cósmico.

La influencia y el valor de estos Misterios nadie puede ponerlos en tela de juicio, pues de otra forma no se hubieran prolongado hasta el siglo IV. Los iniciados los conservaban en su corazón con gran celo, evitando exponerlos a la desaprensión de los profanos.

Había dos categorías de Misterios: los grandes y los pequeños. Para los grandes Misterios, era necesario, naturalmente, haber obtenido la iniciación completa. Los pequeños Misterios se llevaban a cabo en un pueblo cercano a Eleusis, llamado Agra, y además de tener relación con Deméter y Proserpina, la tenían también con Dionisios. En Agra había un pequeño templo consagrado a Proserpina, que recibía el nombre de Koré y que era el escenario de los ritos y fiestas.

Es posible que los Misterios dieran comienzo con unas palabras de las hierofántidas, sacerdotisas de la diosa, dirigidas a los futuros iniciados, exponiéndoles la trascendencia de aquéllos. Después venían las oraciones, ritos y purificadoras abluciones durante varias jornadas, y todo aquello que desconocemos casi por completo.

Los pequeños Misterios se celebraban en febrero, y los grandes en septiembre, únicamente cada cinco años. Estos últimos tenían como escenario la ciudad de Eleusis, se celebraban durante nueve días y daban comienzo el 13 de *boedromion* (septiembre).

Reunidos y colocados debidamente todos los neófitos, eran inaugurados los grandes Misterios. Los aspirantes tenían que demostrar que habían pasado por los pequeños Misterios, jurando seguidamente que nada revelarían bajo ningún concepto de todo lo que allí les fuese enseñado. Después se celebraban múltiples ceremonias y ritos; los neófitos unas veces tenían que ayunar y otras limitarse exclusivamente a determinados alimentos...

Durante aquellos días de iniciación y transformación se efectuaban diversas prácticas religiosas y esotéricas. Se ofrecían sacrificios a Deméter, flores a Dionisios, ceremonias a Esculapio, procesiones... Una larga y densa actividad iniciática.

Aunque se desconozcan todos los detalles, existe la certeza de que se representaba el sugerente y dramático mito de Proserpina. El adepto debía «morir para renacer», pasar por las tinieblas para encontrar la luz.

Hasta aquí todo lo que puede decirse. Bien es cierto que, lamentablemente, es muy poco. Se carece de datos y de confidencias. Si el propósito fundamental de los iniciados era el secreto y que nada de aquellos Misterios trascendiera a los profanos, hay que decir que prácticamente lo consiguieron. Algunos autores dan rienda suelta a su fértil imaginación, y mediante ella revisten y adornan unos Misterios que realmente son lo que su palabra indica. Se extienden sobre las ceremonias, los ritos, las representaciones... Narran lo que así pudo ser. Pero en lo referente a los Misterios de Eleusis es todo tan impreciso que ni aun desplegando las velas de la imaginación más intuitiva resulta fácil acertar. Por eso lo mejor es respetar el silencio, no tratar de franquear el umbral. Quizá ése sea el deseo de Proserpina, hija de Deméter y de Zeus, arrebatada por Plutón.

PITÁGORAS Y SU ESCUELA

Convencido de que tenía una importante misión que cumplir, controlado y dueño de sí mismo, sabio por encima de todo, sereno, modesto a pesar de su grandeza, fuerte intelectual, moral y físicamente, austero y disciplinado, razonador y a la vez intuitivo, Pitágoras es uno de esos hombres que solamente surgen cada muchas décadas. Legendario ya en vida, casi mito, su fama alcanzó inmensas proporciones. Despertaba entre sus contemporáneos curiosidad, interés, poderosa atracción, incluso apasionamiento. Tenía un fuerte ascendiente sobre sus discípulos y éstos le consideraban casi como un dios. Sus consejos, sus sugerencias, sus preceptos, sus principios doctrinales, todo lo que directa o indirectamente procediese del gran sabio era altamente estimado. Ese hombre genial que era Pitágoras despertó una verdadera conmoción intelectual y moral no ya sólo entre sus contemporáneos, sino entre sus sucesores. Se decía de él que poseía sorprendentes facultades psíquicas, tales como la telepatía, la premonición y la ubicuidad, o que podía hacer milagros y curar, entenderse con los animales y viajar al mundo invisible. Espiritualista, místico, mitad asceta contemplativo mitad hombre de acción, filósofo, matemático, físico, músico, creó Pitágoras una verdadera escuela esotérica e iniciática.

Aun cuando sus anécdotas se han narrado durante siglos, aun cuando ha sido citado por numerosísimos autores y sus principios y enseñanzas han influido sobre muchos miles de hombres superiores, aun cuando su autoridad se ha impuesto sobre sistemas, doctrinas y personas, muy poco se sabe de la vida de Pitágoras que pueda garantizarse con absoluta seguridad.

Pero es probable que aquello que se conoce se aproxime bastante a la verdad. Basándose en determinados escritos, se puede concretar parte de su vida, ya desde el primer momento salpicada de leyenda. Hechos indiscutiblemente ciertos son que vivió en Samos, que viajó a la gran Grecia, que residió en Krotón y que allí fundó una escuela iniciática que tuvo un fin trágico. Desde luego unos datos que no bastan para redactar una biografía, ni siquiera una nota biográfica. Pero lejos de un rígido escepticismo y de una inapropiada fantasía, se puede, aun a riesgo de que determinados sucesos no sean de una veracidad exacta, trazar y exponer lo que fue más o menos la vida del sabio griego. Afortunadamente se sabe mucho más de su pensamiento y de sus principios y doctrinas, aunque es posible que parte de ellos se deban no sólo a él, sino también a sus discípulos. Tratemos, pues, de atravesar esa espesa niebla que rodea de misterio la vida de Pitágoras, ese hombre que para muchos ha sido uno de los grandes iniciados de la antigüedad.

Pitágoras era hijo de Mnesarchos, un joyero de Samos, y de Partenis. Vivió alrededor del 569-500 a. de C. De niño fue bendecido por el gran sacerdote del templo de Adonai. Recibió una instrucción amplia y muy sólida. Es lógico suponer que desde sus primeros años debió de dar muestras de una penetrante inteligencia. A los dieciocho estuvo en contacto con Tales, quien le sugirió que se dirigiese a Egipto si quería encontrar la fuente de la verdadera sabiduría. Una carta de recomendación de Polícrates le facilitó la relación con los sacerdotes de Menfis, quienes antes de hacerle partícipe de sus secretos le sometieron a muy difíciles y casi inextricables pruebas morales y psicológicas. Pero si algo distinguió a

Pitágoras, y todos los testimonios así nos lo dejan ver, fue su férrea voluntad, más de dioses que de hombres. La transformación exige un sacrificio que solo aquel que luche por realizarla puede comprenderlo. Un hombre puede llegar a sudar sangre, como lo hizo Cristo, y es algo más que una mera metáfora. La transformación espiritual requiere un «superesfuerzo»; los débiles y los indecisos no tienen ninguna posibilidad de triunfo en ese férreo combate que el hombre debe realizar contra sí mismo. Morir para renacer, destruir para construir, reducir todo a cenizas para utilizarlas como polvo de proyección en la alquimia interior que se debe experimentar.

Muchos años permaneció Pitágoras en Egipto, en estrecho contacto con el profundo y rico esoterismo propio de aquel país. El autocontrol, la paciencia y sobre todo la perseverancia le permitirían iniciarse en los más elevados misterios de la magia egipcia. También allí adquirió seguramente parte de los profundos conocimientos que tenía sobre matemáticas. De este país pasó a Babilonia, y también se ha dicho que viajó a la India, donde fue instruido en las filosofías y religiones autóctonas.

En Babilonia tuvo la posibilidad de aprender las fórmulas mágicas de la magia babilonia y todo su contenido, completando una laboriosa iniciación. Después de treinta años de ausencia, iba a regresar a Samos. Ya sabio, iniciado, fiel conocedor de la tradición esotérica, debía llevar la luz hasta el corazón de los demás. Versado en la magia egipcia y babilonia, erudito en filosofía oriental, gozaba de los medios necesarios para ser un gurú, un maestro espiritual. Los hombres de aquella época, como los de todas, necesitaban un elixir espiritual que aliviara su dolor, sus inquietudes, sus miedos y sus angustias.

Pitágoras era el hombre ideal para conducir a los demás hacia la libertad interior, porque él conocía los más íntimos secretos del alma humana, había experimentado en sí mismo el sufrimiento redentor y purificador de la iniciación y tenía una enseñanza que mostrar.

En Samos, Pitágoras despertó la atención de sus ciudadanos. No era desde luego nada frecuente un hombre que proponía la alimentación vegetariana y, lo que era aún más desconcertante, creía en la metempsicosis. Además, producto de una desbordante fantasía, se decían cosas increíbles de aquel ser que tanto había viajado y cuya existencia era un misterio indescifrable. Las anécdotas sobre el recién llegado, a cual de ellas más fantasiosa, pronto se multiplicaron.

La marcada personalidad orientalizada de Pitágoras atraía a la juventud, porque los jóvenes se interesan por todo lo nuevo, lo sugerente, lo significativo. Pero los padres de aquellos muchachos ávidos de conocimientos y de relatos cuyo jugoso contenido disipase su tedio se sentían inquietos y desconfiados ante Pitágoras. La atmósfera se volvió demasiado saturada y tensa. Porque Pitágoras buscaba establecer una escuela de iniciación y no provocar un enfrentamiento estéril, porque su ferviente deseo era instruir y no dispersarse en inútiles rencillas, porque estaba por encima de toda animadversión personal y porque comprendía que en muchas ocasiones ceder es vencer, abandonó Samos, cuyos ingratos e ignorantes habitantes no intuían ni lejanamente siquiera que perdían a uno de los seres humanos más trascendentales de la época.

Campo fértil para sembrar su doctrina, para que ésta floreciera con energía y se mantuviese en todo su esplendor, lo encontró Pitágoras en Crotona. Llegó allí rodeado ya de una aureola de singular personaje y hábil taumaturgo, de profundo filósofo y acendrado espiritualista. Se le hizo un recibimiento digno de un dios, y el afamado atleta Milón, jefe de los aristócratas, puso a disposición del sabio alojamiento y alimentación gratuitos durante tanto tiempo como fuese necesario.

El aspecto de Pitágoras, allí donde fuese, imponía muy favorablemente. Con una voz calma y diáfana, con una mirada noble y penetrante, con un rostro de imperturbable serenidad, dueño de unos conocimientos muy poco comunes y muy amplios, cautivaba prontamente a sus interlocutores. Bastaba simplemente con observarlo para percibir que no era un hombre corriente, que tras aquellos ojos escrutadores había una mente en incesante y constructiva actividad.

En Crotona, Pitágoras fundó una importante escuela. En ella se enseñarían matemáticas, física, música, misticismo y esoterismo. Tenía como finalidad instruir a los alumnos tanto mental como espiritualmente; mostrarles enseñanzas científicas, filosóficas, morales y espirituales. Naturalmente, Pitágoras era un maestro de excepción y nadie podía dudar de la eficacia de la enseñanza. Por ello pronto contó la escuela con numerosos alumnos, y todos los ciudadanos de Crotona se sintieron satisfechos y orgullosos por contar con una escuela tan especial y con un maestro más especial todavía.

Después de muchos años de incansable enseñanza, Pitágoras encontraría lo que él mismo quizá jamás había esperado: el amor en una de sus alumnas, una hermosa joven que tenía cuarenta años menos que el maestro.

La joven y bella Teano sentía una irresistible atracción por Pitágoras. Aquel hombre era para ella como un dios encarnado, un ser superior con una mente privilegiada. Era hija de Brontinos y asimilaba con inigualable eficiencia las enseñanzas del maestro. El amor le hacía absorber como por osmosis los principios filosóficos y científicos del sabio. Sus gestos, sus palabras, sus conocimientos la tenían anonadada, más en un mundo paradisíaco que en un mundo real.

Durante años Teano ocultó su vibrante pasión. Se contentaba con observar y sentir la presencia cercana de aquel hombre de sesenta años que vivía únicamente para la escuela y para sus alumnos. ¿Cómo a su edad iba él a pensar en nada semejante? La geometría, la física, la música y la filosofía no le dejaban tiempo para distraerse con el amor humano. Pero Teano estaba allí, plena de ardiente juventud, suspirando por una palabra o por una mirada, con los ojos fijos en aquel asceta disciplinado y siempre dueño de sí mismo.

El amor provocó angustia, y la angustia llegó a tal extremo que Teano pudo superar su timidez y se dispuso a contárselo al maestro. En la agradable y apacible soledad del jardín de la escuela, la joven crotonia le explicó a Pitágoras que se encontraba al borde de la desesperación por el amor de un hombre que la tenía subyugada. Comprensivo, siempre dispuesto a ayudar y reconfortar a sus alumnos, Pitágoras insistió en saber el nombre del hombre amado. Y cuál no sería su sorpresa al escuchar el suyo en boca de su alumna preferida.

Pitágoras y Teano se casaron. La edad no representaba un obstáculo porque el amor alisa todos los escollos. Tuvieron dos hijos —uno de ellos probablemente instructor de Empédocles— y una hija. Teano resultó siempre una excelente colaboradora de Pitágoras y jamás fue objeto de la menor perturbación.

El prestigio de Pitágoras, desde aquel lejano día en que inauguró su escuela, siempre había ido en aumento. Pocos maestros han despertado tanto entusiasmo y admiración entre sus discípulos, aunque en numerosas ocasiones era inflexible e intransigente.

Durante treinta años dirigió su escuela. Treinta años de enseñanza, de transformar neófitos en iniciados, de alertar la conciencia de los jóvenes, de imbuir en sus alumnos una moral fuerte y una mente imperturbable. Durante tres décadas ofreció lo mejor que en sí llevaba, no regateó esfuerzos por ampliar los conocimientos de los demás, por conducirlos con mano firme y segura a las más altas cumbres del pensamiento. Pero todo ser humano, por bondadoso y honesto que sea, tiene cuando menos un enemigo. El de Pitágoras se llamaba Cilón, un antiguo aspirante a la iniciación que había sido rechazado y que desde entonces anidaba en su corazón un furioso odio hacia el maestro. Cilón esperó durante años una buena ocasión para vengarse, implacable en su corrosivo rencor. Y la ocasión finalmente habría de presentarse.

En la floreciente Sibaris, los aristócratas, colmada toda su paciencia, se levantaron contra el poder. Nada consiguieron sin embargo, y fueron ampliamente derrotados. Alrededor de quinientos aristócratas se refugiaron entonces en Crotona, después de que Pitágoras hiciera gala de toda la autoridad que poseía y se opusiera al Consejo, que no quería aceptar a los refugiados por temor a enfrentarse con Sibaris. A decir verdad, el temor del Consejo no era infundado. El partido democrático de Sibaris en seguida pidió la extradición de los aristócratas, petición que por supuesto no fue tomada en cuenta por Pitágoras. Resultado de tales divergencias fue la guerra, declarada por los sibaritas a los crotonios.

Milón, el que fuera vencedor en doce ocasiones en los juegos olímpicos y en los délficos, discípulo e íntimo amigo de Pitágoras, hombre no sólo de envidiable fortaleza física, sino también moral, tomó el mando del ejército. Los crotonios estaban ansiosos de entrar en batalla; su optimismo rayaba en lo febril.

Los crotonios infligieron una irreparable derrota a los sibaritas. Después, embriagado el ejército por la victoria, incontrolable en su furor, se cometieron actos de espantosa violencia. Incluso las mujeres, los ancianos y los niños fueron víctimas de aquella despiadada masacre sin sentido. ¡Qué gran paradoja! En tanto un hombre como Pitágoras no osaba matar ni al más ínfimo de los animales, aquellos otros hombres se salpicaban de sangre inocente y se entregaban frenéticamente al robo y a la rapiña. De la floreciente ciudad de Sibaris poco quedaba; tan sólo dolor y desolación.

El reparto de las tierras conquistadas iba a originar, ine-vitablemente, grandes problemas. Por un lado estaba el parti-do aristocrático, del que formaban parte Milón y Pitágoras; por otro, el democrático, dirigido por el astuto Cilón. El par-tido democrático trató de abolir los privilegios del partido de los aristócratas. La multitud prorrumpió en rabiosos gritos y vituperios contra Pitágoras y sus discípulos. Pero si algo resul-taba verdaderamente difícil era inquietar o intimidar al sabio, que no prestó la menor atención a aquellos descontrolados hombres que más parecían bestias que otra cosa.

El odio iba en aumento. Un odio que, aunque paliado en cierto modo, venía de mucho tiempo atrás. Los pitagóricos eran detestados porque realmente eran seres superiores. Difícilmente se acepta la superioridad de los otros hombres, salvo que se esté lo suficientemente evolucionado. Puede además, todo hay que decirlo, que los pitagóricos se mostrasen orgullosos de su condición y poco democráticos en su trato con los demás.

Cilón supo alimentar expertamente la llama del rencor. Sus conciudadanos le siguieron como autómatas. Irían adonde él quisiera y harían lo que fuera necesario: herir, dar muerte, incendiar. Con facilidad inusitada el ser humano se apresta para la destrucción, pulsando así sus más atávicos instintos.

Parece ser que solamente Milón logró salvarse; es probable también que algunos otros discípulos. Pero una gran parte de ellos perecieron en el incendio originado por los seguidores de Cilón.

¿Qué fue del maestro? No se sabe con seguridad. Posiblemente también murió devorado por las llamas. Hay otras versiones, sin embargo. Se dice también que el maestro logró escapar con algunos de sus discípulos y que, tras viajar por muy diferentes lugares, se dejó morir de hambre en el templo de las Musas de Metaponte.

Con la muerte de Pitágoras no se extinguió su orden ni sus principios. La primera continuó viva durante dos siglos; los segundos se han perpetuado hasta nuestros días.

Por aquellos tiempos la escuela de Pitágoras fue única en su género. Se exigían del adepto los más duros sacrificios, la más sólida disciplina, la más inquebrantable fuerza de voluntad. Ciencia y misticismo, filosofía y moral eran los pilares sobre los que se sustentaba la doctrina del gran sabio. Los neófitos eran sometidos a pruebas de tal dificultad que con frecuencia resultaban inextricables para muchos. Todo aspirante era objetivamente enjuiciado, más allá de su clase o condición. Eran admitidos los hombres y las mujeres. A nadie en realidad se le negaba por principio la entrada en la cofradía; tenía, eso sí, que superar las pruebas establecidas. Porque Pitágoras trataba de hacer hombres superiores, fuertes tanto física como mental y espiritualmente. Como buen conocedor del pensamiento oriental, sabía que el ocio mental y la apatía son graves obstáculos en el camino hacia la realización, que el esfuerzo personal y, más aún, el superesfuerzo son necesarios para alcanzar la integración superior, que para llegar a la libertad interior se requiere un vigor firme e indestructible y un autocontrol casi insólito. Pitágoras sabía todo esto, y como no deseaba hacer únicamente hombres cultos o intelectuales, sino hombres también moral y espiritualmente desarrollados, la alimentación era escasa, pocas las horas de sueño, el trabajo intenso, la disciplina severa. La armonía reinaba entre los miembros de la escuela, las relaciones eran abiertas y felices; sólo había un maestro indiscutible: Pitágoras.

Todos vivían en común, pero no llevaban una vida totalmente monacal, sino que mantenían contacto con las personas ajenas a la cofradía. Los más antiguos, y generalmente por ello los más instruidos, enseñaban a su vez a los más nuevos. Es lógico suponer que Pitágoras no podía hacerse cargo directamente de todos los adeptos. Tratándose como se trataba de una escuela básicamente iniciática, los aspirantes tenían que someterse a la iniciación, y dentro de ésta había diversos grados.

Las edificaciones propias de la escuela estaban situadas en un lugar hermoso, sereno y silencioso. Antes de ser sometido a las verdaderas pruebas, el neófito pasaba una temporada allí. Durante este tiempo era estrechamente vigilado por sus superiores, que sopesaban sus cualidades y examinaban sus características mentales y psicológicas y sus reacciones personales. Después, el neófito debía pasar por algunas pruebas físicas, para determinar su valor, y otras morales, para enjuiciar su fortaleza moral. Los superiores le increpaban con toda dureza cuando era necesario, y el neófito debía controlarse y permanecer apaciblemente en su lugar. Los soberbios o vanidosos nunca llegarían a formar parte de la cofradía, tampoco los altivos o egocéntricos. Se necesitaban neófitos pacientes, capaces de imponerse una estricta disciplina, humildes y anhelantes de ampliar sus conocimientos y llegar a la verdad.

Durante un período de tiempo, que se prolongaba durante dos años o más, el neófito debía llevar a cabo su noviciado, teniendo que ser en todo momento discreto y sin dejarse arrastrar por sus propias palabras. Había de limitarse exclusivamente a escuchar, sin poder nunca expresar su opinión ni hacer comentarios. Escuchar y reflexionar: tal era el sistema en un principio.

El novicio tenía que aprender por sí mismo el valor de la obediencia, el respeto y la humildad. Aquellos que son humildes en sus conocimientos siempre aprenderán más de lo que saben; quienes no lo son, porque se creen sabios sin serlo, morirán tan necios como vivieron. Aquellos que obedecen fortalecerán su voluntad y aprenderán a hacerse obedecer; los que no obedecen sólo conseguirán con su rebeldía el aislamiento y la soledad. Aquellos que son respetuosos serán a su vez respetados; los que no saben respetar difícilmente encontrarán el respeto en los demás. Pitágoras trataba de imbuir en sus novicios la dignidad y la nobleza; pretendía que viviesen en armonía consigo mismos y con los demás.

El novicio iba aprendiendo a amar y a tolerar. Antes de pasar a una instrucción de tipo filosófico, esotérico o científico, se exigía de él una compacta formación moral. Para levantar el gran edificio había, previamente, que dejar bien sentados los cimientos. Pero no se debe creer que toda la enseñanza era de naturaleza moral, ya que también se le enseñaba al novicio a ir preparando su mente y a mantener saludable su cuerpo.

Los novicios hacían gimnasia y practicaban diversos deportes para mantener entrenado su organismo, pero eliminaban de sus prácticas físicas todo elemento competitivo. Porque seguramente Pitágoras sabía que donde hay competición es arrasado el amor, la evitaba en lo posible. Hacían sus ejercicios en silencio, concentrados en su labor, sin preocuparse porque otros lo hicieran con mayor o menor maestría. Había que atender al cuerpo, a la mente, a la psiquis y al espíritu. El adiestramiento debía ser lo más completo posible. Por este motivo, los días estaban perfectamente organizados; pocas cosas se dejaban a la casualidad. Los discípulos se levantaban al amanecer. Se entonaban algunos himnos y se efectuaban las abluciones; después, durante toda la mañana recibían las lecciones programadas. La alimentación del mediodía estaba compuesta a base de miel, pan y algunos otros alimentos de gran pureza. Por la tarde se realizaban las prácticas gimnásticas y, a continuación, estudio y meditación. Anochecía cuando de nuevo se entonaban algunos himnos religiosos. Después, por último, había una ligera cena y descanso, muy bien merecido por cierto.

Tras el largo noviciado a que debía someterse inevitablemente el aspirante, pasaba a formar parte de los discípulos.
Entonces, poco a poco, se iban ampliando sus conocimientos,
y se le impartía una enseñanza más esotérica que la que hasta
entonces había recibido, entrando así en contacto con los
principios fundamentales de la cofradía. Su formación se iría
completando en todos los sentidos; sería transportado hasta
las cumbres más altas del conocimiento, hasta las esferas
superiores del misticismo y de la intuición. Se le mostraría el
significado de los misteriosos símbolos utilizados en la escuela y se abriría su mente al rico y amplio contenido de la doctrina pitagórica.

Las matemáticas adquirían un valor a veces desmesurado
en la doctrina de Pitágoras. El número formaba la quintae-
sencia de su enseñanza. Todo trataba en cierto modo de ser
explicado a través de los números. Cada uno de ellos tenía su
propio significado y mediante las combinaciones numéricas se
exponían los más variados principios y conceptos.

Pitágoras creía en la transmigración del alma. El alma era
para él una mónada imperecedera, parte del gran Todo. El
hombre tiene un espíritu inmortal, y en este carácter de
inmortalidad se asemeja a la divinidad.

Distinguía Pitágoras entre la mónada y la díada. La
mónada es la esencia divina; la díada es su facultad creadora.
El ser humano debe esforzarse en purificar su espíritu y parecerse a Dios. Mediante la inteligencia, el conocimiento, una
conducta apropiada y las acciones honestas, puede encontrar
la verdad trascendental. Había que trascender las pasiones y
dominar los instintos, estimular al máximo la inteligencia y limpiar la mente de malos pensamientos. Una cosa es el cuerpo

y otra el espíritu; el primero debe ser dominado; el segundo, fortalecido y alentado. El ser humano ha de ir día a día superándose, de forma tal que poco a poco se vaya pareciendo a la divinidad.

Aunque no se sirviese de la misma terminología, Pitágoras creía en la inexorable ley del karma, propia del hinduismo y del budismo. En futuras existencias el hombre habría de purgar sus malas acciones; todo pecado era expiado en vida, y las buenas o malas reencarnaciones dependían de la conducta que el ser humano observase durante su existencia.

Tras la muerte, el cuerpo desaparece y el alma sirve de vehículo al espíritu que después de un tiempo habrá de reencarnar. Cuando la purificación era absoluta, el espíritu era transportado al seno divino: la chispa divina que había descendido al mundo material retornaba a la matriz en donde había encontrado su origen. Cada hombre dirige su vida y sus actos como desea, pero si no lo hace con rectitud encontrará su castigo. Lógicamente, todo nos lleva a deducir que los pitagóricos creían en el libre albedrío; toda acción encuentra su retribución, positiva o negativa, según fuera aquélla. El hombre que haya desarrollado lo suficiente su inteligencia jamás actuará en contra de la voluntad divina y guiará sus pasos por el sendero de la verdad, superando las contradicciones que puedan presentarse entre sus pasiones y su razón. Para los pitagóricos el mal arrastra hacia la materia y el bien eleva hacia Dios.

Pitágoras explicaba así el origen de todas las cosas:

El principio de las cosas es la mónada. De la mónada ha salido la díada, materia indeterminada sometida a aquélla, que es la causa. De la mónada perfecta y de la díada intermedia han salido los números. De los números, los puntos; de los puntos, las líneas. De las líneas, las superficies. De las superficies, los volúmenes, y de los volúmenes, todos los cuerpos que caen bajo la acción de los sentidos, y que provienen de cuatro elementos: el agua, el fuego, la tierra y el aire (Diógenes Laercio).

La transformación y combinación de los cuatro elementos dan por resultado el mundo, que está impulsado por elementos espirituales e inteligentes.

Pitágoras era un filósofo en el sentido tradicional de la palabra. Se interesaba por las matemáticas, el esoterismo, el misticismo, la astronomía, la música, etc.

Bertrand Russell nos explica:

Un poderoso agente en el terreno purificador de este modo de vivir es la música. El interés pitagórico por ella muy bien puede nacer de esta influencia. Sea como fuere, Pitágoras descubrió las relaciones numéricas simples de lo que llamamos intervalos musicales. Una cuerda acordada dará la octava, si su longitud se reduce a la mitad. Similarmente, si la longitud se reduce a los tres cuartos, obtendremos una cuarta; si a los dos tercios, una quinta. Una cuarta y una quinta juntas forman una octava, es decir, $4/3 \times 3/2 = 2/1$. Y así, estos intervalos corresponden a las razones de la progresión armónica: $2: 4/3: 1$. Se ha sugerido que los tres intervalos de la cuerda acordada fueron comparados con los tres modos de vivir. Si bien esto pertenece al reino de la especulación, lo que sí es rigurosamente cierto es que, a partir de entonces, la cuerda acordada representa un papel central en el pensamiento filosófico griego. La noción de la armonía, en el sentido de equilibrio; el ajuste y combinación de contrarios, como alto y bajo, mediante una adecuada armonización; el concepto del camino intermedio en el dominio de la ética, y la doctrina de los cuatro temperamentos, todo esto, en última instancia, se remonta al descubrimiento de Pitágoras.

Insistamos. Para Pitágoras todo es número; sin el número sobreviene la oscuridad, la confusión, el caos. Todo lo que es inteligible puede reducirse a los números, es explicado a través de ellos. Dejando de lado su misticismo y esoterismo, Pitágoras fue un importante hombre de ciencia. En astronomía tuvo conciencia del foco circular de la Tierra; facilitó la comprensión numérica de las escalas musicales; se le atribuye la prueba de la proposición 47 del libro 1 de Euclides. Todos conocemos el enunciado del teorema que lleva su nombre: «El cuadrado de la hipotenusa es igual a la suma del cuadrado de los catetos». Pero Pitágoras era por encima de todo un moralista. Deseaba con ardor que sus discípulos desarrollasen su inteligencia, pero, por supuesto, no sólo para aplicarla al estudio científico o filosófico, sino para hacer de ella un valiosísimo instrumento de búsqueda interior y autoconocimiento. Los pitagóricos meditaban con frecuencia consigo mismos y la iluminación espiritual; se vigilaban constantemente, determinando su conducta y su actuación; trataban de llevar la armonía a todo, incluyendo naturalmente su relación con los demás; seguían una ética estricta y ejemplar, y sabían que para conquistar las altas cimas de la sabiduría había que apartarse de toda mezquindad y trabajar incansablemente sobre sí mismo.

Pitágoras fue un reformador en todos los aspectos, sin olvidarse del político. Tuvo seguidores de una fidelidad extrema y acérrimos detractores; fue amado y venerado, y cabe también decir que seguramente odiado y despreciado; más que por las conquistas materiales se interesó vivamente por las conquistas morales, y puede asegurarse que en tal sentido alcanzó un indiscutible éxito. La leyenda y la distancia en el tiempo no permiten hacerse un juicio psicológico sobre Pitágoras. Todo son meras especulaciones. Pero un hombre puede conocerse bastante bien por sus ideas, sus preceptos, sus escritos y sus actos. Hemos esbozado algo de todo ello, exceptuando los escritos, ya que al parecer el gran sabio no escribió absolutamente nada. Se le atribuyen, sin embargo, los versos pitagóricos, que son probablemente producto de sus discípulos, aunque basándose en la enseñanza del maestro. Estos versos pueden reflejar el pensamiento y la doctrina de Pitágoras mejor que todo un grueso volumen de meras suposiciones, motivo por el que pasamos a transcribirlos.

Versos de oro pitagóricos

Primeramente concede a los dioses inmortales el culto prescrito por la Ley. Guarda la fe jurada. A continuación reverencia, como es debido, a los héroes sublimes y a los espíritus semidioses.

Conserva el culto de la familia; cumple los deberes referentes a tu padre, a tu madre y a todos tus parientes.

Escoge por amigo al hombre mejor y más virtuoso. Obedece sus consejos suaves y sigue su espíritu saludable. Esfuérzate en no separarte de él, a consecuencia de alguna leve ofensa, mientras puedas, ya que la voluntad reina al lado del destino como potencia recta de nuestra evolución.

Sé dueño de ti mismo. No olvides que debes aprender a dominar tus pasiones, a ser sobrio, activo y casto. No te entregues nunca a la cólera.

Sé irreprochable ante los demás y también ante ti mismo. Réstate, por encima de todo, y que toda tu vida y todas tus palabras se inspiren en la más pura justicia.

No tomes la costumbre de vivir maquinalmente; reflexiona bien que la muerte es nuestro común destino y que las riquezas materiales se pueden adquirir y perderse con la misma facilidad.

No te rebeles contra la suerte que te haya sido destinada por las leyes divinas, por ruda que sea, y resístela con serenidad, esforzándote en mejorarla. Los dioses preservan al sabio de los males mayores.

La verdad y el error se encuentran mezclados en las opiniones humanas. Para conservar tu armonía, prívate de aprobarlos o rechazarlos en conjunto. Si momentáneamente triunfa el error, aléjate y ten paciencia.

Procura siempre observar lo que voy a decirte. No te dejes arrastrar sin reflexión por las palabras y actos de los demás. Habla y obra solamente cuando tu razón haya indicado el mejor camino. La deliberación obligatoria, antes de la acción, te evitará actos irrazonados. Hablar y obrar sin regla ni medida hacen al hombre desgraciado.

Para cada una de tus decisiones mira bien sus más lejanas consecuencias, de manera que nunca tengas que arrepentirte.

No tengas la pretensión de hacer lo que en realidad ignoras. Por el contrario, aprovecha todas las ocasiones para instruirte, y de esta manera llevarás una vida altamente agradable.

Es necesario también velar por la buena salud del cuerpo. Toma con moderación los alimentos, bebidas y haz el ejercicio necesario. Tu comedimiento justo te privará de corromperte. Por esta razón debes acostumbrarte a un régimen puro y severo.

Puedes hacerlo sin ostentación, para evitar la incomprensión rencorosa de los ignorantes.

No obres como la gente sin juicio, que derrocha más de lo que exigen sus necesidades o bien se entrega a la avaricia. Aprende a conservarte en el justo medio. No hagas nada que pueda serte perjudicial y razona bien antes de proceder.

Una vez despierto, aprovéchate rápidamente de la armonía que procura el sueño para elevar tu espíritu y reflexionar sobre las buenas obras que has de realizar. Cada noche, antes de entregarte al descanso, haz examen de conciencia, repasando varias veces en tu espíritu las acciones realizadas durante el día, y pregúntate: «¿Qué he hecho? ¿He cumplido mi deber con todos?». Así examina sucesivamente cada uno de tus actos. Si descubres que has procedido mal, repréndete severamente y alégrate si has sido irreprochable.

Medita estos consejos, ámalos con toda tu alma y esfuérzate en practicarlos, ya que te conducirán a la virtud divina. Lo aseguro por el que ha trazado en nuestro espíritu la tétrada sagrada, fuente y emblema de la naturaleza eterna.

Al empezar tu tarea, ruega sin cesar a los dioses para que te ayuden a cumplirla.

Cuando estés bien empapado de estos preceptos, llegarás a concebir la íntima constitución de los dioses, de los hombres y de todas las cosas, y te darás cuenta de la unidad que se mantiene en la obra entera. Entonces conocerás la Ley universal en todas sus partes y en el mundo; la materia y el espíritu son idénticos en naturaleza.

Llegando a ser clarividente ya no estarás atormentado por deseos ilegítimos. Conocerás que los hombres son los creadores de sus males. ¡Desgraciados! Ignoran que los bienes verdaderos están a su alcance y en ellos mismos. Escasos son los que conocen la manera de librarse de sus tormentos. Ésta es la ceguera de los hombres que turba su inteligencia. Semejantes a cilindros que rodaran al azar, no están nunca libres de los infinitos males que los agobian. No sospechando la funesta incomprensión que los acompaña en todas partes, no saben discernir lo que es necesario admitir y lo que deben abandonar sin rebelarse.

¡Dios, padre nuestro! ¡Líbralos de los sufrimientos y muéstrales de qué potencia sobrenatural pueden disponer! Pero no; estemos tranquilos, ya que los hombres son de la raza de los dioses y a ellos corresponde descubrir las verdades sagradas que la naturaleza les ofrece.

Si has llegado a poseerlas, cumplirás sin dificultad todas mis prescripciones y merecerás ser librado de las pruebas. Prívate de los alimentos prohibidos en las purificaciones y prosigue la obra de libertar tu alma, haciendo una elección reflexiva en todas las cosas, hasta conseguir el triunfo de lo mejor que existe en ti, o sea, del espíritu. Cuando abandones tu cuerpo mortal y te eleves en el éter, dejando de ser mortal, revestirás la forma de un dios inmortal.

BIBLIOGRAFÍA

Bazán, Petro: *Pitágoras*. Claridad. Buenos Aires, 1939.

Bergua, Juan: *Pitágoras*. Ediciones Ibéricas. Madrid, 1958.

Durville, H.: *Historia de las Ciencias Ocultas*.

Guirao, Pedro: *Escritos Pitagóricos*. Glem. Buenos Aires, 1944.

Macé, Federico: *La Sabiduría Pitagórica*. Dilibros. Santiago de Chile.

Mallinger, J.: *Les secrets esoteriques des Pythagoriciens*. Niclaus. París, 1946.

_____*Pythagore et les Mystères*. Niclaus. París, 1944.

Maynadé, Josefina: *La Vida Serena de Pitágoras*. Chile, 1954.

Schuré, Edouard: *Los Grandes Iniciados*. El Ateneo. Buenos Aires, 1960.

7

LOS ESENIOS Y OTRAS SECTAS JUDÍAS

De todas las sectas judías, la que más nos puede interesar, dado el carácter de nuestra obra, es la de los esenios, por ser en cierto modo una secta fundamentalmente iniciática, y por su estricto y piadoso régimen de vida. Filón nos explica:

> Sirven a Dios con gran piedad; no ofreciéndole víctimas, sino santificando su espíritu. Huyen de las ciudades y se aplican a las artes de la paz. No existe un solo esclavo entre ellos; todos son libres y trabajan unos para otros.

No cabe duda de que eran unos hombres santos. Determinados motivos han inducido a pensar que en esta secta se formó moral y espiritualmente Jesús, que entre estos santos pasó el fundador del cristianismo todos esos años que forman su vida oculta. Algunos autores van más allá y tienen la creencia de que Jesús fue preparado por estos piadosos hombres con el proyecto de que llevase el amor y la confraternidad a todos los rincones de la Tierra. Ni Jesús ni sus apóstoles hacen nunca mención de los esenios, aunque sí de las otras sectas judías.

Los esenios llevaban una vida ascética, meditando y trabajando, apartados de toda ambición sacerdotal, velando por la tradición. Se dice que entre ellos abundaban los que tenían el don de la profecía, y que algunos curaban toda clase de enfermedades físicas y morales. Eran amantes en extremo de la verdad y de la paz, serenos y comedidos, bondadosos para con sus semejantes. Explica Josefo:

> Los esenios eran de una moralidad ejemplar; esforzábanse por reprimir toda pasión y todo movimiento de cólera; siempre benevolentes en sus relaciones, apacibles, de la mejor buena fe. Su palabra tenía más fuerza que un juramento; asimismo consideraban el juramento en la vida ordinaria como algo superfluo y como un perjurio. Soportaban con admirable estado de ánimo y con la sonrisa en los labios los más crueles tormentos antes que violar el menor precepto religioso.

Antes de que fueran descubiertos los Manuscritos del Mar Muerto, todo lo que sabíamos de los esenios era debido a los escritores Filón, Plinio y Josefo, del siglo I d. de C.

Como tantos otros descubrimientos en la historia de la humanidad, los Manuscritos del Mar Muerto fueron encontrados casualmente. Cierto día de la primavera de 1947, el beduino Mohamed el Lobo corría por la costa oriental del mar Muerto buscando con impaciencia una cabra que se había separado del rebaño y descarriado. Entonces se encontró con una cueva y, por distracción, arrojó una piedra en su interior. Escuchó un ruido similar al de cuando algo se quiebra y huyó atemorizado del lugar. Buscó a un compañero y posteriormente regresaron juntos a la cueva. Los dos muchachos comenzaron a explorarla y así pudieron encontrar ocho jarras que contenían diferentes rollos con inscripciones que no eran árabes. Esto sucedía en un lugar llamado Jirbet Oumrán. Un día de primavera, en el año 1947. Insistimos en la fecha porque merece destacarse lo que representaría un importante hallazgo. De la aventura casi novelesca que hubieron de pasar los rollos desde que fueron descubiertos por los dos muchachos beduinos no nos ocuparemos, para no rebasar los límites de nuestra obra. El lector interesado podrá saber todo sobre el tema en la vasta literatura surgida sobre los Manuscritos del Mar Muerto.

Aun cuando estos manuscritos podrían referirse indudablemente a otra secta que no fuera la de los esenios, ya que dicho vocablo no aparece en ninguna parte, todos los estudios llevados a cabo sobre el particular han inducido a los especialistas a la conclusión prácticamente definitiva de que la secta de que se habla es la de los esenios. Las referencias de Filón, Plinio y Josefo han sido sumamente importantes en este sentido, pues aunque no de forma taxativa, sus orientaciones han resultado muy esclarecedoras. Plinio, por ejemplo, sitúa la comunidad esenia allí donde fueron hallados el monasterio y la biblioteca. Sigamos sus palabras:

Los esenios habitan en la costa occidental del mar Muerto, pero lo suficientemente apartados de él como para evitar sus efectos nocivos. Son gente solitaria y muy superior al resto de la humanidad. Viven sin mujeres y han renunciado al comercio con Venus. Carecen de dinero y las palmeras son su única compañía. Se renuevan de continuo merced a la incesante corriente de refugiados que acuden a ellos en gran número, hombres hastiados de la existencia a quienes las vicisitudes de la fortuna impulsaron a adoptar tal género de vida. Así, a través de miles de siglos, por increíble que parezca, un pueblo se ha perpetuado en un lugar donde nadie ha nacido. Muy útil para acrecentar su número es el disgusto de otros hombres por la vida. Más abajo del sitio en que se encuentra, se levantó una vez la ciudad de Engadda, la cual, por sus bosquecillos de palmeras y su fertilidad general, fue la segunda después de Jerusalén. Ahora, sin embargo, parece un montón de escombros. Más allá está Masada, una fortaleza en la roca, que tampoco dista mucho del mar Muerto.

Se llevaron a cabo excavaciones en la zona donde habían sido descubiertos los manuscritos y así se pudo encontrar con enorme satisfacción y no poca sorpresa un monasterio con trece cisternas y veintitantas celdas, de origen muy remoto. A un lado del edificio se halló un cementerio que alberga más de mil tumbas. El cementerio está situado entre el monasterio y el mar Muerto.

El monasterio fue construido con grandes bloques de piedra unidas con barro.

Enumeraremos algunas de las características más sobresalientes de esta construcción. El suelo fue pavimentado con guijarros y el techo, construido con cañas. El cuerpo central es un rectángulo de 29 por 36 metros, a cuyo noroeste se había elevado una torre de dos pisos. Cuenta con las siguientes piezas: una sala de conferencias con una especie de púlpito, un refectorio, una sala-escritorio, una cocina, etc. La hermandad también poseía un molino y un taller de cerámica.

Pudieron hallarse en el monasterio muy diversos objetos: podaderas, azadones, guadañas, lámparas, cántaros, escudillas y tinteros.

Las minuciosas investigaciones realizadas, tanto literarias como geográficas y arqueológicas, han llevado a la conclusión de que este monasterio pertenecía a la secta esenia y que incluso era seguramente su sede principal. Insistimos, no obstante, en que en los manuscritos nunca aparece la denominación de «esenios» aplicada a los miembros de la hermandad, sino que son llamados «hijos de Zadok».

En lo referente a las tumbas que están próximas al monasterio, algunas de ellas han sido abiertas y se ha observado que no albergan objetos de ninguna clase. Los esqueletos están en la posición de decúbito supino con las manos cruzadas sobre la pelvis. Solamente se ha encontrado un ataúd; pero lo que verdaderamente ha llamado la atención es que algunos de estos esqueletos son femeninos, lo que permite comprobar en cierto modo que había una orden de esenios casados. Josefo nos dice que existía otra orden de esenios «que están de acuerdo con los demás en cuanto al género de vida y los usos y costumbres, pero se apartan de ellos en lo que se refiere a la cuestión del matrimonio. Piensan en efecto que la gente no casada cercena una parte muy importante de la vida, a saber: la propagación de la especie». Estas afirmaciones se contradicen con las palabras de Filón: «Habiendo desterrado el matrimonio al mismo tiempo que prescrito la práctica de una perfecta continencia». No obstante, Filón puede estar refiriéndose tan sólo a una de las hermandades. Cierto es que entre los tres escritores, Plinio, Filón y Josefo, se dan determinadas discrepancias, si bien todos ellos vienen a coincidir en los puntos fundamentales.

Dejando de lado el que hubiera una hermandad de esenios casados, no parece caber ninguna duda al respecto de que los esenios eran célibes y que juzgaban el matrimonio como un fuerte obstáculo para la vida monacal. Aunque no condenaban el matrimonio y mucho menos la propagación de la especie, pensaban que el hombre debía guardar su autonomía y no ver su personalidad perturbada por la influencia de una mujer.

Aunque tampoco hay nada definitivo sobre este punto, parece ser que los esenios adoptaban a determinados niños y les daban un trato tal como si fueran sus propios hijos, si bien señala Filón que únicamente eran aceptados los hombres maduros.

Por los escritores mencionados sabemos que había alrededor de cuatro mil esenios, una cifra desde luego muy considerable. Se conoce de ellos que formaban comunidades generalmente fuera de las ciudades, retirados de la civilización, aunque próximos a los pueblos, a lo largo de toda Judea. Eran pacíficos por naturaleza y detestaban la guerra y la violencia. Filón explica: «En vano se buscaría entre ellos algún fabricante de flechas o de dardos o espadas o cascos o corazas o escudos, en una palabra, de armas o máquinas militares o cualquier instrumento de guerra o aun objetos pacíficos que pudieran utilizarse para el mal». Tenían un carácter muy fuerte, estaban liberados de los muchos temores que atormentan al hombre normal y habían trascendido el miedo a la muerte. En realidad llevaban una vida muy similar a la de los cartujos u otras órdenes monacales del cristianismo.

Los esenios se levantaban antes de la salida del sol y hasta que ésta tenía lugar guardaban absoluto silencio entre ellos. Comenzaban la jornada elevando determinadas plegarias al sol, y después cada uno se ocupaba del trabajo que se le hubiese asignado: labrar la tierra, limpiar el monasterio, preparar la comida, etc. Trabajaban con verdadero entusiasmo, sin considerar ningún oficio servil, entregándose por igual a cualquier tarea que se les encomendase. A eso de las once de la mañana suspendían sus labores y entraban en el refectorio, a fin de tomar algunos alimentos. Previamente se habían aseado y colocado sus prendas de lino. En el refectorio se guardaba mucho orden; uno de los sacerdotes recitaba algunas oraciones al comienzo y al final de la comida.

Una vez se habían alimentado, los esenios regresaban de nuevo a sus labores, despojándose antes de sus hábitos. Al anochecer se reunían de nuevo en el refectorio y después se retiraban a orar y a descansar. Su vida era pues muy sencilla, proyectada toda ella hacia el trabajo y la oración. Celebraban el sábado, aunque jamás sacrificaban animales. En cuanto al alma, creían en su supervivencia e inmortalidad, pensando que para aquellos que actuaron rectamente, tras la muerte, el alma reposaría feliz y tranquila en un lugar más allá del mar; pero el alma de aquellos que durante la vida no fueran rectos sufriría tormentos por toda la eternidad.

Los esenios eran puros tanto material como espiritualmente; observaban una estricta disciplina; eran tenaces en sus trabajos y en sus estudios; resultaban muy higiénicos; vestían pulcramente, de blanco; entre ellos no había ninguna diferencia o discriminación, se consideraban hermanos y se amaban los unos a los otros; seguían una profunda preparación moral y espiritual, y aun cuando leían frecuentemente los escritos anteriores a ellos, no se ocupaban fundamentalmente de la formación intelectual; vivían en una envidiable armonía, de forma austera, sin nada que individualmente les perteneciera; observaban con minuciosidad las reglas de la orden, y cuidaban con admirable abnegación a los enfermos.

La comunidad se regía por unas normas muy concretas. Aunque la orden tuviera algunos bienes y posesiones, los hermanos no tenían pertenencias propias, exceptuando en realidad tan sólo sus vestimentas. Uno de los miembros era el encargado de realizar las compras necesarias y de llevar la contabilidad. Nadie podía apropiarse de ningún bien y era rigurosamente castigado aquel que fuese descubierto en un acto de esta clase. Los nuevos miembros hacían entrega a la comunidad de sus propios bienes. Hay que señalar que nadie carecía de nada y que la comunidad siempre estaba por encima del individuo. Había un hermano encargado de recibir a los visitantes y acomodarlos. Y hay también que destacar que aun cuando todos eran humanamente iguales, en la orden se observaba una estricta jerarquía. Todos los hermanos permanecían admirablemente unidos, porque todos ellos estaban guiados por el mismo objetivo: ser virtuosos.

Los candidatos a la secta eran sometidos a prueba durante un año. Aunque se les ponía en contacto con la regla, no se los admitía en las reuniones de la comunidad. Pasado este año, los candidatos tenían que seguir una especie de noviciado que duraba dos años, al final de los cuales tenían que realizar determinados juramentos: practicar la piedad, la obediencia, la justicia y los preceptos de la orden; guardar en secreto toda la enseñanza, aunque su vida corriese peligro de muerte; no variar en absoluto la doctrina y no ocultar nada a los hermanos; no abusar de su autoridad si alguna vez la tuviesen; tener fe en los hombres; permanecer siempre del lado de la verdad y desenmascarar a los mentirosos; preservar los textos de la secta; abstenerse del robo, y detestar la injusticia. Aun cuando no había discriminaciones de raza ni de condición, los más nuevos tenían que respetar muy rigurosamente a los más antiguos en la orden.

Todo parece demostrar que los esenios eran muy ordenados en sus actividades. Eran comedidos, callados y circunspectos. En su higiene resultaban sorprendentemente asépticos si consideramos la época, y durante las comidas —que tenían carácter sagrado— hablaban siempre por turno. Tenían su propia justicia y la llevaban a cabo sin vacilación, aunque siempre de forma muy estudiada y objetiva. Eso sí, todo fallo era totalmente irrevocable. Algunos hermanos fueron expulsados de la orden, si bien parece ser que se admitió a parte de ellos por piedad e indulgencia.

Hay dos ritos dentro de la doctrina esenia que han llamado la atención del estudioso: el del bautismo y el de la adoración al sol. ¿De dónde fueron tomadas estas prácticas, que por supuesto no son judías? Es difícil saberlo, como difícil es saber el origen exacto de la secta esenia. Pero de lo que no cabe duda es de que el importantísimo descubrimiento de los

Manuscritos del Mar Muerto ha aumentado de forma más que considerable los datos que se tenían sobre la orden, y lo que es casi todavía más importante, han permitido una confrontación entre lo que revelan y lo señalado por Plinio, Josefo y Filón, por lo que se han cubierto así muchas lagunas que de otra forma no hubieran podido ser evitadas. Uno de los documentos más sustanciales es el denominado Manual de Disciplina, que ha aportado datos valiosísimos. Con el descubrimiento de los Manuscritos de Qumrán, nos ha sido dado también conocer determinados antecedentes del cristianismo y comparar ciertas analogías y diferencias entre los esenios y los cristianos. Puede decirse que los manuscritos han sido esa pieza clave que tanto se echaba de menos entre la secta esenia y los cristianos.

Los esenios tenían unas convicciones religiosas muy consistentes, que trataban de llevar en todo momento a la práctica, dirigiendo sus vidas a través de ellas. Por sus ideas, por su forma de vida, por sus preceptos, por su moral y religiosidad, la secta de los esenios, en cierto modo mucho más esotérica de lo que a primera vista pueda parecer, despierta un vivo interés en el estudioso de las religiones y de la espiritualidad. Resultan singulares estos hombres piadosos que llevaban un régimen de vida tan austero, que se imponían unas normas tan estrictas y que, aun formando parte del judaísmo, recorrían el camino que ellos creían más derecho hacia la luz.

Así como nada avala de forma convincente que Jesús hubiera formado parte de la secta esenia o estuviese directamente influido por ella, sí parece mucho más razonable que san Juan Bautista, aun no perteneciendo en último caso a la secta, hubiese estado en contacto con ella. Se ha llegado incluso a especular con la posibilidad de que fuese él el maestro de justicia esenio al que hacen referencia los textos.

Juan Bautista, cuya personalidad alcanza un relieve inusitado, y cuyo tenaz ascetismo en el desierto resulta asombroso, era contemporáneo de Jesús, aunque de muy distinta procedencia. Se estima que era de origen sacerdotal, y toda su juventud descansa en el más hermético e indescifrable de los misterios. Abandonó el hogar, pero se desconoce qué edad tenía entonces. Lo único cierto es que, profundamente místico y deseoso de llegar a las más altas esferas de la espiritualidad, se refugió en los desiertos, pero no se sabe en qué momento de su vida. Seguramente pasada la adolescencia.

Descartar la probabilidad de que Juan Bautista fuera esenio sería necio desde todos los puntos de vista. Si es por los indicios de que gozamos al respecto, todo nos inclina en alguna forma a pensar que perteneció a la secta, aunque después se apartase radicalmente de ella. Al igual que los esenios, Juan Bautista amaba la vida austera, esperaba al Mesías que había de llegar, le confería gran importancia a la práctica bautismal, se alimentaba de forma muy comedida y se comportaba bondadosa y afablemente con los demás. Por si estos datos no son ya de por sí suficientemente significativos, añadamos que Juan Bautista —que por motivos del todo desconocidos abandonó el sacerdocio— parece ser que vino al mundo en Hebrón, bastante cerca del monasterio, y que además predicó en el río Jordán, no muy lejos de Qumrán. Todo nos lleva a pensar que el Bautista había formado parte de la secta esenia o que había sido enormemente influenciado por ella. ¿Quién nos puede asegurar que no es este hombre de voluntad férrea y de inquebrantables convicciones el puente de unión entre el esenismo y el cristianismo? Sobre este hombre leemos en el Evangelio de San Marcos:

> Apareció en el desierto Juan el Bautista, predicando el bautismo de penitencia para remisión de los pecados.
>
> Acudían a él de toda la región de Judea, todos los moradores de Jerusalén, y se hacían bautizar por él en el río Jordán, confesando sus pecados.
>
> Llevaba Juan un vestido de pelos de camello, y un cinturón de cuero ceñía sus lomos, y se alimentaba de langostas y miel silvestre.
>
> En su predicación les decía: «Tras de mí viene uno más fuerte que yo, ante quien no soy digno de postrarme para desatar la correa de sus sandalias. Yo os bautizo en agua, pero Él os bautizará en el Espíritu Santo».

No debe extrañarnos que el Bautista abandonara a los esenios. ¡Son tantos los motivos que pueden impulsar a un hombre a tomar una decisión! ¿Sintió que había llegado el momento de ir hacia los hombres? ¿Quiso encontrar la luz por sus propios medios? ¿Sabía que debía preparar el camino para el advenimiento del Mesías? ¿Intuía clarividentemente la llegada de ese humilde galileo que habría de cambiar la faz del mundo? Una vez más todo queda suspendido en el insondable abismo del misterio; pero cuando somos conocedores de los grandes acontecimientos, los pequeños nos importan menos, porque el mismo bosque termina por ocultar al árbol. Cuando un muchacho, el joven beduino del que hemos hablado, descubrió aquella gruta, nadie pudo imaginarse la cantidad de datos nuevos con que iba a contar la humanidad sobre un tema tan interesante como el del esenismo. Puede asegurarse sin reparos que mereció la pérdida de una cabra.

La secta judía de Alejandría, conocida con el nombre de los terapeutas, se reviste de un denso esoterismo. Diferentes autores aseguran que su doctrina estaba muy influenciada por las enseñanzas órficas y pitagóricas. Hasta tal punto hay analogías entre los terapeutas y los esenios que se ha llegado a pensar que quizá aquéllos eran una rama de estos últimos dedicada especialmente a la medicina. Pero si bien las semejanzas son numerosas, también lo son las diferencias, y terapeutas y esenios parecen ser dos sectas bien distintas.

Incluso aunque los esenios le concedían bastante importancia a la oración, ésta queda eclipsada ante la que le concedían los terapeutas. Los esenios combinaban la actividad física con la religiosa, pero los terapeutas eran ante todo unos contemplativos. Si los esenios pasaban la mayor parte de la jornada trabajando, los terapeutas la dedicaban enteramente a la meditación y a la oración, en medio de una ascesis muy rígida. Eran esencialmente místicos y, aun cuando vivían en comunidad, dedicaban una especialísima atención a su mundo interior y a su espíritu.

Dentro de los terapeutas había miembros masculinos y femeninos, dedicados tanto unos como otros a la más severa castidad.

Las comidas de los terapeutas, celebradas en común, eran bastante similares a las de los esenios. Arropados con sus túnicas blancas, los hombres se situaban a un lado y las mujeres al otro. Se hacía un silencio total y el superior de la comunidad procedía a comentar algún pasaje de las Escrituras; después se entonaban algunos himnos y, por último, daba comienzo la comida.

Después de ingerir los alimentos, los miembros de la secta entonaban nuevos himnos durante largo tiempo y los acompañaban con danzas religiosas.

Lo expuesto es prácticamente todo lo que se sabe sobre esta peculiar secta, sin duda alguna muy interesante, compuesta por unos hombres que se esforzaban en adquirir la libertad interior y la paz del espíritu, unos hombres que habían encontrado su camino en la oración y en la vida contemplativa.

Finalmente prestaremos atención a las sectas palestinas contemporáneas de los esenios.

Bien conocidos de todos son los fariseos, tan duramente atacados por Jesús. Representaban una secta tan numerosa como poderosa, y aun cuando en sus comienzos fueron verdaderos disidentes —denominados los «separados»—, después constituyeron la secta religiosa más sólida, fieles representantes del judaísmo y muy respetados por el pueblo, aunque públicamente fueron acusados de hipócritas.

Los fariseos tenían un alto concepto de sí mismos y aseguraban observar de forma absoluta los mandamientos, siguiendo una interpretación tradicional de la ley. Más atentos a la forma que al fondo, a los detalles que a la esencia, perdieron en cierto modo la visión de la auténtica espiritualidad. Deseaban una nación fuerte, independiente y aislada de los otros pueblos. Puede decirse que en alguna forma llegaron a ser casi unos obsesos de la interpretación de la ley, de tan exacta que querían que ésta fuese. Con no menos exactitud, por otra parte, trataban de observar las costumbres de los antepasados. Estos hombres cultos, puritanos ardientes a su manera, como podríamos decir, llegaron a ser acusados de inmorales. Cuando se concede tanto valor a las apariencias, se termina por lesionar, aunque no se pretenda, la realidad no aparente. Formalistas ante todo, se perdían en las mismas telarañas formadas por su meticulosidad. Sin que en este aspecto les perjudicara su aire de superioridad y su rígida moralidad, hacían prosélitos fácilmente. Fervientes custodios de la ley y de las buenas costumbres, es un hecho que representaban la antorcha más luminosa del judaísmo. Y ellos, a pesar de su asfixiante formalismo y afán moralizador, a pesar de un orgullo de secta que frisaba en la vanidad y la egolatría, a pesar de su intolerancia y su inquebrantable inflexibilidad, a pesar de su grotesca manía por las apariencias, supieron mantener la supervivencia de la religión judía, evitar su derrumbamiento aun en tiempos muy difíciles.

Los fariseos eran monoteístas, creían en la inmortalidad del alma, en una recompensa o castigo para después de la vida, según las buenas o malas acciones, y en la existencia de los ángeles y de los diablos. Esperaban la llegada del Mesías y confiaban en que su advenimiento sería la completa victoria del judaísmo. Josefo nos dice que había alrededor de 6.000 fariseos.

Secta contemporánea a la de los fariseos, era la de los saduceos, que, a diferencia de aquéllos, negaban la tradición oral de la ley y no concedían ningún valor a las prácticas externas. Esta secta estaba formada por hombres muy instruidos, soberbios las más de las veces, y pertenecientes a la clase aristocrática, que por lo general desempeñaban cargos de mucha importancia. Se preocupaban más por las cuestiones estatales que por las religiosas, y si por una parte resultaban menos inflexibles que los fariseos, por otra lo eran más aún.

Los saduceos no se sentían nada atraídos por los escritos de los profetas, hasta tal punto que algunos especialistas han considerado que únicamente observaban el Pentateuco. En realidad se hallaban sumamente ligados al templo, hasta el extremo de que cuando éste cayó, ellos también lo hicieron, puesto que no tenían otra base que el ritual mosaico. Su religión era un cuerpo de costumbres y ciertas prácticas, que hacía mucho hincapié en el libre albedrío –diferentes por completo en esto a los fariseos, que creían en el destino, aun dejándole libertad de acción al ser humano–. Al no creer en la supervivencia del alma, tampoco podían creer en una retribución a las buenas o malas acciones.

Sectas judías, además de las expuestas, fueron los zelotes, los masboteos, los genistas y otras, todas ellas de menor interés.

BIBLIOGRAFÍA

Burrows, Millar: *Los Manuscritos del Mar Muerto.*

Danielou, J.: *Los Manuscritos del Mar Muerto y los orígenes del Cristianismo.* Buenos Aires, 1961.

Dupont-Sommer, A.: *Aperçus Preliminaires sur les Manuscrits de la Mer Morte.* París, 1950.

_____*Nouveaux Aperçus sur les Manuscrits de la Mer Morte.* París, 1953.

Finlestein, L.: *The Pharisees.* Nueva York, 1938.

Howlett, D.: *Les Essenieus et le Christianisme.* París, 1958.

Leszinsky, R.: *Die Sadduzaer.* Berlín, 1912.

Milik, J. T.: *Dix Ans de Decouvertes dans le Desert de Juda.* París, 1957.

Simon, M.: *Las Sectas Judías en el Tiempo de Jesús.* Eudeba. Buenos Aires, 1962.

Vermes, G.: *Les Manuscrits du Desert de Juda.* París, 1958.

Wilson, E.: *Los Rollos del Mar Muerto.* Fondo de Cultura Económica. México, 1956.

8

LOS GnÓSTiCOS Y nEOGnÓSTiCOS

Los GnÓSTiCOS

A lo largo de toda la historia de la humanidad, siempre han existido determinados hombres que, inquietos por naturaleza, buscadores natos como podríamos denominarlos, no se han detenido nunca en la superficie de las cosas, sino que han tratado de llegar hasta lo más profundo de ellas, aunque para conseguirlo hayan tenido que escarbar de forma paciente, tenaz y minuciosa. Muchos de ellos han encontrado su verdad; otros la han perdido para siempre. La búsqueda de la verdad es una aventura prodigiosa, y a veces no exenta de ciertos peligros. Pero no contentarse con las meras apariencias, explorar hasta el mismo centro de las cosas, tratar de vislumbrar ocultos significados que se disipan al ser expuestos abiertamente, buscarle al rostro exotérico su contraparte esotérica resulta apasionante y muchas veces altamente positivo. Muchos de los seres humanos que han trascendido de la categoría de meros individuos a la de hombres ilustres lo han hecho porque, básicamente insatisfechos, han buscado una realidad más allá de las apariencias. El hombre singular es aquel que no acepta por sistema, que sobresale de entre los demás porque ve más allá que el resto. Dentro de un sistema religioso, el hombre más singular es el místico, aquel que ignora los ritos y ceremoniales públicos, que se aísla para trabajar sobre sí mismo y a través de sí mismo, no a través de los demás, se desvía de la vida ortodoxa para crear su propia vía, adopta una línea de conducta diferente porque él es diferente, busca su propia verdad y no la verdad que los otros quieren imponerle y, sobre todo, origina una sólida ruptura con su medio ambiente, con su exterior, porque es en su interior donde espera encontrar lo inefable. El místico, sea cristiano o musulmán, hindú o budista, buscará la verdad por sus propios procedimientos, hollando sus propios caminos, pulsando sus propias emociones. Para crear, ya sea una obra de arte, un sistema filosófico o una religión, el hombre debe ser en cierto modo rebelde. De otra forma no se crea, se sigue lo creado. Buda, Mahavira, Cristo, Lao-Tse... Todos los grandes maestros del espíritu, los grandes iniciados, quisieron cambiar, naturalmente para bien, la faz del mundo, fabricando su doctrina, exponiendo su enseñanza. Cada uno a su manera buscaba la mutación espiritual del hombre, aunque hubiera que dar la espalda a los convencionalismos y romper con todos los moldes, aunque la propia vida fuese en ello; intuitivos, perseverantes hasta el desfallecimiento, convencidos de una realidad superior, nada había que pudiera detenerlos. No buscaban llegar a las faldas de la montaña, sino al mismo eje de la montaña. La historia de la espiritualidad es sorprendente.

Los grandes maestros crean sus escuelas y sus sistemas; transcurre el tiempo y vienen otros grandes maestros que crean otras escuelas y otros sistemas; pero no olvidemos, especialmente, a aquellos que son discípulos avanzados o que se creen maestros y que crearán otras escuelas y otros sistemas. Los verdaderos maestros no abundan y pueden, prácticamente, contarse con los dedos de una sola mano; pero los adeptos adelantados, los visionarios, los supuestos iluminados, los pseudoiniciados, ésos llegan a surgir con frecuencia inusitada. Para reafirmarse, deseando aportar sus conocimientos en la larga cadena de la sabiduría espiritual, también esos hombres pueden crear sus escuelas y sus sistemas. Se necesitan años para adentrarse siquiera tímidamente en la vasta literatura del espíritu.

Religiones, cultos de lo más diverso, variadísimos sistemas filosóficos, sectas y sociedades espiritualistas... Todo un fabuloso universo de ideas, de técnicas, de proyectos. La aventura del espíritu... ¿Hay aventura comparable? El ser humano luchando por superarse, por liberarse de la burda materia; afanándose por liberar su chispa divina, por regresar a su estado original, anhelando la purificación, el estado de serena beatitud. Y si es necesario, para acelerar el proceso, para demorarse menos tiempo en esa frenética carrera hasta los más trascendentes estratos del espíritu, se recurre al símbolo, al signo equívoco, a lo mágico, a todo aquello que se supone que está allí aunque no se vea, que se intuye esotérico, invisible pero real. Tal es el caso de los gnósticos (gnosis: conocimiento) –cuyo movimiento religioso-esotérico se desarrolló paralelamente al cristianismo durante los primeros siglos de nuestra era–, quienes pretendían que en los Evangelios hay un mensaje oculto que descubrir y descifrar.

El gnosticismo llegó a producir gran desasosiego en los Padres de la Iglesia. Éstos consideraban que sus seguidores tergiversaban por completo los principios del cristianismo. Para la gnosis, la salvación se consigue mediante el conocimiento y no mediante la fe; conocimiento que el iniciado puede encontrar en los textos sagrados. En ellos está la revelación, aunque no para todos, sino para aquellos que han aprendido a encontrarla. El conocimiento auténtico aparece en los textos sagrados, aunque disimulado por signos y símbolos, por lo que es forzoso descifrarlo.

El gnosticismo se nos presenta impregnado de esoterismo y de elementos religiosos muy diversos. Sus devotos se decían depositarios de la tradición oculta de Cristo, transmitida oralmente, de discípulo a discípulo. Estaban agrupados en sectas o sociedades que seguían la misma doctrina, aunque cada una de ellas conservaba sus propias convicciones.

Los gnósticos, basándose en sus enseñanzas, trataban de resolver los interrogantes que plantea la existencia. Pensadores muchas veces inquietos y profundos, buscaban a través del conocimiento (gnosis) respuestas a las intrincadas preguntas: ¿qué somos nosotros?, ¿quién soy yo?, ¿por qué y a qué hemos venido a este mundo?, ¿qué se espera de nosotros?... Interrogantes difíciles de resolver, lo que durante siglos el místico ha intentado mediante el ascetismo y el éxtasis, y el sabio mediante el análisis y el conocimiento.

Los gnósticos, portadores según ellos de la ciencia de Dios desde la más remota antigüedad, conservadores de la más antigua y superior iniciación, conceden gran importancia a la interpretación personal, la cual origina múltiples grupos y sociedades, ya que todo aquel que poseyera una cierta sensibilidad mística y esotérica estaba en condiciones de hacerse con numerosos seguidores y formar su propio grupo. Al margen del cristianismo, ocultistas incansables, los gnósticos ofrecían religión y esoterismo, una mezcla muy satisfactoria para numerosos seres humanos.

Al parecer, el gnosticismo fue fundado por un taumaturgo samaritano, llamado Simón el Mago, por Menandro y Dositeo, quienes recogieron enseñanzas de cristianos y de judíos helenizados de Alejandría, y admitieron aportaciones egipcias, griegas, iraníes, etc. Aparte de los ya citados, gnósticos importantes fueron Basílides, quien fundó una escuela en las primeras décadas del siglo I, en Alejandría, a fin de mostrar la filosofía gnóstica, y que fue muy combatido por los Padres de la Iglesia, consiguiendo no obstante numerosos discípulos, sobre todo en Egipto, Siria e Italia; Valentín, quien fundó su propia secta gnóstica y mostraba un contenido doctrinal tan brillante como elevado; Bardesano, filósofo, poeta y astrólogo; Tatiano, y Saturnino de Antioquía.

La gran preocupación de los pensadores gnósticos era la existencia del mal. ¿Por qué Dios, todo bondad y perfección, armonía e infinitud, ha creado un mundo en donde hay maldad e imperfección, un mundo desarmónico y finito? Los filósofos del gnosticismo buscaban afanosamente respuestas a los interrogantes que surgen en todo ser humano con inquietudes. Como la filosofía pura y simple no bastaba para encontrar las respuestas anheladas, recurrían al símbolo y al rito, a la tradición oculta. Se servían de muy diversos objetos esotéricos para sus prácticas rituales: figuras simbólicas, diagramas mágicos, sellos esotéricos, gemas y talismanes, animales alegóricos, etc.

Los gnósticos deseaban la autosuperación y la perfección espirituales. Los adeptos se clasificaban en tres categorías: los hilicos, adeptos muy poco evolucionados, que se quedan en la superficie y sólo aprecian lo externo de sus ritos, sin profundizar en ellos; los psíquicos, adeptos más evolucionados que los anteriores, aunque todavía lejos del conocimiento superior, y los neumáticos, adeptos evolucionados, capaces ya de recibir la revelación.

Para los gnósticos, el alma, que se unirá a la materia, surge de Dios, del pléroma divino; después de múltiples reencarnaciones, mediante un proceso de purificación, el alma debe desligarse de la materia y volver así al pléroma divino, atravesando los denominados círculos de la luz. En el seno divino encuentra el alma su origen, y al seno divino deberá regresar cuando logre liberarse del demiurgo, el espíritu gobernante de la materia.

El ser humano en su estado primitivo es informe, como una piedra en bruto. Poco a poco deberá irse adiestrando espiritualmente, y así la piedra irá tomando una forma definida. La iniciación tenía como objeto colocar al neófito en el sendero que habrá de conducirle hasta la iluminación; mediante la iniciación es arrojada cierta luz en las tinieblas que confunden el alma del neófito, luz que cada día, con el trabajo interior, se hará más potente, hasta que la oscuridad se disipe totalmente. Poco a poco el neófito iba siendo versado en la doctrina oculta, viéndose obligado a pasar por diferentes pruebas y ritos iniciáticos. La enseñanza avanzaba lentamente porque era muy densa e importante; antes de pasar a un grado superior, el adepto debía demostrar que estaba lo suficientemente preparado para ello tanto moral como intelectual y espiritualmente. Era toda una metamorfosis anímica la que debía tener lugar en él. La verdadera transformación requiere tiempo y trabajo. El adepto sabía que para recibir el Misterio del Gran Nombre, aquel que le permitiría realizar la imposición de manos y curar, enseñar a otros, facilitar los sacramentos y celebrar los Misterios, se exigía una inmensa preparación espiritual, una gran profundidad de pensamiento, una perfecta línea de conducta y un carácter altamente benevolente. Había que transmutar los instintos en virtudes, las flaquezas en cualidades.

Los neognósticos

La sociedad neognóstica es una sociedad moderna, aparecida en Francia, que trata de perpetuar las enseñanzas gnósticas, pero que no ha obtenido gran éxito en sus propósitos. Es de carácter puramente iniciático. El discípulo pasa por cuatro fases que a su vez comprenden un total de siete grados. Las fases son:

1. Aprendiz gnóstico.
2. Compañero gnóstico.

3. Maestro gnóstico.

4. Maestro elegido gnóstico.

Se trata de fases o etapas de la evolución espiritual que se va efectuando en el individuo a medida que va desarrollando el trabajo interior. Cuando se llega a la etapa de maestro elegido gnóstico, el espíritu ha vencido totalmente sobre la materia, la luz sobre la sombra, el amor sobre el desamor.

Los grados encuentran su correspondencia en siete momentos muy significativos de la vida de Cristo. Es como si el adepto tuviera que ir experimentando a lo largo de su iniciación dichas situaciones, identificándose con ellas y viviéndolas plenamente.

Los grados son:

1. Discípulo secreto.

2. Discípulo perfecto.

3. Sublime albañil gnóstico.

4. Caballero de la paleta y de la espada.

5. Maestro adepto.

6. Maestro del real secreto.

7. Ministro de la serpiente de cobre.

Al igual que en otras sociedades iniciáticas, el adepto, según su grado, va sufriendo determinadas pruebas o ministerios. El discípulo secreto es sometido a pruebas físicas en los subterráneos, en tanto que el discípulo perfecto tiene que pasar por determinadas pruebas morales e intelectuales. Al sublime albañil gnóstico le corresponde el ministerio del agua y del humo; al caballero de la paleta y de la espada, el ministerio de la unción; al maestro adepto, el ministerio del fuego y del viento; al maestro del real secreto, el ministerio inefable, y al ministro de la serpiente de cobre, el ministerio del gran nombre.

Señalamos seguidamente, por último, los momentos que se conmemoran de la vida de Jesús:

El nacimiento.
La conversación con los doctores.
El bautismo.
La predicación.
La transfiguración.
La entrada triunfal y la cena.
La muerte y la resurrección.

BIBLIOGRAFÍA

Bounaiuti, Ernesto: *Gnostic Frangments*. 1924.

Doresse, Jean: *The Secret Books of the Egyptian Gnostics*. John M. Watkins. Londres, 1958.

Greenless, Duncan: *The Gospel of the Gnostics*. The Theosophical Publishing House. Londres.

Hutin, S.: *Los Gnósticos*. Eudeba. México.

King, C. W.: *The Gnostics and Their Remains Ancient an Medieval*. 1887.

Kingsland, W.: *The Gnosis or Ancient Wisdom in the Christian Scriptures*.

Lesegang, H.: *La Gnose*. Payot. París, 1951.

Mead, G. R. S.: *Echoes from the Gnosis*. 11 vols. 1906-1908.

Schuon, F.: *Gnosis, Divine Wisdom*. John M. Watkins. Londres.

9

LA ORDEN DE LOS CABALLEROS TEMPLARIOS

Unos hombres fuertes, seguros de sí mismos, con una idea fija en la mente; unos hombres capaces de dominar el hambre y la sed, la fatiga, el sudor y el sueño; unos hombres vestidos de blanco —blanco que muy frecuentemente se tiñe con el rojo de la sangre—, con una cruz encarnada sobre el hombro izquierdo, la cabeza alta, la mirada firme y la espada ágil en la mano. Son los caballeros del Temple, los templarios, los fieles guardianes de las rutas de peregrinaje, los celosos defensores del Santo Grial. Durante muchos años formarían la orden de caballería más poderosa que en aquellos siglos se haya conocido; siempre victoriosos a la larga, sólidamente unidos y perfectamente organizados. Hasta que un rey envidioso se empeñase en limpiar de templarios el horizonte; valga decir, Francia. Hasta qué punto los templarios influyeron en la civilización occidental es difícil estimarlo, y más aún precisarlo; pero su influencia, poca o mucha, era positiva. Puede decirse, observando desapasionadamente a través de los prismáticos del tiempo, que con la destrucción del Temple Occidente no ganó nada. Quizá perdió mucho, pero ¿cómo saberlo? Lo que indudablemente nunca hubiera podido imaginar Hugo de Payns es el trágico fin que encontraría la orden fundada por él. Difícilmente puede intuir el creador el destino de su obra.

Situémonos en 1118. Nueve caballeros acuerdan visitar al rey Balduino II, monarca de Jerusalén, y proponerle custodiar y defender incluso con sus vidas a los peregrinos que se dirigían a Tierra Santa, amparándolos de los ataques sarracenos. La idea agrada al rey, quien no duda en dar su aprobación, surgiendo así —¿quién hubiera podido decirlo?— la orden que sería conocida como los Caballeros del Temple. En aquella época de agitación y de cruzadas, de desenfrenada y violenta lucha por el poder, nadie hubiera podido sospechar que aquellos nueve caballeros, entre los que estaban Hugo de Payns —nacido en Payns en el año 1080, combatiente en la primera Cruzada, casado y padre de un hijo, Gran Maestre de la orden— y Godofredo de Saint Adhemar, eran el comienzo, la piedra angular de una orden que contaría con numerosísimos e influyentes miembros, que perdería veinte mil de sus hombres en la conservación de los santos lugares, que quedaría libre de jurisdicción episcopal, que sus casas gozarían del derecho de asilo, que sus miembros podrían confesarse con sus propios capellanes, que sus propiedades estarían exentas de contribuciones, que colaborarían, en 1191, con

Ricardo Corazón de León en la victoria de Arsuf y que se constituirían realmente en la banca de Europa. Privilegios, honores, poder, riquezas... Una orden que sirviendo a Cristo ganaría el Cielo. Y la Tierra. Su poder sería casi ilimitado; pero solamente casi ilimitado, porque de otra forma el rey no hubiera podido exterminarles con toda impunidad.

Tras la aprobación de Balduino II, los caballeros fueron alojados en el mismo palacio del monarca, situado donde anteriormente se había erigido el templo de Salomón. Ante el venerable patriarca de Jerusalén, Gormond de Piquigny, los nueve caballeros, aquellos primeros templarios, pronunciaron con toda solemnidad sus votos de obediencia, castidad y pobreza.

¿Cómo viven en esos primeros tiempos estos defensores de los peregrinos que se dirigen a Tierra Santa? Llevan una vida tranquila, apacible, prácticamente monacal. Aunque defensores de las vías de peregrinaje, para los nueve caballeros, aquellos son días de paz, en los que de momento la guerra rebasa todos sus propósitos. Custodiaban las rutas de peregrinaje, pero además algunos conservaban y guardaban el Santo Grial.

El Santo Grial es el cáliz utilizado por Jesucristo en la última cena. Prestemos atención a la leyenda. El Grial fue robado por un sirviente de Pilatos y poco después entregado a José de Arimatea, quien sirviéndose de él recogió parte de la sangre que manaba de Jesús en la cruz. Cuando José de Arimatea fue, alrededor del año 70, a Glastonbury, llevó con él el Grial. ¿Qué pasó después con el sagrado plato o copa? Misterio. Para unos el Grial fue hallado por los cruzados en Cesarea; para otros fue entregado por los ángeles a unos santos varones que habitaban en la soledad del monte. Existe también la creencia de que fue conducido a España por el rey de Capadocia, Triturel, quien fundaría una orden para custodiarlo. Nada seguro. El Santo Grial ha provocado toda clase de leyendas, hermosas y fantásticas, que se reflejan en una vasta literatura.

En 1128 se convoca el Concilio de Troyes, y Hugo de Payns, ante destacados representantes de la Iglesia, propone la creación de una orden de monjes combatientes. Con la misma facilidad que anteriormente Balduino II aceptara la propuesta de los nueve caballeros, se admite ahora ésta. Es un momento importante, glorioso, para la Orden del Temple; siempre lo son los comienzos, aunque luego surjan rosas o espinos. El Temple observará la regla de san Bernardo.

San Bernardo de Claraval (1090-1153), que sería distinguido con el título de doctor de la Iglesia por Pío VIII, nació en Fontaines, en las proximidades de Dijon, en el seno de una familia noble. En el año 1113 ingresó en la Orden del Císter, y apenas dos años después era ya abad del monasterio de Claraval. Místico, poseedor de una inquebrantable fe y fiel seguidor de una ardua y austera disciplina, elocuente orador, fundó 163 monasterios. Fue el promotor de la cruzada de 1146, que a decir verdad representó un rotundo fracaso.

La regla parca y severa de san Bernardo era la seguida por la Orden del Temple. Sus miembros vestirían el hábito blanco, llevarían los cabellos rapados y se dejarían la barba. Antes de pronunciar los votos deberían pasar por un eficiente noviciado. No hay que olvidarlo: se trataba de una orden de monjes, pero también una orden militar. Curiosa fusión de actividades. Unos hombres pacíficos para rezar a Cristo, agresivos para defenderle. Su vida no estaba en el claustro ni en la celda, sino en el campo de batalla. Se diferenciaban de los cistercienses en que no estaban obligados a hacer voto de estabilidad ni a someterse a los ejercicios espirituales. Eran combatientes religiosos, aunque con características diferentes a los restantes religiosos, porque diferente era su misión.

Lo primero que había que hacer era organizar un buen ejército, un ejército de hombres valientes, perfectamente adiestrados para la lucha, obedientes y disciplinados, capaces de perder la vida por sus ideas. Hugo de Payns fue el encargado de reclutar la milicia. Y en 1130 regresó a Palestina con unos hombres llenos de coraje.

En cierto modo, aquellos hombres que formaban la milicia del Temple eran dignos de admiración. Ni una duda, ni un temor, ni un momento de resuello; siempre alertas, preparados para la batalla, incansables: recordaban a los valientes samuráis japoneses, siempre fieles a su código moral y ético, el Bushido, siempre dispuestos a morir en el campo de batalla antes que abandonar la contienda.

Unos dignos discípulos para unos dignos maestros. Unos valerosos caballeros para unos valerosos grandes maestres. Recurramos a los datos históricos. Cinco grandes maestres —Bernardo de Tramelay, Gerardo de Riderfort, Annando de Perigord, Guillermo de Sonnac y Guillermo de Beaujeau— encontraron la muerte en la batalla. Otro gran maestre, Otón de Saint-Amand, murió en cautiverio porque se negó a pagar rescate. Todos estos datos son tan ilustrativos como significativos. Por otra parte, parece ser que la mayoría de los grandes maestres hacían gala de una notable honestidad —la honestidad asequible a la época, por supuesto, no cabe esperar otra—.

Everardo des Barres dimitió para llevar una vida absolutamente monástica; entre la oración o el combate optó por la
primera. Arnaldo de Torroge fue hecho prisionero y únicamente liberado tras haber prometido no luchar más contra
los musulmanes; cumplió su promesa: dimitió y se hizo preceptor. Santiago de Molay, último Gran Maestre, el hombre
que tuvo que soportar toda la ira desatada de Felipe el Hermoso, murió por no retractarse. Queda comprobado el valor
de los representantes del Temple y que por lo general eran
consecuentes con sus propios principios.

La Orden del Temple se encargaba de la defensa de
Tierra Santa hasta 1298. Todos aquellos años de combate le
hicieron granjearse la simpatía de los más poderosos y sus
miembros pudieron así conseguir toda clase de honores y privilegios. ¿Qué no se merecían esos hombres que no dudaban
un segundo en ofrecer su sangre por Cristo, que eran la defensa de Occidente, el baluarte del mundo civilizado? Y a los privilegios y honores se unían los generosos, generosísimos obse-
quios. Todo era poco para aquellos apóstoles de la fe.

Al rodar por la ladera nevada, la bola de nieve puede llegar a adquirir un tamaño sorprendente, pero por grande que
sea su tamaño, termina derritiéndose. ¿Recordamos al astuto
Felipe IV el Hermoso (1268-1314), el rey que hostigó tenazmente a Bonifacio V. Orgulloso, soberbio, inescrupuloso y
ególatra, no admitía un poder semejante al suyo. Y sin embargo ahí estaban los templarios, casi tan poderosos como él y, no
cabe dudarlo, infinitamente más ricos que el monarca. Si por
un lado el rey francés quería disipar todo fantasma que con-
trarrestase su poder, por otro, porque era humano y ambicioso,

deseaba el tan comentado tesoro de la orden. Poder y riqueza, ¿existe una aleación más temible?

Día: 14 de septiembre. Año: 1307. País: Francia. Felipe
IV el Hermoso ordena el arresto de todos los templarios del
país, y, al hacerlo, está indirectamente paralizando la evolución
y el progreso de Occidente. No creamos que la orden de
arresto desagradó a otras personas además de los caballeros
del Temple; en absoluto. Es seguro que la orden del monarca
congratuló a muchos.

Cuando el rey da una orden, ésta se cumple, y si además
se alegan unos «dignos» motivos, mucho más todavía. Felipe
IV el Hermoso ya había venido preparando desde hacía años
este golpe. Y como golpe fue maestro, definitivo. La Orden
del Temple quedó totalmente diseminada. El rey se vengaba
así, no solamente del Temple, sino de su Gran Maestre,
Santiago de Molay, quien había denegado el permiso de admi-
sión en la orden a uno de los hijos del monarca. Los templarios fueron apresados, y sus bienes confiscados. Buena carna-
za para divertir a los inquisidores, para quienes el Temple
nunca había sido de su agrado —siempre cuestiones de poder—
y que ahora, basándose en la defensa de la fe, en la defensa de
Cristo, emprenderían un proceso parcial y cruel.

Sobran las acusaciones que se hacen contra los templarios: traidores, blasfemos, inmorales, hechiceros, ladrones,
pederastas, herejes... Tendrán que confesar «los votos y promesas hechos al entrar en la orden; confesar que renegaban de
Nuestro Señor Jesucristo y que escupían sobre la Cruz; que
daban y recibían besos obscenos; que aconsejaban a los hermanos la sodomía y adoraban a ídolos». Debían confesar. Y ser
torturados si ello era necesario.

Cabe pensar como lo más natural que los caballeros del Temple, perfectos combatientes y muy numerosos, valientes como ningunos otros guerreros, desapegados de la vida y sin temor alguno a la muerte, cogieron las armas e hicieron frente a las fuerzas de la corona. Pero no fue así. ¿Sorpresa, incredulidad, convicciones morales? Parece ser que la sorpresa no jugó ninguna baza, puesto que los templarios fueron advertidos. Seguramente no se levantaron en armas porque no creían que el rey pudiera llegar tan lejos y, en especial, porque sus principios les prohibían terminantemente combatir contra cristianos. Comoquiera que fuese, el arresto se llevó a cabo sin dilación; siguieron unos inconcebibles interrogatorios, una cruel tortura y un ajusticiamiento del todo injusto. Pero en ocasiones ni siquiera se seguían los rutinarios trámites y los templarios eran directamente enviados al patíbulo. Bástenos como ejemplo recordar que Marigny, obispo de Sens, envió a la hoguera a cincuenta y cuatro templarios sin que fueran interrogados.

Aun cuando ante la comisión pontificia abundarían las retracciones, previamente se obtuvieron las declaraciones que se pretendían. Hubo un medio difícilmente soportable: la tortura.

Las acusaciones dirigidas contra los caballeros eran las siguientes:

— Las recepciones se llevaban a cabo con los ojos cerrados, y los capítulos secretamente, durante la primera vela nocturna. El neófito, durante la recepción, debía renegar de Cristo, la Virgen y los santos; se le enseñaba que Cristo no era el Dios auténtico, sino un falso profeta que había sido condenado a muerte por sus felonías. El neófito tenía que escupir sobre la cruz.

— No se creía en determinados sacramentos eclesiásticos; los sacerdotes del Temple no pronunciaban las palabras oportunas durante la consagración de la misa; se estimaba que el Gran Maestre tenía facultades para absolver los pecados.

— Tras la recepción, el neófito era besado en la boca, en el vientre, en el ano o en el ombligo, y se le decía que podía mantener contactos sexuales con sus compañeros.

— Se servían de unos extraños ídolos para favorecer su propia suerte y seguridad.

En aquella época, y máxime cuando los jueces eran los inquisidores, cualesquiera de estas acusaciones, la más inocente de ellas, era más que suficiente para enviar sin ninguna clase de reparos a un hombre a la hoguera.

Mucho se ha hablado en cuanto a la recepción de los hermanos, pero en realidad muy poco se sabe sobre ella. ¿Eran simples bromas practicadas al neófito a título de novatadas o se trataba de algo mucho más serio, determinado ritual o iniciación? Las acusaciones fueron amañadas al antojo de los inquisidores, partiendo de unos datos en cierto modo veraces, pero oscuros e imprecisos. Consideremos también que entre los hombres, cuando forman grupos numerosos, se recurre con excesiva frecuencia a la broma soez y se emplean expresiones no demasiado ortodoxas. Los detractores supieron servirse de forma magistral de todo ese material. Curiosamente, estos besos existían, pero es del todo desconocido su simbolismo o finalidad; asimismo se renegaba de Cristo y, más aún, se observaron determinados extraños ídolos en las casas templarias.

Muchos templarios pudieron evadirse de la implacable persecución organizada por Felipe el Hermoso. Unos huyeron, otros se escondieron, y una gran mayoría se integró en otras órdenes. En Francia fue donde peor suerte corrieron los templarios; en Portugal se los denominó Orden de Cristo y no sufrieron ningún menoscabo especial; en España, donde abundaban las órdenes, se les permitió integrarse en ellas y así lo hicieron; en Italia y Alemania fueron absueltos; en Inglaterra fueron también muy perseguidos, aunque no hasta el extremo de como lo fueron en Francia.

En 1312, el papa disolvía la orden mediante bula. En los primeros meses de 1314, el Gran Maestre Santiago de Molay y otros miembros de la orden fueron condenados en público a cadena perpetua. Entonces el Gran Maestre, que anteriormente había confesado, gritó que todas las acusaciones eran falsas y que él las había admitido bajo tortura; que la orden era limpia y santa. Otro hombre, el visitador Godofredo de Charnay, apoyó las palabras del Gran Maestre. Hay que advertir que eso ocurría cuando ya nada tenía remedio y la orden había llegado a su fin.

No es difícil imaginárselo: Santiago de Molay y Godofredo de Charnay fueron condenados a la hoguera el 19 de mayo de 1314.

La difícil situación económica de un rey y su definida egomanía habían dado lugar a una de las más asombrosas y descaradas farsas con objeto de poder exterminar la orden de los templarios.

¿Es posible que los templarios de una u otra forma hayan sobrevivido hasta nuestros días? Mucho se ha especulado sobre ello y actualmente hay varias órdenes que se dicen seguidoras de aquéllos. Todo es muy dudoso. Y más tratándose de los templarios. Solamente algo es cierto: sabemos hasta donde ellos quisieron.

En lo que respecta a la organización interior del Temple, también existen muchas lagunas. Puesto que de una orden de caballería se trataba, además de las normas religiosas y morales había unas severas normas militares. Pero ¿qué sabemos o podemos intuir de las normas secretas de los templarios? Muy poco. Desde un principio la orden se las arregló de forma admirable para mantener en un hermético secreto lo que quería. Los signos gnósticos y cabalísticos, los símbolos alquímicos, la iniciación, el tesoro..., todo ello sigue formando parte del misterio. Quizá para siempre.

El hábito de los templarios era blanco, y a partir de 1146 lucían una cruz roja sobre el hombro izquierdo. Para los sargentos y escuderos, por el contrario, las vestimentas eran negras. La vida de estos hombres que formaban el ejército defensor de la cristiandad no resultó nada grata. Tuvieron que soportar la austeridad, la carencia de toda comodidad, el cansancio y la suciedad. Si pertenecer a la santa caballería era un honor, también era un gran sacrificio. Entre las ventajas que reportaba servir en la orden estaban las de adquirir dignidad y seguridad personal, algo que en aquella época no se lograba fácilmente. Eran muy eficaces en la batalla. No luchaban por dinero; luchaban por una idea, y no hay nada más temible que un hombre combatiendo por sus ideas cuando está firmemente convencido de ellas.

El Temple estaba compuesto de monjes y laicos. Los monjes estaban obligados a pasar por el noviciado, y cuando los maestros consideraban que se encontraban lo suficientemente maduros, eran iniciados. Por lo que se ha podido deducir, no había que observar un tiempo determinado para la iniciación, sino que ésta se llevaba a cabo cuando el maestro lo consideraba oportuno. Antes de llegar a monje, el novicio tenía que efectuar toda clase de trabajos, incluso los más serviles; en tal sentido no se hacía discriminación alguna, y fuera el novicio de mejor o peor posición, noble o no, realizaría de igual forma su labor.

Debido a sus actividades, el Temple se organizaba en lo que podríamos considerar dos ramas: la combatiente, en Oriente, y la monacal, en Occidente. Si bien para ser monje no había por qué ser noble, para armarse caballero era necesario serlo; téngase presente que los nobles estaban mejor preparados para la lucha. Los monjes pronunciaban los votos, pero los caballeros solamente hacían diversas promesas: acatamiento a la ley y a las costumbres de la orden, pobreza y obediencia, y guardar Tierra Santa. Había caballeros-monjes y caballeros-laicos. Ambos combatían, tenían similares obligaciones, vestían igual y llevaban idéntica vida, es decir, aparentemente no había diferencia alguna entre ellos.

El jefe absoluto y pleno de la orden era el Gran Maestre, cuyo poder se extendía a todos los miembros. Era elegido por concilio general y siempre, en todo momento y en cualquier circunstancia, respetado. Generalísimo del ejército, cabeza de la organización, sus prerrogativas eran muy extensas. También tenía algunas limitaciones: estaba sometido al papa, al denominado «capítulo general» y, como es de suponer, a las reglas de la orden. Era muy poderoso, tanto que pocas personas podían comparársele en poder, pero en lo referente a los bienes de la orden era como cualquier otro miembro, es decir, no tenía derecho a ninguna pertenencia personal.

La orden estaba compuesta por los capellanes, los caballeros (monjes y laicos), los sargentos, los hermanos de oficio, los sargentos de servicio de las casas y los sirvientes. Los hermanos de oficio agrupaban a albañiles, carpinteros, herreros, etc. Los sargentos tenían derecho a menos caballos que los caballeros y muchos de ellos con el título de comendador se convertían en administradores de las casas de la orden. Vestían capa parda.

La organización de los templarios, hasta donde cabe observar, era perfecta, tanto en su vertiente militar como en la que podríamos llamar «burocrática». Pocas cosas hay más valiosas que una disciplina sabiamente utilizada, y aquellos hombres eran disciplinados hasta el límite. Concentrados en su misión, parcos en sus costumbres, siempre entrenados para la batalla, resultaban prácticamente invencibles. La milicia estaba clasificada en múltiples jerarquías. El Gran Maestre gozaba de un Estado Mayor, dirigido por el senescal con la colaboración del mariscal; formaban su casa un capellán, dos capitanes, un clérigo, un sargento, un herrador, dos mozos, un cocinero, un escribano y los siervos.

Como ya hemos indicado, el Gran Maestre dependía del capítulo general, constituido por determinados capellanes, el senescal, el material, el comendador del territorio y el reino de Jerusalén, y los diversos comendadores.

¿Podría acusarse a la organización templaria de diferente? ¿Acaso de otra forma hubieran llegado hasta donde lo hicieron? Hasta el más ínfimo de los detalles parece estudiado a la perfección, y todo eso no se consigue accidentalmente.

Es habitual preguntarse hasta qué punto los templarios fueron, como se ha pretendido, los banqueros de Europa. Y cuando uno, con ávida curiosidad, comprueba datos, no puede por menos que dejar de sorprenderse al observar la exuberante riqueza conseguida por la orden y para la orden. Bien pronto fueron facilitados bienes a los guerreros de Dios: dinero, tierras, casas, bosques... La orden fue forjando su tesoro. ¡Y hasta qué extremo será un verdadero tesoro! Algunas de las donaciones que se les hicieron solamente pueden calificarse de fabulosas, a falta de un término más grandilocuente. Llegará un día en que serán poseedores nada más y nada menos que de dos millares de encomiendas y numerosas granjas. Aunque sus miembros no podían disponer de nada, la orden era inmensamente rica. Todo ello provocó un sinfín de leyendas en torno a los tesoros ocultos del Temple. Y nadie, ni el más escéptico, puede asegurar la inexistencia de dichos tesoros.

Encomiendas, granjas, casas, hosterías, almacenes, millones de hectáreas, asombrosas sumas de dinero y toda suerte de bienes y posesiones. El lenguaje se muestra muy pobre para reflejar en breves palabras la portentosa riqueza del Temple y sus muchas actividades de tipo comercial, capaces de aumentar progresivamente dicha riqueza. Prestamistas, dueños de una sólida flota, de mercados y de barcos enteros, habilísimos exploradores de bienes, estimularon muy favorablemente el comercio de la época.

Expondremos brevemente las características más sobresalientes de la encomienda, construcción muy utilizada por los templarios. Su forma es la de un cuadrilátero en conjunto; comprende varios edificios y cuatro bases en forma de torre en los ángulos. Hay varios fosos defensivos y un estanque con aplicaciones domésticas. El edificio más importante es la casa que alberga al comendador y a los caballeros, y que tiene su propia capilla; esta casa es el convento propiamente dicho. Otros edificios son los que forman la granja, la hostería para albergar a los visitantes y peregrinos, y una enfermería.

En las encomiendas encontraban los peregrinos un lugar seguro para descansar, y protegerse de las bandas de ladrones y malhechores, ya que habían sido construidas en las principales rutas, donde los peregrinos eran abundantes. Allí donde estaban, los templarios ofrecían seguridad. No solamente los peregrinos podían viajar con tranquilidad, sino también los mercaderes, ya que las rutas estaban protegidas por los caballeros. Era tanta la seguridad que inspiraban los templarios que en sus encomiendas se hacían con harta frecuencia depósitos de bienes.

Por lo que se sabe, la orden seguía una línea de conducta bondadosa. Se repartían numerosas limosnas, se albergaba a los artesanos, se liberaba a determinados siervos, se trataba a los criados con familiaridad y se prestaba ayuda a los necesitados. No eran, pues, tan monstruosos como pretendían los inquisidores. Entra dentro de lo probable, eso sí, que con el correr de los años la orden degenerase en cierto modo, que sus principios ya no fueran observados con la misma fidelidad que cuando fue creada, en tiempos de san Bernardo, y que su moralidad no fuese tan estricta. Esto es algo que por lamentable que pueda resultar siempre ocurre con toda orden, sociedad, escuela, asociación o confraternidad; irremisiblemente, el tiempo va debilitando el verdadero espíritu de los fundadores. Pero aunque posiblemente con menos fervor, casi todo parece demostrar que la regla seguía siendo observada. Entonces, ¿por qué renegaban de Cristo, por qué escupían en la cruz, por qué poseían ídolos, por qué los besos obscenos, por qué esos insistentes rumores de que habían adoptado diversos conceptos de la secta musulmana de los asesinos? Los caballeros, ante todo, eran religiosos, asistían a misa, comulgaban, pronunciaban sus oraciones. Llegamos así a la cuestión más misteriosa en torno a la Orden del Temple: su esoterismo. Para unos toda la existencia del Temple aparece sumergida en significativos rituales, cábala y alquimia, gnosticismo, símbolos propios de la alta magia; para otros, bien al contrario, el Temple era una orden religiosa de caballería y nada más. ¿Dónde está la verdad?

Si los templarios eran cristianos, ¿por qué renegaban de Cristo? Esto es algo aparentemente inexplicable, salvo que considerasen que el hombre crucificado por Pilatos no fuera el verdadero Cristo, el hombre-Dios, sino un falso apóstol, un supuesto mesías y no el Mesías auténtico. En ese caso el hecho de renegar del Cristo crucificado por Pilatos no era estimado como blasfemo, pues seguían conservando todo el respeto y la veneración posible por el Cristo-Dios. Por otra parte, no renegaban jamás de la cruz, símbolo cristiano por excelencia, sino del hombre en ella crucificado. Para ellos, pues, Jesucristo era un simple humano y no una encarnación divina. Todo parece probar de forma categórica que, efectivamente, se renegaba de Cristo y que todo neófito debía hacerlo, pero en cuanto a las motivaciones que originaban este acto todo son conjeturas, meras hipótesis sin ninguna estabilidad.

Un elemento misterioso más dentro del espeso misterio que envuelve a los templarios.

Determinados adeptos del Temple, seguramente de los más adelantados, mantenían singulares reuniones secretas, pero eran muy pocos los que asistían a ellas, como si hiciese falta una preparación especial para ello. Generalmente tales cónclaves tenían lugar en la capilla, a puerta cerrada. Nada, absolutamente nada puede decirse con seguridad de estas reuniones. Se ha afirmado que estaban íntimamente relacionadas con los bafomet, ídolos que de vez en cuando fueron vistos por los criados que servían en la orden, pero que jamás hallaron los inquisidores. ¿Adoraban a estos ídolos, los utilizaban como soporte para determinadas prácticas mágicas? Eran unas cabezas diabólicas, una especie de feos diablillos. Cabe suponer, ya como lo más extremo, que los templarios realizaron una total inversión de sus valores religiosos y adoraban al diablo, razón por la que renegaban de Jesucristo. Pero es dudoso. Es más lógico pensar en un esoterismo más elevado, superior a la mera magia negra. El bafomet podía ser la base para meditaciones de naturaleza alquímica o gnóstica.

No es ni mucho menos desatinado sospechar en una iniciación espiritual con sus grados y sus símbolos, en reuniones esotéricas, en la adopción de signos y símbolos ocultistas, en místicas ceremonias enriquecidas con un denso y significativo ritual gnóstico. Pero todo son elucubraciones que se estrellan contra los infranqueables muros del tiempo y del enigma.

BIBLIOGRAFÍA

Charpenter, John: *Los Templarios*.

Charpentier, Louis: *El Misterio de los Templarios*. Bruguera. Barcelona, 1970.

Dupuy: *La Orden de los Templarios*.

Gilles, René: *¿Son culpables los Templarios?*

Grouvelle: *Memoria Histórica sobre los Templarios*.

Lizarand: *El caso de los Templarios*, 1923.

Oursel: *El Proceso de los Templarios*, 1955.

Probst-Biraben, J. N.: *Les Mystères des Templiers*. 1947.

Sede, G.: *Los Templarios están entre Nosotros*.

10

LOS ALQUIMISTAS

Esa ciencia legendaria que es la alquimia estuvo en manos de unos hombres que día a día, sin desfallecer, buscando la luz en los símbolos y en las alegorías, sirviéndose de los atanores y las condensaciones, trataban de transmutar los metales inferiores en superiores y, paralelamente, con no menos interés, llevar también la metamorfosis hasta su espíritu, purificándolo y elevándolo. A la pretensión de perfeccionar los metales se unía también el encomiable deseo de perfeccionar el espíritu. Tenaces investigadores, muchas veces rechazados y perseguidos, con frecuencia obligados a ocultarse, celosos conservadores de sus métodos, los alquimistas buscaban la «piedra filosofal» o «polvo de proyección» y el «elixir de la vida». Rebeldes en cierto modo, puesto que se afanaban en trastocar las leyes conocidas, amantes de la perfección y de la inmortalidad, mitad científicos y mitad místicos, incansables en su búsqueda, los alquimistas pasaban horas y horas en la soledad de su laboratorio, ensayando unos y otros procedimientos que pudieran ofrecerles la llave capaz de abrir la puerta del ansiado secreto. ¿Una quimera? ¿Una utopía? ¿Una evasión? ¿Un sueño de alienados? ¿Una realidad?

Unos alquimistas seguían procedimientos totalmente físicos y se despreocupaban de todo aspecto espiritual. Ambiciosos, materialistas y anhelantes de poder, querían convertirse en meros hacedores de oro, desentendiéndose por completo de si su alma evolucionaba o no. Otros, por el contrario, amaban su arte de verdad, más allá de lo que éste pudiese proporcionarles, aspirando tanto a la transmutación alquímica como a su desarrollo y superación espiritual. Muchos de ellos eran en realidad más místicos que alquimistas y encontraban en la alquimia el simbolismo ideal para reflejar su misticismo. No deseaban transmutar los bajos metales en oro, sino purificar su espíritu; no buscaban el elixir de la vida física, sino el elixir de la vida espiritual. Estaban también los falsos alquimistas, los charlatanes, los que al amparo de esta disciplina, revistiéndose de un llamativo pero débil barniz de sabiduría, engañaban a los más crédulos y se apropiaban de su dinero.

Taylor explica con toda claridad el método seguido por estos embaucadores:

> El procedimiento corriente era interesar a un hombre poderoso, generalmente un clérigo –la clerecía es aún la presa favorita para el arte de los estafadores– y emplear la técnica

inmemorial del charlatán para llevarlo a solicitar una demostración. Preparaba un horno, adquiría mercurio y un crisol, llenaba el crisol con mercurio y volcaba en él el polvo preciso –probablemente algo de cal o plomo rojo–. Mientras tanto se había introducido algo de oro o plata genuinos en un pedazo de carbón de leña o en una hendidura en la punta de una varilla de agitra y sujeto con cera negras. Se calentaba al horno; sobre el crisol se ponía el carbón preparado, o bien se usaba la varilla. La cera se derretía y el metal precioso caía dentro del mercurio; al aumentar el calor, el mercurio se volatizaba y dejaba la plata o el oro derretido en el crisol. ¿Qué más hacía falta como prueba? El incauto se desprendía fácilmente de grandes sumas para la adquisición de materiales de laboratorio y mercurio, o pagaba una gran suma por la receta para hacer la piedra, después de lo cual no se veía más al fraudulento alquimista.

Lamentablemente, en todas las épocas y en los más diversos países han prosperado los falsos magos u ocultistas que con facilidad sorprendente han explotado la ingenuidad de los demás o su incontrolable curiosidad. No ha habido un solo Cagliostro, sino muchos, aunque sus nombres no hayan pasado a la historia como lo ha hecho el del inescrupuloso Bálsamo. A la sombra del honesto investigador, ha surgido frecuentemente el inmoral oportunista. En la alquimia no cabía la excepción. Es tanta la ambición de algunos seres humanos, el frenético anhelo de conseguir la riqueza y el poder de forma fácil, que su sugestión les hace ver un lingote de oro donde tan sólo hay un pedazo de madera pintado de amarillo.

Existen diferentes versiones en cuanto a la etimología de la palabra «alquimia». Fulcanelli nos dice:

Muchas controversias se han desarrollado a propósito de las diversas etimologías atribuidas a la palabra «alquimia». Pierre-Jean Fabre, en su *Abregé des Secrets chymiques*, pretende que se relacione con el nombre de Cam, hijo de Noé, que habría sido el primero que la practicó, y escribe *Alchamie*. El autor anónimo de un curioso manuscrito piensa que «la palabra "alquimia" deriva de *als*, que significa sal, y de *quimia*, que quiere decir fusión. Y así está bien dicho, porque la sal, que es tan admirable, está usurpada». Otros descubren el origen en la primera denominación de la tierra de Egipto, patria del arte sagrado, Kymia o Chemi. Napoleón Landais no halla ninguna diferencia entre las dos palabras «química» y «alquimia», y se limita a añadir que el prefijo *al* no puede ser confundido con el artículo árabe, y significa tan sólo una «virtud maravillosa». Quienes sostienen la tesis inversa, sirviéndose del artículo *al* y del sustantivo *quimia* (química), entienden designar la «química» por «excelencia» o «perquímica» de los ocultistas modernos. Si debemos aportar a este debate nuestra opinión personal, diremos que la cábala fonética reconoce un estrecho parentesco entre las palabras griegas ξυἴτιτα y ςιυ que indican «lo que fluye», «discurre», «mana», y se refieren de modo particular al «metal fundido», a la misma «fusión» y a toda «obra hecha de un metal fundido». Sería ésta una breve y sucinta definición de la alquimia en tanto que técnica metalúrgica. Pero sabemos, por otra parte, que el hombre y la cosa se basan en la «permutación de la forma por la luz», fuego o espíritu. Tal es, al menos, el sentido verdadero que indica el «lenguaje de los pájaros».

Si no hay seguridad en cuanto a la etimología de la palabra alquimia, mucho menos la hay aún en cuanto a su origen y posterior desenvolvimiento. Todo es bastante oscuro. Reservada a los iniciados, ciencia por lo general muy oculta, transmitida bajo símbolos y alegorías muchas veces indescifrables, ya sea de forma oral o escrita, pero siempre en secreto, no resulta fácil conocer todos los datos referentes a la alquimia, a esa ciencia «que enseña a preparar cierta medicina o elixir que al ser proyectado sobre los metales imperfectos les comunica la perfección en ese mismo momento» (Roger Bacon). Se sabe con certeza que existió en la India y en China, en Egipto, Caldea y Alejandría.

Oscuros orígenes, oscuras pretensiones, oscuros procedimientos y una literatura confusa hasta el máximo. Pero el investigador moderno no se ha detenido ante este aparente caos, y de forma admirable ha ido iluminando lo que a primera vista parecía imposible de iluminar, con lo que actualmente, si bien no lo conocemos, ni mucho menos, todo sobre esta disciplina, sí sabemos de ella muchas cosas de gran interés y de indiscutible importancia.

Los primeros iniciados

Desde sus comienzos, la alquimia fue una ciencia oculta y sagrada, y los primeros iniciados en ella se cuidaron mucho de que sus principios y fórmulas no fuesen conocidos por las gentes vulgares. Los más antiguos alquimistas de que tenemos noticia datan de los primeros siglos de nuestra era, aunque se supone que los hubo muy anteriores a éstos.

Encontramos a estos precursores en la sugerente Alejandría. Varios son los nombres que conocemos: Zósimo, María la ludía, Icomarios, Chymes, Pammenes y Petasios. Especial importancia tienen para la historia de la alquimia María la judía y Zósimo. Después surgirán numerosos comentadores de los alquimistas citados.

Zósimo, de comienzos del siglo IV, natural de Panópolis, y también conocido como el Panopolitano, perteneció a la Escuela de Alejandría, está considerado como una de las figuras más sobresalientes de la alquimia y escribió una completa enciclopedia sobre el tema, de la cual nos quedan afortunadamente algunas partes.

Se supone que María la judía vivió durante el siglo IV y se la considera la inventora del tribiks, recipiente que empleaba para llevar a cabo diferentes operaciones.

Los escritos de los primeros iniciados en la alquimia nos han permitido conocer los métodos y pretensiones de estos hombres. Estaban convencidos —de otra forma no se hubieran empeñado hasta el extremo en que lo hicieron— de la posibilidad de transmutar los bajos metales en plata o en oro. Y con el vigor y el entusiasmo que confiere la convicción profunda, se dedicaban sin desmayo a tratar de conseguir la tan ansiada transmutación, ensayando una y otra vez, meditando en uno y otro punto, probando uno y otro procedimiento. Era un desesperado intento por conseguir un metal de similares características a las del oro: el mismo color, la misma densidad, el mismo tacto, la misma dureza; como si por imitación pudiese obtenerse la transformación del metal. Más allá de toda duda y de toda vacilación, unos hombres buscaban afanosamente la piedra filosofal, el polvo de proyección y la panacea.

A fin de llegar a la meta propuesta, se llevaban a cabo las más complicadas destilaciones, toda suerte de aleaciones y todo tipo de coloraciones y sublimaciones. Continuamente activa la imaginación, se inventaban nuevos aparatos capaces de perfeccionar las operaciones. Era la lucha del hombre contra sus limitaciones, la lucha del hombre por elevarse por encima del mismo hombre.

Frente a su alambique, en la soledad de su laboratorio, el alquimista trataba de agudizar su ingenio para encontrar la fórmula que le permitiría llevar a cabo la transmutación. Destilaciones y más destilaciones, sirviéndose para ello de un producto denominado *theion hudor*. Importancia fundamental en los procesos alquímicos tenían los huevos, porque se consideraban muy ricos en energía, en vitalidad. Como un moderno investigador, el alquimista se servía de numerosos aparatos: crisoles, platos, hornos, lámparas, morteros, filtros, batidores, caladores, sublimadores, jarras, ollas, etc. Seguían sus propias recetas o las de otros iniciados en el arte sagrado, tratando de encontrar el eslabón necesario para formar la cadena. Y desde el principio estas complejas recetas, de muy difícil interpretación, fueron disimuladas con desorientadores símbolos y signos. Aunque no siempre siguiendo las mismas directrices, se asociaron los metales a los planetas; cada metal encontraba su correspondencia en un planeta determinado. Nada hay más aparentemente absurdo que los escritos de alquimia, pues no hay que olvidar que eran intencionadamente

desvirtuados para que no pudieran ser indebidamente utilizados por los profanos. Y no creamos que con el correr de los
años se vaya haciendo más exotérica la enseñanza, pues siempre y en todas partes será una ciencia oculta en el más estricto sentido del vocablo.

Los ALQUIMISTAS

La alquimia árabe no es solamente Geber, pero no puede estudiarse sin recurrir obligatoriamente a este célebre
alquimista (720-813) con vastos conocimientos de magia,
matemáticas, ocultismo en general y astrología. Abu Musa
Jabir ben Hayyan, así se llamaba, nació en Kufa, junto al
Éufrates. Era un hombre muy preparado y escribió excelentes
obras. Cabe también suponer que bajo el nombre de Geber se
agrupasen diferentes iniciados que firmaban así sus obras, tal
como probablemente sucedió con Hermes Trimegisto.

Como es lógico, Geber también se servía de la destilación, y la practicaba con muy variados elementos. Trataba de
encontrar el elemento puro que le hiciese posible el encuentro de la piedra filosofal. Clasificaba las sustancias en espíritus
(cuerpos volátiles), cuerpos metálicos (metales) y cuerpos (ni
volátiles ni metálicos).

Hombre también de magnífica cultura fue Abu Bakr
Mohammed Abu Zakaria-r-Razi (860-923), gran erudito,
prolífero y variadísimo escritor, médico y alquimista, cuya más
trascendente obra sobre la alquimia es el *Libro de los Secretos*.
Llevó los principios alquímicos a la medicina y en la obra
mencionada hace una descripción interesante sobre diversas

cuestiones alquímicas. Clasificaba la sustancia en espíritus, cuerpos metálicos, piedras, vitriolo, bórax y sales.

Aunque sería una necedad negar la considerable influencia que la alquimia griega ejerció en la árabe, ello no disminuye en modo alguno el mérito enorme de esta última. Supo servirse de los principios de la alquimia griega, desarrollarlos y, lo más importante, enriquecerlos.

La alquimia europea

Nacida en Oriente, patria del misterio y de lo maravilloso, la ciencia alquímica se expandió por Occidente a través de tres grandes vías de penetración: bizantina, mediterránea e hispánica. Fue, sobre todo, el resultado de las conquistas árabes. Este pueblo curioso, estudioso, ávido de filosofía y de cultura, pueblo civilizador por excelencia, constituye el vínculo de unión, la cadena que relaciona la antigüedad oriental con la Edad Media occidental. Desempeña, en efecto, en la historia del progreso humano, un papel comparable al que correspondió a los fenicios, mercaderes entre Egipto y Asiria. Los árabes, discípulos de los griegos y de los persas, transmitieron a Europa la ciencia de Egipto y de Babilonia, aumentada por sus propias adquisiciones, a través del continente europeo (vía bizantina), hacia el siglo V de nuestra era. Por otra parte, la influencia árabe se ejerció en nuestros países a la vuelta de las expediciones de Palestina (vía mediterránea), y fueron los cruzados del siglo XII quienes importaron la mayor parte de los conocimientos antiguos. Finalmente, más cerca de nosotros, en la aurora del siglo XIII, nuevos elementos de civilización, de ciencia y de arte, surgidos del África septentrional el siglo VIII, se extendieron por España (vía hispánica) y vinieron a acrecentar las primeras aportaciones del foco grecobizantino (Fulcanelli).

A partir del siglo X la alquimia comienza a ser estudiada y practicada en Europa, y son traducidos y examinados los textos de mayor importancia. A veces, incluso con entusiasmo que raya en lo febril, surgen alquimistas que no regatean esfuerzos por penetrar en los enigmas de la naturaleza, por tratar de descifrar sus más grandes misterios. Son muchas personas las que acuden a la alquimia, desde el investigador honesto hasta el clérigo solitario, desde el exaltado místico hasta el fantasioso hermetista, desde el típico curioso hasta aquel que necesita algo con que asombrarse y enriquecer su existencia gris. Poco a poco la ciencia sagrada va adquiriendo una considerable difusión. Y de tal forma que la literatura sobre estas disciplinas es cada vez más abundante y está más extendida. Unos se esforzaban por encontrar la verdad a través de la alquimia; otros en enriquecerse. Los verdaderos alquimistas guardaban muy celosamente su secreto; los pseudoalquimistas predicaban abiertamente sus poderes y se jactaban de ellos sin ningún recato, con la esperanza de atraer a los ingenuos.

En el siglo X destacan Alberto el Grande, Arnaldo de Villanova, Miguel Escoto, Raimundo Lulio y Rogelio Bacon.

Alberto el Grande

Era un hombre de una excepcional capacidad intelectual y exquisita sensibilidad. Estudioso tenaz, firme creyente, teólogo, filósofo y alquimista, Alberto el Grande, descendiente de los ilustres Bolestadt, nació en Lauingen, Suabia, en 1206. Después de sus sólidos estudios, ingresó en la Orden de Santo Domingo, en 1223, de la que más adelante sería provincial. En 1260 fue obispo de Ratisbona. Sus dotes de maestro eran muy apreciadas. Se interesó profunda y admirablemente por todas las ramas del saber, desde la botánica y la zoología hasta la filosofía y la metafísica, desde las matemáticas y la física hasta el misticismo y el ocultismo en general. Incansable en su sed de conocimientos, maestro de santo Tomás de Aquino, canonizado por Pío XI, Alberto el Grande fue un escritor tan interesante como prolífico. En el siglo XVII sus obras se publicaron en nada menos que veintiún volúmenes.

Arnaldo de Villanova

Nació en 1235 aproximadamente, y murió en 1313. Parece ser que era catalán, aunque varios países han querido apropiarse de su nacimiento. Llevó una vida muy azarosa y poseía grandes conocimientos de hebreo, árabe, medicina, filosofía, física y alquimia. Era además un competente astrólogo y un convencido ocultista, hasta el punto de que se servía con harta frecuencia de amuletos y talismanes para llevar el bienestar físico y moral a las demás personas. Se le consideraba un agudo intérprete de los sueños, capaz de realizar asombrosas operaciones alquímicas y verdaderas transmutaciones.

Arnaldo de Villanova fue muy estimado por los reyes Federico II de Sicilia y Jaime II de Aragón. Fue médico personal de los papas Bonifacio VIII, Benito XI y Clemente V; este último le dispensaba gran confianza y amistad, y en 1313, mientras se encontraba enfermo en Aviñón, le hizo llegar aviso para que fuese a visitarle. Pero esa entrevista nunca pudo llevarse a cabo, ya que Arnaldo encontró la muerte durante dicho viaje.

No se conoce dónde está enterrado este hombre singular, de vida inquieta, científico y mago, tachado de hereje por la Inquisición, aunque se ha afirmado que pudiera ser en Génova o quizá en Sicilia.

Miguel Escoto

Nació alrededor de 1170, en Escocia. Médico, mago y alquimista, estudió en un convento y se hizo sacerdote. Fue preceptor del que en su día habría de ser Federico II, y después se trasladó a Toledo, donde profundizó en sus conocimientos esotéricos, tomó contacto con las matemáticas y tradujo textos árabes. Aproximadamente en 1232, en Tevit Dale, murió lapidado.

Raimundo Lulio

Nació en 1235, en Mallorca. Tras una disipada juventud, experimentó una intensa crisis espiritual que le indujo a ingresar en la orden de los franciscanos y a permanecer en una celda durante cerca de diez años. En su afán de hacer prosélitos, viajó infatigablemente. Conocido, por sus inmensos conocimientos, como el «Doctor Iluminado», Raimundo Lulio fue maestro en diversas ciudades europeas. Versado en metafísica, fisiología, teología, cábala y alquimia, escribió numerosísimos libros.

Rogelio Bacon

Nació en 1214, en Ilchester, en el condado de Somerset. Tenía veintiséis años cuando se ordenó franciscano. Místico, alquimista, astrólogo y muy amante de las ciencias ocultas, fue encarcelado bajo la acusación de brujería y puesto posteriormente en libertad gracias al papa Clemente IV. Murió en Oxford en 1294.

Durante el siglo X continuó creciendo el interés por la ciencia alquímica. Aunque no se sabe con seguridad qué textos de los atribuidos a los eruditos anteriormente citados fueron escritos por ellos, los alquimistas del siglo XIV no dudaban de sus autores y los estudiaban con perseverancia. Ejercieron notable influencia, desde que fueron redactados, *El Espejo de la Alquimia*, atribuido a Rogelio Bacon, *La Derecha Senda*, atribuido a Alberto el Grande, y, muy especialmente, *Los Experimentos de Raimundo Lulio de Mallorca, el Filósofo más Instruido, en el que las Operaciones de la Verdadera Filosofía Chymica están Comunicadas con sencillez*, atribuido al mismo Raimundo Lulio.

Sobresalientes alquimistas del siglo XIV fueron John Cremer, Petrus Bonus, Martin Ortholain y, por supuesto, Nicolás Flamel.

Nicolás Flamel

Nació en Pontoise, Francia, en 1330. En París fue escribano y posteriormente bibliotecario de la universidad. Cayó en sus manos un curioso y sugestivo manuscrito de alquimia, muy confuso, secreto y rico en signos, símbolos y alegorías. Flamel comenzó a estudiarlo con enorme tenacidad, tratando de descifrar su contenido. Escribió:

> Desde que tuve en casa aquel hermoso libro, no hice otra cosa que examinarlo día y noche, llegando a comprender bien todas las operaciones que describía, aun cuando no sabía con qué materia debía empezar, lo cual me producía tristeza, sintiéndome solo y suspirando continuamente. Mi esposa, Perrenelle, a quien quería tanto como a mí mismo y con la que poco antes me había desposado, se sorprendía ante mi pena e insistentemente me preguntaba si podía liberarme de mi pesar. Nada podía ocultarle, por lo que se lo conté todo y le enseñé el hermoso libro, y ella se prendó de él tanto como yo, y hallaba gran placer en observar sus bellas tapas, sus dibujos y grabados, que no entendía mejor que lo hiciera yo. De todas maneras, era para mí muy consolador poder hablar con ella de lo que tenía que hacerse para descifrar el significado de los signos.

Siempre que le era posible, Nicolás Flamel estudiaba con atención aquel manuscrito, que

contenía tres veces siete hojas, ya que así estaban contadas en el comienzo de las páginas y siempre la que hacía la séptima carecía de escritura, pero, en su lugar, sobre la primera séptima hoja había pintada una Virgen y serpientes que la devoraban. En la segunda séptima, una cruz, sobre la que una serpiente estaba crucificada; y en la última séptima había pintados desiertos o yermos, en medio de los cuales corrían muchas fuentes cristalinas, de las que surgían algunas serpientes, que corrían arriba y abajo, aquí y allá. En la primera de las hojas estaba escrito, en letras mayúsculas de oro, ABRAHAM EL JUDÍO, PRÍNCIPE, PRESBÍTERO, ASTRÓLOGO Y SILÓSOFO, A LA NACIÓN DE LOS JUDÍOS, DISPERSOS ENTRE LOS GALOS POR LA IRA DE DIOS, DESEO SALUD. Después estaba llena de grandes execraciones y maldiciones —con la palabra Maranatha, que se repetía frecuentemente—, contra cualquier ser humano que pusiese sus ojos en él, si no era Sacrificador o Escriba.

Incansable en su investigación, examinaba año tras año aquel libro, que

no era de papel ni de pergamino, como suelen ser los libros, sino que, al parecer, estaba hecho con la corteza aplastada de los árboles jóvenes. Las tapas eran de cobre bien laminado y estaban cubiertas de extrañas letras y figuras; creo que las letras eran griegas o de alguna otra lengua antigua similar. Lo cierto es que no pude leerlas y que no eran signos latinos ni gálicos, ya que éstos los entiendo un poco. Interiormente, las láminas de corteza estaban artísticamente grabadas con punzón de hierro, con bellas y claras letras latinas pintadas de colores.

Según nos dice Nicolás Flamel en su célebre relato —al cual hasta ahora hemos recurrido—, el resultado de sus arduas y continuas investigaciones fue el éxito en la transmutación:

Por fin encontré aquello que deseaba, lo que pronto supe por su fuerte esencia y olor. Poseyendo esto, con facilidad obtuve la habilidad, porque conociendo la preparación de los primeros agentes y siguiendo después mi libro al pie de la letra no podía haber fracasado aunque lo hubiese deseado. Entonces, la primen vez que realicé la proyección fue sobre mercurio, del cual extraje media libra, o algo así, de plata pura, mejor que la de la mina, según lo probé por mí mismo. E hice otras pruebas con frecuencia. Esto sucedía un lunes, el diecisiete de enero, hacia el mediodía, en mi casa, estando presente únicamente Perrenelle, en el año de gracia de 1382.

A continuación, siguiendo el libro palabra a palabra, realicé la proyección de la piedra roja sobre una cantidad similar de mercurio, también sólo en presencia de Perrenelle, en la misma casa, el día veinticinco de abril del mismo año, a las cinco de la tarde, convirtiendo el mercurio en igual cantidad de oro puro, que sin duda resultaba mejor que el oro común, o sea, más blando y más dúctil. Así puedo decirlo con seguridad. Tres veces he hecho la transmutación con la colaboración de Perrenelle, que la comprendía tan bien como yo y me ayudaba en las operaciones; y de haber deseado hacerlo ella sola, seguro que lo habría conseguido. Después de haberlo hecho por primera vez estaba muy satisfecho, y hallaba un enorme placer y gozo el ver y observar en las vasijas la maravillosa obra de la Naturaleza.

Hasta qué punto son verdaderas las palabras de Flamel es imposible saberlo. La historia del ocultismo está tan salpicada de fraudes y engaños que hasta el más crédulo no hace mal si se permite dudar. Pero hay algo sorprendente, y es que Nicolás Flamel dispuso de considerables cantidades de dinero —¿por qué?— y, lo más inexplicable, a su muerte dejó muchos miles de francos con fines benéficos. Murió en 1418.

La llama de la alquimia siguió viva durante el siglo XV, aunque no abundaron tanto los grandes alquimistas como sucedió en los dos siglos anteriores. Recordaremos, sin embargo, a George Ripley, Thomas Norton, Bernardo Fonteine y, con carácter especial, a Basilio Valentino, monje benedictino de Erfurt, hermetista, alquimista y autor de interesantes obras.

La ciencia regia continuó desenvolviéndose satisfactoriamente con la llegada de ese excepcional período de la historia de Occidente, período fecundo en exploraciones, inventos y descubrimientos, humanidades, bellas artes y geniales figuras que harán posible el salto gigantesco que Occidente dará en su evolución cultural. Entre otros alquimistas, enumeremos a Balise de Vigenaire, John Dee, Edward Kelly, Denis Zachaire, Paracelso, Van Helmont y Helvetius.

Paracelso

Phillippus Theophrastus Bombast von Hohenheim, más conocido como Paracelso, nació el 10 de noviembre de 1493 en Emsiedeln, en el cantón de Schwys. Vino al mundo en el seno de una familia aristocrática de origen sueco, los Bombast von Hohenheim. Con motivo de la muerte de su madre, el niño y su padre se trasladaron en 1502 a Villach, donde este último ejerció como médico municipal hasta 1534, año en que murió.

En Villach, Paracelso, debido a la profesión de su padre, estuvo en estrecho contacto con la medicina y recibió enseñanza de los clérigos de Lavanttal. Se doctoró en medicina en la Universidad de Ferrara, tras haber estudiado artes, posiblemente en Viena. Después del doctorado viajó por muchos países de Europa, ejerciendo constantemente su profesión y adquiriendo muchos y valiosísimos conocimientos. En 1519 trabajó en una mina de plata en Insbruck y después ejerció como cirujano militar en Venecia. Su vida fue muy agitada en todos los sentidos. Aunque quiso establecerse en Salsburgo, no le fue posible, porque hubo de huir al ser acusado de mantener contacto con los campesinos rebeldes. Se estableció en Ingolstadt, Neuburgo, y en 1526 en Estrasburgo, en donde adquierió una considerable celebridad. Pero su destino inexorable parecía ser el de errar continuamente. Una discusión con Felipe I de Baden, que no quiso remunerarle sus servicios médicos, le hizo salir de Estrasburgo.

Paracelso se detuvo en Basilea y curó a Johannes Froben, al que los especialistas habían decidido amputarle una pierna. Sus excelentes dotes de médico y las amistosas relaciones que consiguió con importantes personas le llevaron a ser nombrado profesor de medicina y cirugía de la Universidad de Basilea y médico del municipio.

Pero Paracelso, debido a su especial carácter, fácilmente se veía conducido a situaciones problemáticas. Arrogante y seguro de sí mismo, consecuente con sus propias ideas, el 5 de junio de 1527 difundió unos folletos en los que explicaba sin ambages que lo importante y eficaz era la experiencia sobre la enfermedad y saber curarla, y no los conocimientos teóricos, la lectura de libros o los títulos. Explicaba que no enseñaría basándose en Galeno ni Hipócrates, sino en su propia experiencia. Hacía una crítica directa contra los médicos que tan sólo se basaban en la teoría. Su osadía llegó al máximo cuando en compañía de sus discípulos quemó las obras clásicas de medicina y empezó a dar las clases en alemán en lugar de en latín. Si a todo esto añadimos que eliminó muchos de los trámites que había que seguir para ingresar en la universidad, que obligó a los farmacéuticos a perfeccionar sus servicios, que cobraba honorarios muy elevados, que se enfrentaba con personas influyentes y que no dudaba en vituperar a las autoridades, se comprenderá sin dificultad que en 1528 tuviera que huir de Basilea para no ser encarcelado.

Después de Basilea, serán Ensisheim, Colmar, Nuremberg, San Gall, el Tirol y Salzburgo. En esta última ciudad, a la que acudió al ser llamado por el príncipe Ernesto de Baviera, pasó sus últimos días. Se considera probable que muriese de un trastorno hepático, aunque también se ha dicho que encontró la muerte en una riña. Desde que huyó de Basilea, Paracelso continuó escribiendo, ejerciendo su profesión y atacando inclementemente a todos aquellos médicos que no se renovaban y que en lugar de apoyarse en la experiencia, se servían de unos estériles conocimientos teóricos.

Paracelso estimaba que el saber médico debía basarse en la filosofía —es decir, lo que él consideraba el conocimiento científico de la naturaleza—, la astronomía, la astrología y la meteorología, así como la alquimia y la experiencia, la habilidad y el saber.

Aunque éste no es lugar para entrar en detalle sobre sus procedimientos terapéuticos ni sobre sus ideas y creencias, hemos de decir que a pesar de las muchas limitaciones de su época, de sus visiones místicas y fantasiosas, de sus convicciones mágicas y sus abundantes contradicciones, Paracelso fue un provechoso reformador de la medicina, hizo interesantes descubrimientos y trató de imponerle a la profesión una ética estricta. Esotéricamente, está considerado una de las figuras más grandes de todas las épocas, y todo induce a pensar que sus conocimientos hermetistas y alquímicos eran fabulosos.

Jean Baptiste van Helmont

Discípulo de Paracelso fue Jean Baptiste van Helmont, nacido en Bélgica el año 1577 y muerto en 1644. Fisiólogo, químico, médico, alquimista, rosacruz, autor de trascendentes descubrimientos en química, Van Helmont aseguraba haber visto varias veces la transmutación alquímica. ¿Verdadero o falso? Como siempre ocurre en esta clase de relatos, es difícil saberlo, pues, aunque no se dude de la buena fe de su autor, cabe la posibilidad de que el relato haya sido adulterado o la transmutación falseada Nos lo explica así:

En verdad lo he visto en varias ocasiones y lo he tocado con mis manos. Era de color parecido al azafrán en polvo, pero pesaba y brillaba como vidrio pulverizado. Una vez me dieron la cuarta parte de un grano —entendiendo por un grano la sexcentésima parte de una onza—, proyecté este cuarto de un grano, envuelto en un papel, sobre ocho onzas de azogue calentado de un crisol; en seguida todo el azogue, causando determinado ruido, se fijó, dejó de ser fluido y, coagulándose, se convirtió en una masa amarilla. Tras verterla soplando con los fuelles, encontré ocho onzas y poco menos de once granos del más puro oro. Únicamente un grano del polvo había transmutado 19,186 partes de azogue en igual cantidad del más excelente oro.

Cada vez la alquimia iba logrando mayor difusión. Ser alquimista, no obstante, conllevaba bastantes riesgos. A veces era capturado un alquimista y sometido a tortura hasta la muerte si no revelaba sus secretos; otras era ridiculizado o acusado de nigromante. Sin embargo, en otras ocasiones los alquimistas gozaban de especiales favores y eran admirados y protegidos. El emperador Rodolfo I tenía en alta estima a los verdaderos alquimistas, por lo que les ayudaba y recompensaba con generosidad.

Desde finales del siglo XVII comienza la inevitable decadencia de la alquimia, y aunque no se terminan los alquimistas, nada ni nadie logrará la recuperación de la ciencia regia. Actualmente existe por la alquimia más curiosidad que interés real, admitiendo las muchas excepciones que en este sentido pueda haber. Los textos de alquimia se leen incluso con avidez y emoción, pero es difícil creer que abunden los iniciados que todavía estén buscando la transmutación y el elixir de la vida. Ya desde hace varias décadas existe un creciente interés por las disciplinas esotéricas, y hay que esperar que este interés sea también innovador y pueda llevar a cabo unos estudios objetivos, serios y prácticos, porque seguir de nuevo las orientaciones de un Papús o de un Levi es seguir siempre en el mismo lugar y no adelantar nada. Todo debe evolucionar para no morir y para enriquecerse, incluso el esoterismo. Hace falta una magia mental, psicológica y espiritual, y no una magia ritual o talismánica, carente ya de toda utilidad. Es el hombre el que debe transmutarse y no los bajos metales; es el hombre el que debe encontrarse a sí mismo, en lugar de perder su vida tratando de encontrar la piedra filosofal. Y no cabe duda de que aunque sea imposible hallar el elixir de la vida física, sí puede encontrarse el de la vida interior, el que puede llevar al descubrimiento del sí mismo y a la integración.

El simbolismo, los signos, la criptografía, las alegorías y los mitos alquimistas, todo contribuyó, y con admirable eficacia, a ocultar los grandes secretos a la gente vulgar. Y aún hoy en día resulta complejo penetrar en ese mundo portentoso que es el de la alquimia, en donde hasta lo más insignificante aparentemente puede resultar de una importancia capital para la obra. Quizá la operación no consiga descubrir el polvo de proyección y fabricar el oro, pero es posible que logre indicar en ciertos aspectos el camino hacia el superhombre, y esto es mucho más importante todavía.

LA ALQUIMIA CHINA

La alquimia china se desenvolvió principalmente dentro del taoísmo. Sus seguidores no pretendían tanto la transmutación de los metales como el elixir que les facilitase la longevidad y la inmortalidad. Y si se deseaba la transmutación de los metales en oro, es también probable que fuera así porque de tal modo se habría dado un paso más hacia esa longevidad. En un tratado alquimista chino podemos leer:

> Si hasta la hierba *ch-seng* puede prolongar la vida, ¿por qué no pruebas a introducir en tu boca el elixir? El oro, debido a su naturaleza, no provoca daño; por eso es, entre todos los metales, el más preciado. Cuando el alquimista lo incluye en su alimentación, la duración de su existencia se hace eterna.
>
> Cuando el polvo del oro penetra en las cinco entrañas, la bruma se disipa, al igual que por el viento las nubes cargadas de lluvia.
>
> El cabello blanco se vuelve negro; los dientes que se cayeron crecen otra vez. El cansado anciano se vuelve de nuevo un joven pleno de anhelos; la fatigada anciana se hace una doncella nuevamente. El que cambió de forma y se escapó a los peligros de la vida tiene por título la denominación de «Hombre Verdadero».

El alquimista chino emprendió una desesperada carrera en pos de la inmortalidad. Ayunos, purificaciones, selección de yerbas, prácticas diversas... Todo un intento por regenerar el organismo y alargar su existencia en la Tierra.

El alquimista chino no pretendía únicamente la longevidad física, sino también el desarrollo y purificación espirituales. Mediante el control respiratorio, una dieta adecuada, la meditación y otras técnicas fisiológicas y mentales aspiraba tanto a la excelente salud de su cuerpo como a la de su espíritu.

La alquimia india

En la India, la alquimia era practicada por determinados yoguis que, mediante prácticas de respiración, concentración e interiorización, trataban de despertar sus poderes psíquicos (*siddhi*), entre los que se encontraba el de hacer oro, además de otros muchos, tales como aumentar o disminuir de tamaño (*mahima* o *anima*), conocer el pasado, el presente y el futuro (*trikalajnana*), levitar (*vayu*), morir a voluntad (*Iccha Mrityu*), aumentar o disminuir el peso (*grarima* o *laghima*), permanecer indefinidamente debajo del agua (*prakajnya*), tener conocimiento de las anteriores existencias, etc. El yogui-alquimista, al igual que el taoísta-alquimista, también pretendía el perfecto estado de salud y armonía del cuerpo. Para ello se servía de una dieta adecuada y de técnicas propias del hatha-Yoga. Son sumamente interesantes, en este sentido, las palabras de Mircea Eliade, el importante filósofo, ensayista y orientalista rumano que estudió varios años en Calcuta y pasó una temporada en el *ashram* de Rishikesh, en los Himalayas:

> Ciertas convergencias entre el yoga, sobre todo el hatha-yoga tántrico y la alquimia, se imponen de modo natural al espíritu. Es evidente en primer lugar la analogía entre el yoguin que

opera sobre su propio cuerpo y su vida psicomental por una parte, y el alquimista que opera sobre las sustancias, por otra: uno y otro tienden al propósito de «purificar» esas «materias impuras», de «perfeccionarlas» y, finalmente, transmutarlas en «oro». Pues, como ya hemos visto, «el oro es la inmortalidad»: es el metal perfecto y su simbolismo se enlaza con el simbolismo del espíritu puro, libre e inmortal, que el yoguin se esfuerza en extraer, mediante la ascesis, de la vida psicomental, «impura» y sojuzgada. En otros términos: el alquimista espera llegar a los mismos resultados que el yoguin; así como éste somete su cuerpo y su vida psicomental a los rigores del yoga, que separan de él el espíritu (*purusha*) de toda experiencia perteneciente a la esfera de la sustancia (*prakrti*), el alquimista somete los metales a operaciones químicas homologables a las «purificaciones» y a las «torturas» ascéticas.

Cabe admitir, lógicamente, que hubiese yoguis alquimistas, o dicho de otra forma, alquimistas que para mantener en perfecto estado su organismo recurriesen a las técnicas de hatha-yoga *pranayama*, *asanas*, *mudras*, etc. Por otra parte, teniendo en cuenta que en la India el espíritu lo impregna todo, se puede suponer la existencia de alquimistas más místicos que hacedores de oro, más proyectados hacia la transmutación interior que hacia la exterior, más inclinados a trabajar sobre la materia prima anímica que sobre la física. Hay que tender a pensar que es muy posible que el alquimista indio estuviese más cerca de los procedimientos de autorrealización que de los de realización puramente alquímica, lo que forzosamente no elimina la posibilidad de que hubiese alquimistas indios que se dedicasen exclusivamente a la transmutación de los bajos metales en oro de una forma más científica que metafísica. También debió de darse el alquimista que podríamos denominar mixto —que es lo que ha de entenderse por el verdadero alquimista—, ya que es a la vez científico y místico, es decir, investiga en la naturaleza e investiga en su interior, afanándose por lograr la alquimia física y la alquimia mental y espiritual.

La ALQUIMIA MÍSTICA

Frecuentemente, en la alquimia se ha considerado que para que la obra sea noble, noble debe ser el que la realiza. El alquimista debía perfeccionar los metales a la vez que perfeccionaba su espíritu; y se considera que los verdaderos iniciados atendían a esta doble vertiente, la material y la espiritual. Además, cultivando el mundo interior y perfeccionándolo, el alquimista se encontraba en mejores condiciones para investigar sobre el polvo de proyección; obteniendo la libertad interior, la mente se hallaba en un estado ideal para llevar a cabo el estudio de la alquimia, complejo y laborioso por demás. Esotéricamente, se ha estimado que para que el alquimista pudiera conseguir las facultades necesarias para descubrir la piedra filosofal, necesitaba previamente haber purificado su espíritu, pues de otra forma esas facultades permanecerían siempre latentes.

Así como debe admitirse una concepción básicamente materialista de la alquimia, también hay que admitir una concepción fundamentalmente mística, donde no se busca la purificación de los metales, sino la del ser humano. La piedra filosofal se convierte entonces en el supremo conocimiento de la panacea y en la verdad; el descubrimiento de la composición de los metales es desplazado por el descubrimiento de los abismos del alma y del espíritu, el ser ilusorio se transmuta en ser real, el hombre común en el hombre-dios. No hay alquimia más ambiciosa ni más elevada que la mística, porque no se busca el oro-metal, sino el oro-espíritu.

Igual que el mineral impuro debía ser apartado del metal precioso, así el alquimista místico tenía que apartar de su ser los instintos y los malos hábitos y pensamientos. En esa trascendente vertiente de la alquimia, las operaciones metalúrgicas se empleaban como una alegoría, tal como los francmasones han utilizado simbólicamente los elementos de la construcción. A la alquimia de la transformación de los metales le corresponde esta alquimia de la transformación del alma, como si una fuese el caballo y otra el jinete y pudiesen, perfectamente, asociarse.

El hombre es caos, es tinieblas, es plomo, y debe, mediante el arduo trabajo interior, organizar, iluminar, transmutar el plomo en oro. Hay que superar el egoísmo, la ambición, la codicia, trabajando interiormente para llegar al autoconocimiento. La iniciación alquímica exige una rigurosa ética y una aguda sensibilidad espiritual. El ser humano —microcosmos— debe liberar a su espíritu de toda vinculación con la materia y así hacerlo similar a Dios —macrocosmos—; porque, como dice la Tabla de la Esmeralda, «En verdad, ciertamente y sin duda: lo de abajo es igual a lo de arriba, y lo de arriba igual a lo de abajo, para obrar los milagros de una cosa». Si el alquimista debía seguir las operaciones de destilación, calcinación, clarificación, sublimación, aleación y otras, el alquimista místico tenía que ir protegiéndose contra toda mancilla espiritual, controlando sus actos y sus pensamientos, corrigiendo sus hábitos negativos y completando su evolución anímica. Tenía que destruir por un lado y construir por otro, es decir, lo que ocurre siempre en las iniciaciones: morir para renacer, reducirse a la materia prima para efectuar la transmutación en metal precioso.

Sólo mediante una exhaustiva disciplina y una continuada labor de conocimiento (gnosis) y autoconocimiento, puede el hombre común convertirse en hombre-dios. Sólo así el alquimista místico puede llegar a su culminación en la evolución espiritual. Eliminadas las impurezas de su alma y obtenido el extraordinario desarrollo necesario, el alquimista estará en óptimas condiciones para la fabricación de los metales preciosos y del elixir de la vida; pero porque entonces sus pretensiones se cifran en una vida superior y eterna, abandonará el azufre, el mercurio y el tribikos, para unirse con la divinidad.

BIBLIOGRAFÍA

Berthelot, P. E.: *Les Origines de l'Alchimie*. París, 1885.

Burckhardt, Titus: *Alquimia*. Plaza y Janés. Barcelona.

Cuy Achille: *La Philosophie Secréte des Alchimistes ou le Secret de l'Ordes Philosophes*. Laval. París, 1942.

_____*Siete Textos de alquimia*. Kier. Buenos Aires, 1947.

Eliade, Mircea: *Herreros y alquimistas*. Taurus. Madrid, 1959.

Fulcanelli: *Las Moradas Filosofales*. Plaza y Janés. Barcelona.

_____*El Misterio de las Catedrales*. Plaza y Janés. Barcelona.

Gollan, J.: *La Alquimia*. Santa Fe, 1956.

Holmyard, E. J.: *L'Alchimie*. París, 1961.

Hutin, S.: *La Alquimia*. Eudeba. Buenos Aires.

Jung, C. G.: *Psicología y Alquimia*. Santiago Ruedad. Buenos Aires, 1951.

_____*Psicología de la Transferencia*. Paidos. Buenos Aires, 1954.

Kopp, Hermann: *Geschichte der Chemie*.

_____*Die Alchemie*.

Losensky-Philet: *Das verborgene Gesetz. Gaustadt-bei-Bamberg*, Isis Verlag, 1956.

Poisson, Albert: *Théories et Symboles des Alchimistes*. Charconac. París, 1891.

Raleigh, A. S.: *The Sáience of Alchemy*.

_____*The Speculative Art of Alchemy*.

Read, J.: *Por la Alquimia a la Química*. Aguilar. Madrid, 1960.

Taylor, F. S.: *Los Alquimistas*. Fondo de Cultura Económica. México.

Thorndike, Lynn: *A History of Magie and Experimental Science*. Macmillan Co. Nueva York.

Waite, A. E.: *Lives of the Alchemystical Philosophers*. Redway, 1888.

_____*The Secret Tradition in Alchemy; its development and records*.

II

ROSACRUCES Y MARTINISTAS

Los ROSACRUCES

La Rosacruz es la sociedad secreta más misteriosa que imaginarse pueda. Misteriosa porque escasean los datos en todos los sentidos; misteriosa porque se desconoce qué tradición iniciática recogía exactamente; misteriosa porque no se sabe con qué finalidad concreta fue creada, ni cómo, ni en qué circunstancias, ni por qué. Si desde luego era expreso deseo de su fundador mantener los principios y características de la orden en secreto, no cabe duda de que se ha cumplido con creces. Y aun cuando siglos después comenzaron a florecer las sociedades rosacruces de todo tipo, pretendiendo todas ellas seguir la verdadera iniciación rosacruciana, lo indudablemente cierto es que nadie puede decir hasta qué punto observan o no los auténticos principios de la clásica orden Rosacruz.

La Rosacruz puede haber sido una fraternidad esotérica, de naturaleza ascética, con vastos conocimientos herméticos y alquimistas, seguidora de los grandes iniciados, predominantemente espiritualista y deseosa de llevar el amor y la fraternidad a todos los confines de la Tierra. Si fue una sociedad con tales características, es indiscutible que el neófito antes de ser aceptado era sometido a difíciles pruebas físicas y morales, y que se exigía de él una absoluta honestidad moral y un considerable progreso espiritual. Los adeptos buscaban su iluminación y deseaban llevarla a todos los hombres. Los maestros de la sociedad trabajaban en la oscuridad, en el más sólido anonimato, apartados de todo privilegio y placer mundano, sacrificados en favor de sus hermanos los hombres para que éstos pudiesen encontrar el camino hacia la suprema realización. Es hermoso pensar que fue así. Hermoso pensar que unos hombres se apartan de la vida para combatir lo negativo que ella comporta, para combatir el odio y el rencor, el orgullo y la ambición. Unos hombres luchando por la elevación espiritual de la humanidad, por imponer la paz en un mundo de violencia, por rescatar del lodo los valores esenciales. Es, además de hermoso, esperanzador.

Pero también pudo haber sido de otra forma. Así es muchas veces la historia: imprecisa, vaga, nada esclarecedora. Manly Hall se muestra más escéptico que nadie cuando dice:

Nada indica, en la sociedad original, que ésta se tratase de una organización basada en un elaborado sistema religioso.

En la *Fama* y la *Confessio* se la caracteriza como grupo de reformadores dispuestos a corregir la corrupción reinante en la Iglesia y el Estado. No tenía ninguna clase de pretensiones con respecto al esoterismo o, salvo la referencia al padre C. R. C., a la adhesión a ciertos grupos o sectas religiosas del Islam. Sabemos que todo esto ocurrió en una ciudad inexistente. Suprimido su hechizo y reducido a los hechos, el rosacrucianismo no es tan difícil de entender.

Y si realmente el rosacrucianismo no tuvo ninguna clase de pretensiones con respecto al esoterismo, eso significa que las sociedades rosacruces posteriores nada tenían que ver con la original en tal sentido.

Manly Hall señala:

> Las organizaciones modernas, incluidas las de los siglos dieciocho, diecinueve y veinte, no tienen, pues, descendencia histórica directa. La orden Rosacruz fue un fenómeno que ocurrió en el siglo diecisiete y que no se perpetuó en su forma original; hasta ahora, nadie ha podido probar, ni en lo histórico ni en lo literario, que la fraternidad hubiese continuado.

Según Manly Hall, «la sociedad Rosacruz fue fundada a principios del siglo diecisiete por el estadista y filósofo inglés Sir Francis Bacon, como parte de su plan de reforma política de los Estados de Europa».

Comoquiera que sea, partiendo de un equívoco o de falsas ideas o impresiones, la Rosacruz original, la de la *Fama* y la *Confessio*, provocó seguidamente una Rosacruz esotérica, que

contó con la valiosa aportación hermeticocultural de Michael
Maier y Robert Fludd. Pero vayamos por partes.

En 1614 aparecen dos obras de la sociedad Rosacruz. Se
trata de la *Fama Frateirnitatis Rosas Crucis* y de la *Confessio
Fraternitatis*. Se estima como más seguro que su autor fue J. V.
Andrae (1586-1654). En la *Fama* podía leerse:

> Hacia el comienzo del siglo catorce, nació en Alemania, de
> familia noble, C. R. C., que pronto quedó huérfano; fue edu-
> cado en un convento, que abandonó a los 16 años para viajar
> por Asia, Arabia, Egipto y Marruecos. Durante estos viajes,
> frecuentando los consejos de los sabios, aprendió una ciencia
> universal armónica, de la que se burlaron los sabios europeos,
> a quienes quiso comunicarla. Extraía esta ciencia del *Liber
> Mundi*, que fue conocido también por un tal Teophastro.
> Concibió un plan de reforma universal: política, religiosa,
> científica y artística, para cuya ejecución se asoció a los her-
> manos G. y. L. A. e I. O., añadiendo el hermano B., pintor, y
> los hermanos G. J. y H. D. Les comunicó su lengua mágica,
> les pidió el voto de castidad y les dio el nombre de Rosacruz.
> Se sometieron a las seis obligaciones siguientes: 1. Ninguna
> profesión más que la de curar; 2. Ningún informe; 3.
> Reunirse el primero de año en el Templo del Espíritu Santo;
> 4. Escoger un discípulo; 5. Guardar el sello de Rosa-cruz; 6.
> Permanecer oculto durante cien años.

También se habla en la obra de que los discípulos de C. R.
C. descubrieron su sepulcro y que, al abrirlo, vieron al caballero con un libro en la mano –libro iniciático– y junto a él gran
cantidad de objetos con un profundo significado esotérico.

Se ha dicho que con las iniciales C. R. C. se quería ocultar la identidad del fundador de la Rosacruz, llamado Cristian Rosenkreutz, alemán que vivió de 1378 a 1485. Esto, sin embargo, es muy dudoso.

La *Fama* y la *Confessio* originaron un auténtico revuelo en todas aquellos individuos interesados de una u otra forma por el misticismo o el esoterismo. La pregunta que miles de personas se repetían era la misma: ¿quiénes son estos iniciados? Para unos eran los conservadores del más puro esoterismo, recogido desde hace siglos; para otros unos alquimistas que pretendían una reforma política y religiosa; para muchos unos reformadores espirituales que cambiarían la faz del mundo... Más y más conjeturas en torno a un supuesto grupo de adeptos de los que nadie sabía nada. En realidad, los dos manifiestos rosacrucianos despertaban tanto la curiosidad como la confusión, y en la mayoría el desaliento. Porque, ¿cómo entrar en contacto con los fundadores de la orden, con sus seguidores o con alguno de sus representantes? Situación compleja que nadie sabía cómo resolver. Lo más curioso además es que en la *Fama* y en la *Confessio* se exhortaba a las personas intelectual y moralmente formadas a que se uniesen al movimiento rosacruz, sin explicar en absoluto la forma de llevar a cabo dicha unión. Dio comienzo la búsqueda. Alguien tenía que estar al corriente de cómo ingresar en la orden: preguntas, pesquisas, sospechas... Pero toda búsqueda era inútil. Los ocultistas de la época no sabían nada al respecto y no podían satisfacer las solicitudes que se les hacían. Sin embargo, el ser humano, cuando de inquietudes espirituales se trata, no ceja fácilmente en su empeño, por lo cual se reunió un grupo de interesados que solicitaron su ingreso en la orden a través de un folleto, con la esperanza –vana esperanza –de que uno de aquellos ejemplares fuese visto por uno de los dirigentes. Un hermético silencio se obtuvo por toda respuesta. Eso sí, surgieron folletos de todo tipo, separatas, manifiestos..., gran cantidad de escritos en torno al rosacrucianismo. Escritos estériles, nada esclarecedores y sin ningún interés.

En 1616 aparece una nueva obra: *Las Bodas Químicas*, también atribuida al teólogo alemán Johann Valentía Andrae. En esta obra se relata la aventura simbólica y mística de Christian Rosenkreutz, que viaja a un extraño país en donde será nombrado Caballero de la Piedra Áurea. Es un libro de naturaleza puramente esotérica, en el que abunda el simbolismo alquímico. A partir de esta obra, se multiplicaron los escritos sobre rosacrucianismo, y ya no era raro encontrar personas que se tuvieran a sí mismas por el más fiel de los miembros de la orden Rosacruz. Y así encontramos dentro de la Rosacruz a toda suerte de personas: desde la que necesita a toda costa estimular su curiosidad y renovar su capacidad de asombro, hasta la que inundada de misticismo busca la realización espiritual; desde el entrometido con afán de organización y mando, hasta el solitario que necesita afecto y compañía; desde el embaucador más inescrupuloso y el más ambicioso charlatán, hasta el hombre de ciencia. Y así, en una sorprendente mezcla de personas, profesiones e ideas, en una especie de enloquecido caleidoscopio, se sitúa el hombre honesto junto al degenerado, el recto junto al hipócrita, el místico bondadoso junto al libertino ávido de nuevas sensaciones. No podemos por ello extrañarnos de que se rocíen con la misma agua un Michael Maier y un conde de Saint-Germain, un Robert Fludd y un Cagliostro. En tanto que no prestaremos mayor atención al conde de Saint-Germain ni a Cagliostro, por mucho que sus vidas resulten pintorescas e ilustren ampliamente sobre el charlatanismo, sí diremos algunas palabras sobre Maier y Fludd, que nos merecen respeto y atención.

Michael Maier (1568-1622), junto con Mynischt y Gutman, propagó considerablemente el rosacrucianismo en Alemania. Maier era, además de alquimista y cabalista, médico y consejero del emperador Rudolph I y entre algunas de sus obras tenemos *Scrutinium Chymicun*, *Silentium Post Clamores*, *Tripus Aureus*, *Apologeticus*, etc.

Robert Fludd, por su parte, propagó de forma eficaz el rosacrucianismo en Inglaterra, en donde formó diversos grupos rosacruces. Era un gran erudito, sólido esoterista, alquimista, y célebre astrónomo y hombre de ciencia.

Poco a poco, al haber tomado como base unos manifiestos que nada explicaban ni solucionaban, las aportaciones culturales y esotéricas de los interesados fueron formando una verdadera orden y consolidando su doctrina y sus principios, doctrina y principios que se extenderán por toda Europa, formarán poderosas sociedades y contarán con miles de adeptos. Si en un comienzo la Rosacruz aparece más como una tímida sugerencia que como otra cosa, después se convertirá en una realidad que de una u otra forma contará con seguidores hasta nuestros días, originará diversas sociedades e influirá considerablemente en otras. A partir del siglo XVIII surgen numerosos grupos rosacrucianos —ya sean auténticos o no— y aparece una extensísima literatura sobre el tema. Alquimia, cábala, hermetismo en general, nigromancia, magnetismo... Las sociedades secretas provocan un exuberante florecimiento de todo lo esotérico. Pero, sinceramente, ¿cuál es la doctrina rosacruciana? Repitámoslo: alquimia, cábala, hermetismo en general, nigromancia, magnetismo... Los que se hicieron rosa-cruces aportaron sus conocimientos. La Rosacruz desenterró todos los conocimientos esotéricos tradicionales, la clásica tradición iniciática, y los incorporó a su existencia. Se convir-tió así en un rico y muy variado sistema esotérico, cuyos adep-tos estaban en estrecho y continuo contacto con el hermetis-mo clásico. Su labor era pues más de rescate que de descubri-miento, aunque no cabe dudar de aportaciones en parte originales, en cierto modo nuevas.

Cuando los miembros de la Rosacruz se sintieron poco seguros para poder extender la doctrina, se refugiaron en los talleres masónicos; se sirvieron de este procedimiento para propagar la enseñanza, lo que provocó una enorme influencia del rosacrucianismo en la masonería. Hasta tal punto que aquél fue el que introdujo los grados superiores, además de una enorme carga esotérica. Los rosacruces venían emplean-do ya diversos grados, y es de suponer que determinadas pruebas y ritos de iniciación. Se observaban además los deno-minados «superiores desconocidos», que eran adeptos muy evolucionados, de los cuales nada sabían los adeptos menos evolucionados.

El sistema rosacruciano, además de poseer un rico con-tenido esotérico, conservaba también principios gnósticos, neoplatónicos, etc. Su símbolo era la cruz y, en su centro, la rosa. Se trata de un símbolo iniciático, del que también se han dado distintas versiones simbolistas. La cruz es el símbolo del supremo conocimiento, de la sabiduría divina; la rosa, por su parte, lo es de la perfección y la purificación en todos los aspectos. Rosa y cruz se combinan y representan el símbolo místico de la sabiduría y el amor.

Siempre envuelta en una nebulosa de ambigüedad, la Rosacruz despertó desde sus comienzos toda clase de polémicas, como suele suceder, unas favorables en grado extremo y otras altamente desfavorables. Para la mayoría, estos hombres que se proponían la curación gratuita y el respeto a la costumbre y a la ley, que deseaban la regeneración espiritual del mundo y su bienestar, no podían ser más que unos seres extraordinarios y de una exquisita sensibilidad mística; para otros, unos hombres que pretendían guardar la sociedad en secreto durante cien años, que mantenían reuniones también secretas y que nunca se daban a conocer, tenían que ser por fuerza unos perversos, y más aún: unos adeptos del diablo.

No hay nada en realidad que inquiete tanto y asuste, en el fondo, como el secreto, lo desconocido, lo imprevisible. Si consideramos que entre las órdenes secretas, una de las más herméticas ha sido sin duda alguna la Rosacruz, no puede extrañarnos la abundancia de tantas y tantas conjeturas.

Los Martinistas

Los martinistas, sociedad de hermetismo muy secreta, tienen su origen en los principios y prácticas esotéricos de dos hombres: Martínez de Pasqually y Claudio de Saint-Martin.

Martínez de Pasqually (1710-1774), descendiente de españoles, nació en Portugal y murió en Puerto Príncipe, Haití. Hijo de un masón, es de suponer que desde muy niño estuvo en contacto con el ocultismo. Viajó mucho y en sus recorridos obtuvo amplios conocimientos sobre las diversas doctrinas orientales. Fue muy influenciado por el místico sueco Swedenborg y fundó una orden denominada Los Elegidos de Cohen (1754), cuyas logias más importantes fueron los Filatelas, los Iluminados de Aviñón y la Academia de los Verdaderos Masones de Montpellier. En Los Elegidos de Cohen, que posteriormente desembocaría en el Martinismo, desempeñaba un destacadísimo papel el estudio y las prácticas de las ciencias ocultas. La enseñanza espiritual de Martínez de Pasqually contenía elementos sufíes, gnósticos y cabalísticos. Sus discípulos más sobresalientes fueron Duchautenan, el barón de Holbach, Wuillermoz y, en especial, el marqués Claudio de Saint-Martin (1743-1803), este último conocido como «el filósofo desconocido», masón y fundador del Martinismo (1775).

Los martinistas son una orden básicamente espiritualista, iniciática y esotérica, altamente influenciada por los principios swedenborgianos. En el *Ritual de la Orden Martinista* puede leerse:

> Encierra la filosofía de Nuestro Venerable Maestro, basada esencialmente sobre las teorías sacadas de los egipcios, por Pitágoras y su escuela. Contiene en simbolismo la clave que abre el mundo de los Espíritus y que no está cerrado; secreto inefable, incomunicable y únicamente comprensivo al verdadero Adepto. Este trabajo no profana la santidad del velo de Isis por imprudentes revelaciones. El que es digno y está versado en la historia del hermetismo, de sus doctrinas y de sus ritos, de sus ceremonias y de sus jeroglíficos, podrá penetrar

la secreta pero real significación del pequeño número de los símbolos ofrecidos a la meditación del Hombre de Deseo.

La doctrina martinista se extendió de forma notable, contando con un considerable número de adeptos, incluso en Rusia, en donde su influencia llegó a inquietar a Catalina la Grande.

La enseñanza martinista pretende conducir al adepto hasta la iluminación, facilitarle el reencuentro con su energía divina, mostrarle la forma de entrar en contacto con las fuerzas ocultas de la naturaleza. No desea en realidad contar con un número inmenso de adeptos, sino con un conjunto de seguidores que, aunque menos numeroso, resulte selecto. No tiene ambiciones políticas, y si busca la reforma social es únicamente mediante la evolución espiritual del individuo y desarrollando sus ideales humanitarios.

El martinismo confiere enorme importancia a los espíritus y trata, mediante diversas prácticas de carácter espiritista, de conectar con ellos. Insistimos en que es una sociedad fundamentalmente esotérica e iniciática, en donde el adepto debe ser iniciado, pasar diversas pruebas anímico-espirituales y adquirir unos vastos conocimientos ocultistas. El trabajo se realiza individualmente y en grupo, siempre a favor del espiritualismo, más allá de cualquier frontera o ideología.

La orden comprende los meros adheridos y los verdaderos iniciados, y su grado más elevado es el de «Superior Desconocido».

BIBLIOGRAFÍA

Ambelain, Robert: *Le Martinisme*. Niclaus. París, 1946.

Andrae, J. V.: *Fama Fratermitatis Rosae-Crucis*.

_____*Confessio Fratrum Rosae-Crucis*.

Hall, Manly P.: *El Enigma de los Rosacruces*. Kier. Buenos Aires, 1957.

_____*D. O. M. A. Codex Rosae Crucis*. 1938.

Hartmann, F.: *The Secret Symbols of the Rosicrucians*. 1888.

Hutin, S.: *R. Fludd, le Rosicrucien*. Gerard Nizet. París, 1953.

Jennings, Hargrave: *The Rosicrucians, their Rites and Mysteries*. 1870.

Martínez de Arroyo, Mario: *Los Rosacruces*. Soc. Gral. Española de Librería. Madrid, 1928.

Martínez de Pasqually: *Tratado de la Reintegración de los Seres*.

Saint Martin, L. C.: *De los Errores y de la Verdad*.

_____*Relaciones entre Dios, el Hombre y el Universo*.

Sedir: *Histoire et Doctrines des Rose-Croix*. 1932.

_____*Les Rose-Croix*. París, 1953.

Steiner, Rudolf: *Christian Rosenkreutz*. Londres.

_____*Theosophy of the Rosicrucians*. Londres.

Swinburne Clymer, R.: *Los Rosacruces y sus Enseñanzas*. Kier. Buenos Aires.

Van Rijnberk, G.: *Un Thaimaturge au XVIIId siecle: Martínez de Pasqually. Sa vis, son Oeuvre, son Ordre*. L. Raclet. Lyon, 1935.

Waite, A. E.: *The Life of Louis Claude de Saint Martin, the unknown philosopher*. Philip Weliby. Londres, 1901.

_____*The Brotherhood of the Rosy Cross*. Londres, 1924.

Wittemans, Fr.: *History of the Rosicrucians*. Aries Press. Chicago, 1938.

12

LA FRANCMASONERÍA

Se le ha querido buscar a la masonería un origen mucho más remoto del que seguramente tiene, todo ello por ese afán de remontar todo lo esotérico a Egipto, Mesopotamia y Grecia. No han faltado quienes han asegurado que los primeros masones fueron aquellos que construyeron el templo de Salomón. Así como a todo elegido se le rodea de una fantasiosa leyenda, a toda sociedad iniciática se le busca —o se le pretende buscar— un origen misterioso y lejano. Pero en cuanto a la masonería no parece haber dudas. Francmasón (albañil liberto) era el nombre con que se designaba a los constructores de la Edad Media, que, para sentirse protegidos de las arbitrariedades de la época, se asociaban y agrupaban en colegios, consiguiendo incluso unos privilegios especiales y obteniendo el amparo eclesiástico. Tal era la denominada masonería operativa, constituida por personas cuyo digno oficio era el de la construcción. Porque las circunstancias así lo requerían, llevaban sus reuniones en absoluto secreto y se vieron obligados a crear determinados signos y señales para reconocerse unos a otros. Pero en aquella primitiva masonería nada había de mágico o religioso. Debe señalarse, sin embargo, que algunos alquimistas buscaron refugio en estas reuniones, lo que nos permite deducir el porqué de determinados símbolos herméticos en el frontispicio de tantos templos. Mediante esta fraternal unión, los constructores pudieron gozar de una confortable seguridad. Posteriormente, se aceptaron como emblemas la escuadra, el compás y la regla, instrumentos básicos e imprescindibles en la construcción. Había seis grados: aprendiz, oficial, compañero, maestro, inspector de obras y arquitecto.

En el siglo XV la masonería iba a sufrir una total transformación en todos los sentidos; se produjo así el paso de la masonería operativa a la especulativa. El escenario de esta metamorfosis fue Inglaterra. Las cofradías de constructores comenzaron a permitir la entrada de individuos que eran totalmente ajenos a la profesión y que fueron considerados como «masones aceptados». Gran número de los masones aceptados resultaron ser personas importantes e influyentes. Al abrir sus puertas la masonería operativa, entraron en ella, con paso firme, toda clase de personas, y entre éstas no podían faltar los rosacruces.

Los rosacruces ingresaron en la masonería con todo su pomposo cargamento de tradiciones, conceptos esotéricos, símbolos herméticos y pretensiones supranaturales. Llevaban consigo los complicados rituales, las enigmáticas ceremonias y un deseo ferviente de mejorar a su manera la raza humana. Ellos introdujeron los grados, la complicada iniciación y el legendario mito de Hiram. Los verdaderos masones, los constructores, terminaron siendo desplazados; los nuevos no se interesaron por los edificios materiales, sino por los morales, y si se sintieron atraídos por expresiones tales como la piedra bruta o la piedra tallada era para significar el menor o mayor progreso espiritual. No se buscaba la unión como defensa contra el tiránico feudalismo, sino como medio para llegar a una fraternidad universal y a un perfeccionamiento de la humanidad.

La masonería especulativa surgió como un movimiento básicamente religioso y espiritual, y como tal lo vamos a considerar. No nos ocuparemos de la proyección política que haya podido tener la masonería y de la ambición de muchos de sus miembros en tal sentido. Lo que los componentes de una sociedad puedan hacer no tiene por qué desvirtuar el carácter original de dicha sociedad ni la finalidad primaria para la que fue concebida en su día. Si alguna vez alguien organiza un parque de atracciones en los Himalayas, eso no querrá decir que éstos no hayan sido alguna vez un lugar de retiro para los renunciantes y no hayan gozado de un paradisíaco silencio. No cabe duda de que muchos miembros de la masonería se han servido de ésta para sus fines materiales, sin importarles lo más mínimo ponerla en entredicho y acelerar su degeneración. La masonería llegó a ser una sociedad tan poderosa que los cimientos tenían que ceder. A ella han pertenecido aristócratas, ministros, intelectuales y personas de las más variadas profesiones y estratos sociales. Catorce presidentes norteamericanos han sido masones: Washington,

Monroe, Jackson, Polk, Buchanam, Johnson, Garfleld, Mac Kinley, Teodoro Roosevelt, Taft, Harding, Franklin Delano Roosevelt, Truman y Eisenhower. Podrían nombrarse muchas personas conocidas que han formado parte de la masonería a lo largo de su historia, pero dicha enumeración se haría interminable.

En 1717 cuatro logias londinenses fundaron una gran logia, a fin de llevar a cabo un reglamento estable de la masonería. Era el golpe definitivo que conduciría a la muerte y desaparición de la masonería operativa.

Hay que destacar a dos hombres como máximos artífices de la constitución de esta sociedad. Se trata de los pastores protestantes James Anderson y Jean-Teophile Desaguliers.

James Anderson nació en 1684 y llegó a ser pastor presbiteriano. Se hizo masón en 1721 y sus *Constituciones* fueron publicadas en 1923. La primera parte de ellas está dedicada a hacer un apunte histórico de la masonería, y la segunda a señalar sus ideas y pretensiones. Indicaba en ellas que la masonería debe promover el amor entre los hombres, y la reafirmaba como doctrina espiritualista y deísta. Sólo hacía referencia a los tres grados básicos: aprendiz, compañero y maestro. Tuvo gran aceptación entre todos los masones.

Jean-Teophile Desaguliers era hijo de un pastor y llegó a ser maestro de filosofía en Oxford y pastor, al tiempo que mantenía una estrecha amistad con Newton. Debió de tener una notable influencia sobre la masonería, pero se desconoce hasta qué grado.

La masonería penetró en Francia en 1730, ganando muchos adeptos tanto entre la burguesía como entre la aristocracia. Pero lo que la mayoría de estos adeptos buscaba en ella era un medio de disipación y entretenimiento. Así, inevitablemente, tenía que surgir una crisis en el seno de la masonería, ya que ésta había sido creada con una finalidad muy diferente a la de divertir a sus miembros. Los verdaderos masones, aquellos que aspiraban a algo más que la palabrería inútil y los opulentos banquetes, buscaban una reforma eficaz.

Andrés Miguel Ramsay (1686-1743) iba a influir de forma importante en la masonería. Hijo de padre luterano y madre anglicana, nacido en Ayr, Escocia, estudiante en la Universidad de Edimburgo, secretario particular del conde de Wemyss y escritor, Ramsay fue un viajero incansable. En Holanda fue iniciado por el quietista y místico Pierre Poiret en sus ideas, y en Francia lo convirtió al catolicismo Fenelón, en 1709. Se trasladó a Inglaterra y en 1730 consiguió el doctorado de la Universidad de Oxford. Quiso llevar sus ideas reformistas a la gran logia de Inglaterra, pero no se le permitió entrar en ella. Volvió a Francia y, en 1736, pronunció un célebre discurso en la logia de Luneville. Ramsay dijo que la masonería es

> un establecimiento cuyo fin es la reunión de los espíritus y de los corazones para hacerlos mejores, y formar en la sucesión de los tiempos una nación espiritual en la que, sin derogar los diversos deberes que exige la diferencia de los Estados, se creará un pueblo nuevo que, participando de varias naturalezas, las cimentará todas, en cierto modo, por los lazos de la virtud y de la ciencia.

Se extendió ampliamente sobre la masonería y de forma indirecta provocó la creación de los altos grados, que serían agregados a los grados básicos (grados operativos). Ramsay señaló, para la enorme sorpresa de muchos, que había que relacionar determinados principios con los de los cruzados, y se refirió a la existencia de otra masonería diferente a la de Anderson: la de los príncipes escoceses. Su discurso resultó en muchos sentidos desconcertante y levantó lacerantes críticas, pero, bien o mal asimilado, lo cierto es que iba a desencadenar un nuevo rito: el de la masonería escocesa, sobrecargada de ocultismo, doctrinas esotéricas, símbolos y ceremoniales, y, por supuesto, todos esos grados, cada uno de los cuales tiene su propia denominación.

Los grados, según el rito escocés, son:

1. Aprendiz
2. Compañero
3. Maestro
4. Maestro secreto
5. Maestro perfecto
6. Secretario íntimo
7. Preboste juez
8. Intendente
9. Maestro electo de los Nueve
10. Maestro electo de los Quince
11. Sublime Caballero electo
12. Gran Maestro Arquitecto
13. Arca Real
14. Gran Escocés de la Sagrada Bóveda de Jacobo VI
15. Caballero de Oriente o de la Espada
16. Príncipe de Jerusalén y Gran Consejero Jefe de las Logias
17. Caballero de Oriente y de Occidente o del Apocalipsis

18. Soberano Príncipe Rosacruz
19. Gran Pontífice o Sublime Escocés
20. Venerable Gran Maestre o Maestro de todas las Logias
21. Noaquita o Caballero Prusiano
22. Caballero Hacha Real o Príncipe del Líbano
23. Jefe del Tabernáculo
24. Príncipe del Tabernáculo
25. Caballero de la Sierpe de Bronce
26. Trinitario Escocés y Príncipe de la Merced
27. Gran Comendador del Templo de Jerusalén
28. Caballero del Sol
29. Patriarca de las Cruzadas, Caballero del Sol y Gran Maestro de la Luz
30. Caballero Kadoch
31. Gran Inspector Comendador
32. Sublime Príncipe del Gran Secreto
33. Soberano Gran Inspector General

Cada grado tiene su propia significación.

El rito de Misraim goza de 90 grados, que se agrupan en cinco series: Grados simbólicos, Grados filosóficos, Grados místicos, Grados cabalísticos y Soberano Gran Maestro Absoluto.

LA LOGÍA

La masonería está compuesta de agrupaciones locales que se denominan logias. En ellas se reúnen los masones a trabajar y a celebrar sus asambleas; se las conoce asimismo como escuelas, templos o talleres. La teosofía también se ha servido del término logia, con el mismo significado conferido por los masones.

Logia es un vocablo asociado con *Logos* (palabra), *Loki* y *Locutio* (hablar y discurso). En la logia se reúnen los miembros de la masonería para hablar, para intercambiar impresiones y tomar acuerdos, para trabajar, aprender y encontrar la luz. La logia es también un refugio en cierto modo, un lugar que preserva a los miembros de la indiscreción de los profanos.

Tres masones están ya en condiciones para constituir una logia (Tres *laciunt coflegium*); se les permite trabajar para buscar su iluminación. Sin embargo, no pueden deliberar. Si la logia, en lugar de tres miembros, está formada por cinco, ya tiene capacidad para adoptar decisiones teóricas, aunque sin poder llevarlas a la práctica. Una logia de siete miembros puede tomar decisiones teóricas y prácticas; es ya un colegio perfecto.

La sala, denominada templo, es de forma rectangular, y para llegar a ella hay que atravesar el atrio, en donde está el registro, en el que obligatoriamente deben firmar los miembros. El templo es considerado como una proyección cosmológica, donde se encuentra el camino hacia la luz. Simbólicamente se extiende de occidente a oriente y del nadir al cenit.

A ambos lados de la puerta del templo, la cual se orienta hacia occidente, están las columnas de Jachim y Boaz. Frente a la puerta se halla el sillón del Venerable, situado hacia oriente, y tras el sillón, una representación del ojo divino. En el centro de la estancia, en el suelo, descansa un tapiz con el simbolismo propio de los tres grados básicos (aprendiz, compañero, maestro). En el templo puede verse, a modo de decoración, una cuerda de nudos, que tiene por objeto simbolizar el estado de íntima unión que debe mantener a todos los miembros.

Las reuniones están presididas por el Venerable, que da apertura a los trabajos de la logia. Junto a él hay una estatua de Minerva, representación de la sabiduría. Frente al Venerable toma asiento el primer vigilante, director de la labor desarrollada por los compañeros y representación de la energía positiva que se desprende de la sabiduría en comunión con la inteligencia. Cerca se ubican el tesorero y el hospitalario; el primero encargado de la contabilidad, y el segundo de proteger y ayudar a los hermanos necesitados.

A la derecha del Venerable está situado el primer diácono, y a la derecha del primer vigilante, el segundo diácono.

Oficial importante es también el maestro de las ceremonias, que colabora en las ceremonias de iniciación; se encuentra situado cerca del tesorero y del orador, y tiene como emblema «la regla de 24 pulgadas».

El orador posee un enorme conocimiento sobre las constituciones y reglamentos, ya que es el representante legal.

El que se encarga de la redacción de las actas es el secretario.

También están el Past Master y dos maestros expertos. El Past Master es aquel que fue Venerable el año anterior; los maestros expertos sirven de guía a los que todavía no están lo suficientemente preparados. El Past Master se sienta a la izquierda del Venerable, y los maestros expertos lo hacen próximos a las dos columnas.

El SIMBOLISMO

Los signos y los símbolos juegan un papel destacadísimo en la francmasonería. Ocupémonos de los más importantes.

El delta luminoso

Es el símbolo de la divinidad, de la sabiduría divina, de la luz. Se trata de un triángulo equilátero en cuyo interior se encuentra un ojo; tal es su representación. Los masones buscan la luz, luz para sus mentes, luz para sus espíritus, luz para sus obras. El delta luminoso está colocado por encima del Venerable, hacia oriente. El ojo simboliza la luz, la inteligencia, la visión total. El triángulo es trinidad: Sal-Azufre-Mercurio (principios de la Obra); Pasado-Presente-Futuro; Nacimiento-Vida-Muerte. El adepto debe esforzarse por llegar a la luz trascendental, superando todos los obstáculos que en su progreso espiritual puedan presentársele. Más allá de la luz de las apariencias, que en realidad es tiniebla, está la luz verdadera, la del amor y la de la inteligencia, la que el devoto debe arrojar sobre su espíritu para que éste acaricie las más altas esferas de la espiritualidad. Hace falta la luz para seguir el camino de la verdad y de la virtud, hacen falta la orientación y la sabiduría divinas para no extraviarse en el largo viaje del progreso interior. El hombre debe «reconstruirse», «reformarse», comprender su naturaleza interior y trazarse un plan vital para su desenvolvimiento espiritual y el de los demás. De entre las ruinas debe surgir un sólido y perfectamente acabado templo de moralidad, intelectualidad y espiritualidad. La autoconstrucción anímica ha de inspirarse en la divinidad, encontrar en ella su justo equilibrio. El paso de la masonería operativa a la especulativa representó asimismo el paso de una albañilería material a otra espiritual. Los partidarios de la masonería aseguran que ésta trata de encontrar el verdadero arte y ciencia de la vida, así como el progreso y armonía del ser humano en todos los sentidos.

LA ESTRELLA

La estrella flamígera o flameante tiene una profunda significación dentro del simbolismo masónico. Es el núcleo de toda irradiación luminosa, el centro de toda acción benéfica, la matriz de la verdadera luz; es, por extensión, la fuerza que anima a todo el universo, que imprime el equilibrio cósmico.

La estrella utilizada por la masonería es la pentagonal, símbolo también microcósmico. El microcosmos es el hombre, fiel imagen y reflejo de Dios, el macrocosmos. Las cinco puntas de la estrella expresan la proyección del ser humano hacia el exterior, hacia el universo (proyección cósmica); representan los sentidos externos y los sentidos internos. Esas cinco puntas también representan los instrumentos simbólicos de que se sirven los adeptos para su trabajo interior: la escuadra, el compás, la regla, la plomada y el nivel.

No es difícil ver en la estrella una representación del ser humano, con los brazos y las piernas extendidos, ansioso de plenitud, en comunión con el cosmos y con el absoluto.

LAS COLUMNAS JACHIM Y BOAZ

Estas columnas son de color rojo y blanco respectivamente, y representan la dualidad existente en el universo: la luz y las tinieblas, la construcción y la destrucción, el bien y el mal, la actividad y la pasividad. Biram, arquitecto del templo de Salomón, construyó estas dos columnas.

Simbólicamente, toda logia se sustenta sobre tres poderosas columnas: la de la sabiduría, para que oriente a los masones en sus actividades; la de la fuerza, para que puedan superar todos los obstáculos que se les presenten en el desenvolvimiento personal y en la construcción espiritual universal, y la de la belleza, para que el hombre sea virtuoso, bello interiormente.

La letra G

Básicamente representa el macrocosmos, el Gran Arquitecto. Dios. Es la G de *God* (Dios en inglés), de *Gad* (Dios en sirio), de *Gott* (Dios en alemán), de *Gada* (Dios en persa). Es la G de geometría, gravitación, generación, genio y gnosis. Es la G de *good* (bueno). Es la representación, en suma, de toda construcción y producción positivas.

El universo es la obra geométrica perfecta del Gran Geómetra, del Gran Arquitecto, de Dios. Todo procede del Gran Arquitecto, de su Logos. Todo se ha generado a partir de Él, y para volver a Él hace falta una regeneración individual a nivel universal.

El Sello de Salomón

El Sello de Salomón es la estrella de seis puntas, formada por dos triángulos, uno blanco y otro negro. Se trata de un diagrama con gran significación esotérica, conocido en la India como signo de Vishnu. Representa la clásica división dualista del bien y del mal, de lo positivo y lo negativo, lo constructivo y lo destructivo, el espíritu y la materia.

La Espada Flamígera

Representa la purificación, la proyección del Logos, la creación.

La piedra bruta, la piedra cúbica y los instrumentos de construcción

La masonería se propone «construir», hacer del hombre un ser superior, «realizarlo». Masonería es sinónimo de construcción, y sin ésta no se entiende aquélla. Al hombre sin formar, sumido en las tinieblas, dominado por las apariencias, abismado en el caos, se le compara a una piedra bruta, sin tallar. Mediante el trabajo interior, la disciplina, la acción bien canalizada, la sólida voluntad y la inteligencia correctamente aplicada, la piedra bruta puede ser tallada, puede ser transformada en piedra labrada, cúbica. Mediante el esfuerzo personal, puede el hombre disipar su caos interior; mediante el aprendizaje puede activar su perfección latente; mediante la acción positiva puede superarse día a día, hasta que su edificio interior destaque por su belleza. Todo hombre conserva en sí mismo unas inmensas posibilidades; todo hombre posee la materia prima que le puede conducir, trabajándola bien, a la evolución máxima.

Para el progreso espiritual, el masón considera que es necesario una actitud constructiva y fraternal, servirse de todo de forma positiva y consciente.

Al igual que para construir un edificio es imprescindible la colaboración de determinados instrumentos, para construirse a sí mismo el hombre también tiene que seguir determinados principios, utilizar ciertas «herramientas». De ahí símbolos tales como la plomada, el nivel, la regla, la escuadra y el compás.

La plomada muestra la línea vertical, y así como ésta permite levantar de forma recta y equilibrada el edificio, el hombre, para construir correctamente su edificio interior, debe esforzarse, superar sus instintos y pasiones, ser recto y ecuánime.

En toda construcción es necesario el nivel, ya que, además de hallar la verticalidad corriente, hay que establecer la línea horizontal. Si la plomada es el esfuerzo para superarse, para ascender hacia la perfección, el nivel es la estabilidad, el equilibrio, la solidez: el hombre debe ser equilibrado en sus juicios, estable en sus emociones, sólido en sus principios.

La regla permite obtener la medida correcta, la línea recta. El hombre debe medir sus posibilidades, calcular sus energías, observar su mundo interior; ha de ordenar su voluntad y esclarecer su discernimiento, actuar rectamente y evitar todo extravío en su actividad.

De la justa percepción (la plomada) y de la recta visión interior (la regla), surge la rectitud de juicio (la escuadra). Si el juicio no es «recto», sino estrecho (o desequilibrado, «obtuso»), la construcción no será ni mucho menos perfecta.

El compás es obligatorio para llevar a cabo los planos del edificio y, geométricamente, para trazar las figuras planas y resolver aquellos problemas que con ellas se relacionan. El hombre debe controlar sus actos, dirigirlos con exactitud, resolver todos los problemas que en su progreso espiritual puedan presentarse, superar todos los obstáculos que se interpongan en su paso.

Mucho más difícil que levantar un edificio material es la construcción del edificio interior. Es tarea muy compleja de llevar a cabo, para la cual se requiere voluntad, honestidad, clara inteligencia, un juicio sereno y el ferviente deseo de transformación, de convertirse de piedra bruta en piedra cúbica, de arcilla informe en escultura.

La iniciación

Hay que pulir la piedra bruta, transformarla en piedra cúbica; hay que construir el templo interior perfecto. Poco a poco el adepto va siendo iniciado, pues no hay que olvidar que la masonería es básicamente una sociedad secreta iniciática. Finaliza la iniciación cuando el adepto llega a ser maestro, cuando la piedra ha sido definitivamente tallada. Mediante la construcción del individuo se aspira a la construcción de toda la humanidad.

La masonería está saturada de esoterismo por todas partes, hasta un grado difícilmente concebible para quien no la ha examinado lo suficiente. Los ritos, los símbolos, las ceremonias, los emblemas y la terminología desempeñan un papel fundamental. Es una sociedad que rebosa ocultismo por todos sus costados.

La iniciación tiene una significación esotérica muy precisa en la masonería. Ningún detalle ha pasado desapercibido; todo ha sido metódicamente preparado. Nos extenderemos sobre la iniciación y las pruebas iniciáticas propias de los tres grados tradicionales: el de aprendiz, el de compañero y el de maestro.

A la persona todavía no iniciada se la denomina profana. Pues bien, un profano pretende formar parte de la masonería: veamos el sendero que se le hará recorrer.

Previamente el profano deberá abandonar todos aquellos objetos de metal que lleve encima, que es tanto como indicarle que ha de desconfiar de las apariencias, de todo reflejo ilusorio; que debe no sentirse ligado a nada, no dejarse dominar por nada; que tiene, en suma, que liberarse de la ambición, de la sed de riquezas. Después, con los ojos vendados, el profano será conducido a la Cámara de Reflexión. Allí se le quita la venda de los ojos y descubre un lugar curioso, mágico y no poco siniestro. Las paredes están pintadas de negro y en ellas destacan dibujos macabros: calaveras, esqueletos, y lágrimas, un reloj de arena, un gallo y una guadaña. También se puede leer: «Vigilancia y Perseverancia».

La guadaña es el símbolo de la muerte; el gallo es el aviso de que la transformación debe comenzar de inmediato; el reloj denota el paso implacable del tiempo. Las dos palabras señaladas son lo suficientemente claras de por sí como para que haga falta analizarlas.

En esta «tumba tenebrosa en que voluntariamente debe morir a su existencia pasada» (Wirth), el profano deberá experimentar una honda alquimia espiritual, una profunda metamorfosis anímica, un reencuentro conciliador y útil con su ego.

Contrastan también en las enlutadas paredes las siguientes frases: «Si la curiosidad te ha conducido aquí, vete. Si temes contemplar tus propios defectos, te encontrarás mal entre nosotros. Si eres capaz de disimular, tiembla, ya que te penetraremos y leeremos el fondo de tu corazón. Si aprecias las distinciones humanas, sal, puesto que aquí no se conocen. Si tu alma ha sentido el miedo, no prosigas. Si perseveras, serás purificado por los elementos, saldrás del abismo de las tinieblas y verás la luz. Se te podrán exigir los mayores sacrificios, hasta el de tu vida; ¿estás dispuesto a hacerlos?».

Ante aquellos símbolos funerarios cargados de realismo, en aquel hermético silencio, el profano debe reflexionar. Tratando de no engañarse por las cuestiones fáciles de la vida, convenciéndose de que la muerte es igual para todos, invocando a la sabiduría, debe meditar en lo verdaderamente trascendental de la existencia. La ambición, la vanidad, el egoísmo, el ansia de poder ¿conducen a alguna parte? Lo importante es la libertad interior, la satisfacción personal, la estima de sí mismo.

En la Cámara de Reflexión todo es parco y sencillo; únicamente hay en ella lo imprescindible. El profano se verá acompañado por una mesa, un escabel, una calavera, un Evangelio de San Juan, un tintero, una pluma y unos folios. Está allí única y exclusivamente para meditar, para preguntarse por sus aspiraciones, por sus deseos, por sus fines, para saber de sí mismo e indagar en los estratos más profundos de su personalidad; para tomar conciencia del camino largo y frecuentemente espinoso que pretende recorrer. No debe únicamente cambiar en algo, no es sólo eso, sino que tiene que sufrir una completa transformación, una mutación mental, psicológica y espiritual absoluta. Es éste un momento de transición; está abandonando su vida pasada para adoptar otra nueva; debe arrojar sus hábitos pasados para adquirir otros nuevos más fecundos.

En una de las hojas se le formulan al profano tres preguntas que debe responder: ¿cuáles son los deberes del hombre para con Dios?; ¿cuáles son los deberes del hombre para consigo mismo?; ¿cuáles son los deberes del hombre para con los demás? Con precisión y honestidad debe cumplimentar estas preguntas. Después ha de hacer testamento (filosófico y espiritual), lo que le permite ver con claridad lo que debe abandonar y lo que debe adquirir: concepciones, ideas, tendencias, hábitos, actos, etc.

Cuando llega el momento de abandonar la Cámara de Reflexión, el profano se descalzará del pie izquierdo, se elevará la pernera del pantalón por encima de la rodilla derecha y mostrará el lado izquierdo de su pecho. El hecho de permanecer descalzo del pie izquierdo denota respeto; la rodilla descubierta indica adoración; el lado izquierdo del pecho al aire expresa sinceridad de corazón. De nuevo vendado, se saca al profano de la Cámara de Reflexión. Llega entonces el solemne momento de llamar a la puerta de la logia. Se abre la puerta y el profano penetra en el interior de la estancia. En ese momento el Venerable le pregunta: «¿Qué deseas?». El neófito tiene que explicar por qué motivos desea ser aceptado en la masonería. Después se le formulan otras preguntas a las que debe responder con toda franqueza.

Se cierran las puertas de la logia. Ha llegado el instante propicio para dar comienzo a las pruebas. No cabe duda de que la emoción y el temor a lo desconocido embargan al aspirante. Su inquietud se ve acentuada porque todavía continúa con los ojos vendados. ¿Qué vendrá ahora? ¿Qué sucederá? En su pecho, de pronto, experimenta el frío contacto del metal. La punta de una espada acaricia su pecho. Tendrá su castigo —moral y espiritual— si traiciona a la sociedad. Más preguntas. ¿Ha reflexionado lo suficiente? ¿Comprende la gran transformación que debe sufrir? ¿Tiene una idea exacta de lo que es la masonería? ¿Quiere seguir adelante?

La primera prueba a la que el profano es sometido es la del aire. El neófito, con los ojos vendados, es conducido a través de los obstáculos que se interponen en su camino, sintiendo sobre sí un fuerte viento. Es la representación del hombre ante la vida, en donde abundan los obstáculos, los problemas, las adversidades. Está ciego y otra persona le presta su ayuda —ceguera espiritual que, con el trabajo sobre sí mismo, irá desapareciendo—; necesita alguien que le guíe, que le oriente. El neófito debe superar los obstáculos, vencer el egoísmo y las pasiones, tratar de resolver su ceguera.

Tras la prueba del aire, viene la prueba del agua, una de las más significativas y empleadas en la Antigüedad. La mano izquierda del neófito es introducida en el agua. Representa que debe purificar su espíritu a través de la sinceridad y el amor.

Sigue la prueba del fuego. El neófito debe pasar por varias barreras de fuego. Simboliza que debe dominar y controlar sus instintos y pasiones, porque si no éstos terminarán abrasándole y destruyéndole.

La última prueba es la del cáliz de la amargura. El neófito bebe de un cáliz cuyo contenido al principio es dulce, pero que después se hace amargo. Representa que todo será paz y bienestar si el neófito sigue el recto camino, el camino del bien, pero que si se extravía, si se aparta del sendero constructivo, su existencia será amarga y desoladora.

Superadas las pruebas, el neófito hace una donación a la sociedad según sus medios y posibilidades. Después, ante un altar, hace el voto de secreto; se compromete solemnemente a no revelar a nadie lo que a él le sea revelado por los otros miembros; asimismo se compromete a ser fiel a la sociedad y a velar siempre por la justicia y la honestidad.

Para el neófito es un momento lleno de emoción aquel en que por fin se le despoja de la venda y puede ver de nuevo.

Su alma estaba en tinieblas, pero ya empieza a encontrar la luz, ya ha entrado en el camino hacia la elevación espiritual. La emoción se ve seguida muy de cerca por un sentimiento de temor. Múltiples espadas se extienden en dirección a él. Este acto significa que todos los miembros están en contra del perjurio y que todos ellos reprobarían una acción de tal tipo.

La ceremonia prosigue, con todo el denso ritual propio de la francmasonería. El neófito se dirige hacia el Venerable. Con una rodilla en el suelo, forma con sus piernas una escuadra; en la mano izquierda mantiene un compás con las puntas en dirección hacia su corazón y coloca la mano derecha en la espalda del Venerable. Es un juramento de lealtad a sus superiores. Entonces el Venerable procede a la consagración del neófito sirviéndose de la espada, al estilo de los caballeros del rey Arturo. Neófito y Venerable se abrazan. Ha sido admitido como un miembro más de la logia. Ya es aprendiz, y por tanto se le entregan sus distintivos: el delantal propio de este grado y dos pares de guantes blancos.

El neófito ha obtenido el grado de aprendiz, ha sido colocado en el camino que solamente él puede recorrer. Gozará de la ayuda de sus hermanos, pero si no pone de su parte todo su esfuerzo hacia el progreso espiritual, éste se verá malogrado. Una nueva existencia comienza para él. Ha sido purificado y poco a poco irá siendo iniciado en todos los secretos de la orden. Cuando haya obtenido la preparación necesaria, podrá pasar al grado de compañero.

Para calibrar el grado de madurez, al aprendiz se le somete a un interrogatorio sobre sus opiniones acerca de las pruebas a que fue sometido cuando sólo era un aspirante, acerca de la sociedad y de sus miembros. También se le efectúan determinadas preguntas sobre el simbolismo, los ritos, las reuniones, etc. Es necesario saber si el aprendiz ha aprovechado el tiempo, si ha asimilado las enseñanzas que se le han facilitado, si ha comenzado a transformarse moral y espiritualmente. Además de superar esta especie de examen, el aprendiz debe ser avalado por el maestro de su logia, quien tiene que hacer constar que aquél ha seguido fielmente la doctrina.

El aprendiz aspirante a compañero tiene que someterse a varias pruebas. La primera de ellas consiste en recorrer la logia con el martillo (voluntad) y el cincel (juicio) en las manos. Es necesario que continúe sin desfallecer, con voluntad y juicio, labrando la piedra, hasta que ésta sea totalmente cúbica. No debe olvidar que el fin de la masonería es el de construir una humanidad superior, y que para ello debe conocerse a sí mismo, conocer a los demás y conocer los secretos de la naturaleza. Los símbolos y los ritos son instrumentos para desvelar el universo mágico, aquel que se oculta más allá de las apariencias. Como es lógico deberá servirse de sus órganos sensoriales, pero siempre controlándolos y no dejándose engañar por ellos.

Para la segunda prueba se le proporciona al aprendiz la regla (rectitud) y el compás (solidez), y da comienzo el segundo recorrido por la logia. Durante este segundo paseo, se le enseña al aspirante cómo debe construir y de qué medios puede y debe servirse para ello. Necesita hacerlo de una forma estable y sólida, con eficacia y honestidad.

Los símbolos propios de la tercera prueba son la regla y la palanca (fortaleza y tenacidad). Una vuelta más a la logia, durante la cual toma contacto con las artes tradicionales. De ellas puede extraer una enseñanza fundamental para su propio desarrollo y el de los demás.

El símbolo característico de la cuarta prueba es la escuadra, y, durante la vuelta propia de aquélla, el aspirante aprende el valor de la justa medida, de la tolerancia para con los demás y del perdón.

La última prueba, la número cinco, llevará al aspirante hacia la estrella, que representa por fin su llegada hasta la luz, hasta la divinidad. Después hará de nuevo los juramentos precisos, recibirá cinco golpes de mazo –rito de consagración– y se le hará entrega del mandil de compañero y los emblemas de éste.

El aprendiz ha obtenido el grado de compañero. Pero el camino todavía es largo. Solamente cuando haya conseguido la purificación interna podrá aspirar al grado de maestro.

El aspirante al grado de maestro debe invertir el proceso que le llevó hasta la fase en que ahora se encuentra; tiene que realizar un viaje retrospectivo, comenzando por la estrella y finalizando con las pruebas de fuego, agua, aire y tierra. Se pretende que el aspirante observe todo el sendero recorrido, que sea consciente de su evolución espiritual. Después se le conduce, como antaño, a la Cámara de Reflexión. Allí puede constatar su grado de progreso, puesto que ya ha trascendido todo el significado que se desprende de este lugar. Está preparado para representar un mito de alto sentido dramático, el mito de Hiram, fundamental en la francmasonería.

La leyenda nos dice que Hiram fue el constructor del templo de Jerusalén, tras haber sido enviado por el monarca de Tiro a Salomón. Era un auténtico iniciado, conocedor de símbolos y signos, sabio en la tradición esotérica.

Hiram clasificó a sus obreros en los grados de aprendiz, compañero y maestro, y según el grado de que se tratase les confirió una contraseña, a fin de que el día de pago se les diese su sueldo según su categoría, que debía demostrar mediante aquélla.

Tres obreros con el grado de compañeros aspiraban a ser considerados como maestros, aun cuando no estaban lo suficientemente maduros para ello. Necesitaban saber la contraseña del grado superior al suyo y, sin reparos morales de ninguna clase, decidieron coaccionar al constructor para que se la facilitase. Uno de ellos se armó con una regla, otro con un mazo y el último con un compás.

El primero golpeó a Hiram con la regla, el otro le agredió con el mazo y el tercero le clavó el compás en el corazón, acabando con su vida. Pero Hiram no reveló la contraseña; murió sabiendo guardar el secreto.

El aspirante debe vivir íntimamente el mito de Hiram, por eso lo representa, y es simbólicamente asesinado por los tres ambiciosos compañeros. Muere para después renacer, vence sobre las fuerzas del mal, trasciende de un plano inferior de existencia a un plano superior. Es el paso a una nueva vida mucho más profunda, más auténtica. Se ha llevado a cabo la gran obra espiritual, la transmutación de la «materia prima», la renovación alquímica que convertirá al compañero en maestro.

La masonería fue concebida como una sociedad espiritual, por lo que, desde el momento en que sus ambiciones sean materiales en lugar de espirituales, pierde su verdadero significado. Por este motivo se ha hablado de una total degeneración de las ideas originales de la sociedad: la confraternización universal por el amor, el constructivismo espiritual por el conocimiento.

Mucho se ha exagerado sobre la influencia que la masonería ha tenido, en determinados momentos, en la vida política de diversos países. Pero no cabe duda de que, sin llegar a los extremos que muchos han indicado, la masonería —mejor sería decir sus miembros— ha tenido una activa participación política en múltiples ocasiones, lo cual la ha desprestigiado, como es lógico, a los ojos de muchos, y a otros muchos les ha hecho llegar a la firme convicción de su franca decadencia. La orden debería estar siempre por encima de sus miembros, pero como precisamente está compuesta por ellos, la solución ya no es tan simple. Si la francmasonería hubiera permanecido en su puesto, como sociedad iniciática y espiritual, no se la hubiese acusado de proponerse aniquilar todas las religiones, de cometer execrables crímenes políticos, de pretender someter bajo su dominio a todos los países, de ser un partido político enmascarado que servía a los británicos, a los bolcheviques o a los judíos. Sobre la masonería se ha dicho todo cuanto imaginarse pueda. Todo, absolutamente todo.

Puede considerarse que la francmasonería está totalmente demodé, que su simbolismo es asfixiante e inútil, que sus fines son impracticables y que en nuestro siglo ya no tiene razón de ser. Todo esto y más puede considerarse. Pero si parte de sus miembros, aquellos que no buscaban el espíritu sino la materia, los que no anhelaban el poder interno sino el externo, los que no se afanaban por el autocontrol sino por el control de los demás, no se hubieran corrompido en la insaciable carrera hacia el poder, la masonería no hubiese levantado tantos temores y sospechas. Dentro de lo que cabe no es tan complicado: aquellos alquimistas que sólo buscaban la transmutación de los metales en oro, sin atender a ninguna evolución interna, no pueden ser considerados verdaderos alquimistas, sino meros «hacedores de oro». Como dice el adagio con profunda sabiduría: «A cada gusano su gusto: los hay que prefieren las ortigas».

BIBLIOGRAFÍA

Abrines, L. F.: *Diccionario Enciclopédico Abreviado de la Masonería*. Cía. Gral. de Ediciones. México, 1955.

Abrines y Arderiu: *Diccionario Enciclopédico de la Masonería*. Kier. Buenos Aires, 1947.

Gould, R. F.: *The History of Freemasonry throughout they* (6 vols).

Hall, Manly P.: *The Lost Keys of Freemasonry or the Secret of Hiram Abifi*. 1946.

_____*Freemasonry and the Ancient Egyptians*. Dionysian Artifices.

Heindel, M.: *La Masonería y el Catolicismo*. Smtes. Barcelona, 1929.

John, Bernard, E.: *A Freemasons Guide and Compendium*. Harrap and Co. Ltd. Londres.

Lappas, A.: *La Masonería Argentina a través de sus Hombres*. Estab. Gráfico it. Rego. Buenos Aires, 1958.

Leadbeater, C. W.: *La Vida Oculta en la Masonería*. Ed. Fraternidad Universal. México, 1948.

Magister: *La Masonería Revelada* (7 vols.). Kier. Buenos Aires.

Swinburne Clymer, R.: *El Misticismo de la Masonería*. Plenitud. Santiago de Chile.

Waite, A. E.: *The Secret Tradition in Freemasonry*.

_____*A New Encyclopaedia of Fremasonry*. Londres, 1924.

I3

LOS ESPIRITISTAS

El 31 de marzo de 1869 representó un día de doloroso luto para el mundo espiritista. Su codificador, Allan Kardec, quien verdaderamente sentó los fundamentos del espiritismo contemporáneo, se había vuelto inmaterial. Después de muchos años entablando relación con los espíritus de ultratumba, también a él, irremisiblemente, le había llegado la hora de ir a reunirse con ellos. El conocido astrónomo y espiritista Camilo Flammarion (1842-1925) pronunció un emotivo discurso sobre la tumba del padre del espiritismo francés. Transcribimos seguidamente algunos párrafos:

Señores:

Accediendo gustoso a la simpática invitación de los amigos del pensador laborioso, cuyo cuerpo terrestre yace en este momento a nuestros pies, recuerdo un triste día del mes de diciembre de 1865. Pronuncié entonces sentidas palabras de despedida en la tumba del fundador de la Librería Académica, del honorable Didier —quien, como editor, fue colaborador convencido de Allan Kardec al publicarle las obras fundamentales de una doctrina que le era querida—, el cual también murió de repente, como si el cielo hubiese deseado evitar a estos dos espíritus íntegros el embarazo filosófico de salir de esta vida por camino diferente del vulgarmente seguido. Igual reflexión es aplicable a la muerte de nuestro antiguo colega Jobart, de Bruselas.

Mi tarea de hoy es más grande aún, porque quisiera representar al pensamiento de los que me oyen, y al de los millones de hombres que en toda Europa y en el nuevo mundo se han ocupado del problema aún misterioso de los fenómenos llamados espiritistas; quisiera, digo, poder representarle el interés científico y el porvenir filosófico del estudio de esos fenómenos —al que se han entregado, como nadie ignora, hombres eminentes entre nuestros contemporáneos—. Me placería hacerles entrever los desconocidos horizontes que se abrirán al pensamiento humano a medida que éste extienda el conocimiento positivo de las fuerzas naturales que alrededor de nosotros funcionan; demostrarles que semejantes comprobaciones son el más eficaz antídoto contra el cáncer del ateísmo, que parece ensañarse particularmente en nuestra época de transición, y atestiguar, en fin, de un modo público, el inmenso servicio que prestó a la filosofía el autor de *El Libro de los Espíritus*, despertando la atención y la polémica sobre los hechos que hasta entonces pertenecían al mórbido y funesto dominio de las supersticiones religiosas.

[...]

Muerto a la edad de sesenta y cinco años, Allan Kardec consagró la primera parte de su vida a escribir obras clásicas elementales, destinadas especialmente al uso de los maestros de primaria. Cuando hacia 1850 las manifestaciones, al parecer nuevas, de mesas giratorias, golpes sin causa ostensible y movimientos inusitados de objetos y muebles empezaron a llamar la atención pública, determinando aun en las imaginaciones aventureras una especie de fiebre, debida a la novedad de esos experimentos, Allan Kardec, estudiando a la par el magnetismo y sus extraños efectos, siguió con la mayor paciencia y juiciosa clarividencia los experimentos y tentativas efectuados por entonces en París.

[...]

Allan Kardec despertó rivalidades, creó una escuela en forma un tanto personal, y aún existe cierta división entre los «espiritualistas» y los «espiritistas». En adelante, señores —tales, por lo menos, son los anhelos de los amigos de la verdad—, debemos estar unidos todos por una solidaridad confraternal, por los mismos esfuerzos encaminados a la dilucidación del problema, por el general e impersonal deseo de lo verdadero y de lo bueno.

Se ha argüido, señores, que nuestro digno amigo, a quien tributamos hoy los últimos honores, no era lo que se llama un sabio, que no fue, ante, todo, físico, naturalista o astrónomo, sino que prefirió constituir primeramente un cuerpo de doctrina moral sin haber antes aplicado la discusión científica a la realidad y naturaleza de los fenómenos.

[...]

¿Es por ventura poca cosa haber despertado el espiritualismo en tantos seres que flotaban en la duda y que no apreciaban ni la vida física ni la intelectual?

Si Allan Kardec hubiese sido un hombre de ciencia, no hubiese podido indudablemente prestar ese primer servicio, ni dirigir a lo lejos aquella especie de invitación a todos los corazones. Él era lo que llamaré sencillamente «el sentido común encarnado». Razón juiciosa y recta, aplicaba, sin olvido a su obra permanente, las íntimas indicaciones del sentido común. No era ésta una cualidad pequeña en el orden de las cosas que nos ocupan; era, podemos asegurarlo, la primera entre todas, y la más preciosa, aquella sin la cual la obra no hubiese podido llegar a ser popular ni echar tan profundas raíces en el mundo. La mayor parte de los que se han consagrado a semejantes estudios han recordado haber sido en su juventud, o en ciertas circunstancias especiales, testigos de inexplicables manifestaciones, y pocas son las familias que no hayan observado en su historia testimonios de este orden. El primer paso que debía darse, pues, era el de aplicar la razón firme del sentido común a esos recuerdos, y examinarlos según los principios del método positivo.

[...]

Actualmente, ¡oh, alma!, tú sabes por una visión directa en qué consiste esa vida espiritual a la cual todos regresamos, y que olvidamos durante esta existencia.

Ahora tú ya has regresado a ese mundo de donde hemos venido, y recoges el fruto de tus estudios terrestres. El cuerpo cae, el alma se conserva y regresa al espacio. Nos volveremos a encontrar en un mundo mejor, y en el cielo inmenso en que se ejercitarán nuestras más poderosas facultades, continuaremos

los estudios para cuyo abarcamiento era la tierra teatro demasiado reducido. Preferimos saber esta verdad a creer que yaces
totalmente en ese cráter y que tu alma haya sido destruida por
la cesación del funcionamiento de un órgano. La inmortalidad
es la luz de la vida, como ese brillante sol es la de la naturaleza.
Hasta la vista, querido Allan Kardec, hasta la vista.

El mundo espiritista perdía así uno de sus más entrañables y fieles apóstoles, como luego veremos. Pero ahora tras-
ladémonos de Europa a América y busquemos allí el origen
del espiritismo moderno, allá por el año 1847. Su nacimiento está asociado con las hermanas Fox, Catalina y Margarita,
protagonistas de una historia sorprendente.

El 2 de diciembre de 1847, la familia Fox se establecía en
Hydesville, condado de Weine, en el estado de Nueva York.
Por aquel entonces Margarita tenía ocho años y Catalina seis.
¿Quién podía sospechar que dos niñas de tan corta edad se
convertirían en las heroínas de unos singulares sucesos que
serían incluso comentados en otros continentes? La crédula
madre de las niñas se sorprendió cierto día al escuchar que
determinados ruidos se producían en torno a ellas. ¿Cuál era
la causa? ¿Qué o quién producía aquellos sospechosos ruidos? ¿Encerraban algún significado, algún mensaje oculto?

Como los extraños sonidos seguían produciéndose, la
mujer se atrevió en cierta ocasión a hacerles determinadas
preguntas. ¿Esperaba realmente una respuesta? Comoquiera
que fuese, debió de ser grande su asombro al comprobar que
alguien, a través de esos ruidos, respondía a sus preguntas.
Quien tras los singulares sonidos se ocultaba señaló, a instancias
de la temblorosa mujer, la edad de sus hijas. Correctamente,

por supuesto. Las preguntas continuaron. Aunque la mujer estaba profundamente asustada, su curiosidad era mayor que su temor. Mediante los enigmáticos golpes pudo saber que estaba hablando con un espíritu de ultratumba, exactamente con un hombre que en la actual mansión de los Fox había sido asesinado a la edad de treinta y un años. La revelación era casi increíble, inaudita, en cierto modo alarmante...; pero la señora Fox la creyó, no le pareció algo imposible ni se sintió tan alarmada como para desinteresarse de aquel misterio que para ella estaba empezando a dejar de serlo.

El ser humano tiene una fuerte inclinación a tratar de renovar la capacidad de asombro de sus semejantes, a caracterizarse por relatar algo que se salga de lo corriente, de lo gris y cotidiano. No cabe duda de que lo sucedido no era vulgar y que la señora Fox gozaba así de un amplio material del que hacer partícipes a los demás.

Pronto todos supieron que en la casa de los Fox se había logrado la comunicación con un espíritu; incluso la prensa dio a conocer tan singular noticia.

Según el número de golpes, el espíritu indicaba una u otra letra. De esta forma se podía mantener con él cualquier tipo de conversación. Se supo así que se llamaba Charles Ryan y mantuvo múltiples contactos con diversas personas, para lo cual Catalina y Margarita fueron el vehículo terrenal –es decir, el médium.

Ciertas noticias se extienden rápidamente, y ésta era una de ellas. Primero Estados Unidos; después Europa. Poco a poco otras personas probaron fortuna. ¿Por qué si incluso unas niñas conseguían la comunicación espiritista no podían conseguirla ellos? Al comienzo, el espiritismo tuvo unos cientos de seguidores, pero al cabo de unos años contaría ya con unos cientos de miles. No es en absoluto difícil comprender las razones de por qué el espiritismo se propagó con tanta facilidad y de forma tan fecunda. Hay que reconocer que es consolador, sobre todo para aquellos que han perdido recientemente algún ser querido y anhelan ponerse en comunicación con él; también para aquellos otros que se sienten aún más henchidos de fe al comprobar materialmente la existencia de otra vida y la supervisión del alma; incluso para aquellos que han querido creer y no lo han conseguido hasta ese momento; y más aún, para aquellos que necesitan refrescar comoquiera que sea su anodina existencia. Las manifestaciones se esperaban pues con impaciencia y entusiasmo. Su posibilidad reconfortaba al abatido, serenaba al angustiado, hacía vibrar al escéptico, que no resultaba tan escéptico, distraía al aburrido. Y con el tiempo el espiritismo llegó a convertirse en una especie de juego de salón. Tras la cena, los anfitriones y los invitados pasaban a una acogedora salita y allí, la habitación en penumbra, los ánimos expectantes, el silencio prácticamente absoluto, se esperaba la llegada de un hermano inmaterial. Cualquier detalle bastaba —un leve ruido, el movimiento de una lámpara, un soplo de aire...—. Cuando se pierde un ser querido lo más terrible es resignarse a su total ausencia, a toda imposibilidad de comunicación con él, a la separación para siempre. Por eso el espiritismo, a pesar de su mediocre filosofía, de sus inconcebibles pretensiones de ciencia, de sus frágiles principios, obtuvo un éxito tan enorme. Porque la pregunta, en cierto modo no tan absurda como pueda parecer, era: si se nos asegura la supervivencia del alma, ¿por qué no podemos comunicarnos con ella? Y con la esperanza de poder conseguirlo, muchos se lanzaron a la aventura de intentarlo.

Los fenómenos espiritistas se habían extendido de tal forma que, en febrero de 1851, una comisión de científicos de Búfalo decidió investigarlos pacientemente, tomando como médiums a las hermanas Fox. Después de las investigaciones llevadas a cabo, la comisión llegó a la conclusión de la inexistencia de los fenómenos espiritistas y aseguró que los ruidos escuchados eran provocados por las articulaciones de Margarita y Catalina. Pero ¿a quién le interesaba ya la opinión de aquellos científicos? Otras muchas personas habían ya logrado conectar con el mundo de ultratumba y obtenido no sólo raps –comunicación por medio de golpecitos–, sino también materializaciones y otras manifestaciones sorprendentes. Aun en el caso de que aquellas hermanas fueran unas impostoras, eso no quería decir que los espíritus no existiesen. Cuando el ser humano se propone creer, cree por encima de todo. En el transcurso de unas décadas, las reuniones espiritistas se multiplicarían, los seguidores sumarían cifras astronómicas, surgirían sociedades y se crearían diversas publicaciones. Mientras tanto, las hermanas Fox seguían su triunfal carrera, ganando considerables sumas de dinero y exhibiendo sus facultades por los más diversos países. Hasta que...

En octubre de 1888, Margarita, procedente de Europa, llegaba a Nueva York. Poco antes había dicho: «Sí, voy a desenmascarar al espiritismo desde sus mismos fundamentos. Durante muchos años he pensado hacerlo; pero hasta ahora no había conseguido decidirme. Detesto lo que he sido. A los que me solicitaban para que les diese alguna sesión solía decirles: "Me estáis arrastrando al infierno". Luego, al día siguiente, ahogaba con vino mis remordimientos. Era demasiado honrada para continuar haciendo de médium. Por esta razón he abandonado mis exhibiciones». Una honradez un tanto relativa considerando que Margarita llevaba más de cuarenta años explotando su profesión.

Poco después Catalina también llegaba a Nueva York. Ambas hermanas se proponían desenmascarar definitivamente el espiritismo. ¿Por qué? Eso es lo que nunca ha podido saberse con seguridad. Lo cierto es que en la Academia de Música se convocó el que prometía ser un importante acto. El salón estaba totalmente lleno de asistentes. Las hermanas se encontraban en el escenario. Cuando Margarita se incorporó para hablar se hizo un silencio enorme. Dijo:

> Bien sabéis los presentes que yo he sido una de las principales causas instrumentales en la perpetración del fraude espiritista que se ha impuesto al público demasiado confiado.
>
> Habrá muchos, sin duda, que me despreciarán por semejante engaño, pero si conocieran la infortunada historia de mi pasado, la agonía en que he vivido y la vergüenza que todo esto me ha causado, creo que más que reprochármelo, se apiadarían de mí.
>
> La actitud que por tanto tiempo he guardado me fue impuesta en mi niñez cuando, por razón de mi carácter aún no formado y de mi mente aún no desarrollada, me era difícil poder distinguir entre el bien y el mal.
>
> Estoy aquí esta noche, como una de las fundadoras del espiritismo, a fin de denunciarlo como un absoluto fraude, del principio al fin, como la más grande de las supersticiones y la blasfemia más malvada que ha conocido el mundo.

Después de varias décadas de fraude, esta mujer tuvo incluso la osadía de pedir conmiseración, de pretender despertar la lástima de los asistentes. Es demasiado. No es difícil, por otra parte, imaginar la reacción de perplejidad y descontento de los cientos de espiritistas que había en el salón, sobre todo cuando, después de sus declaraciones, Margarita exhibió sus raps. Pero el espiritismo era ya lo suficientemente fuerte en todo el mundo para no derrumbarse porque renegasen algunos de sus devotos, por más que, como en el caso de Catalina y Margarita, fuesen éstos sumamente importantes. Se consideraba que el espiritismo era tan antiguo como la humanidad en sí, por lo que unas declaraciones de ese tipo no podían evitar la supervivencia del alma ni la comunicación con los seres de ultratumba.

A propósito de esta reunión el *New York Herald* dijo:

Dando vida y entusiasmo al dedo gordo del pie, la señorita Margarita Fox Kane produjo fuertes raps espiritistas en la Academia de Música, la última noche, dando con ello un golpe de muerte al espiritismo, ese monstruoso fraude extendido por todo el mundo y que ella y su hermana Catalina fundaron en 1847. Ambas hermanas se hallaban presentes, y las dos denunciaron el espiritismo como una monstruosa impostura y como una trampa. El gran edificio estaba repleto de asistentes, y entre ellos se notó que dominaba una gran excitación. Centenares de espiritistas habían ido para ver cómo las que dieron comienzo a su fe la destruían de un solo golpe. Estuvieron excitados y silbaron fieramente. Considerado todo ello en conjunto, fue un espectáculo notable y dramático.

Sobre todo dramático; en especial para todas aquellas personas que honestamente habían confiado en las hermanas y creían en la comunicación con los espíritus. Una actuación cruel y por supuesto innecesaria, ya que meses después las dos hermanas, como si de un divertido juego se tratara, se retractaron de su anterior declaración. Poca seriedad, aunque cabe aducir que la doctrina está siempre por encima de su fundador o fundadores y que, por otra parte, desde siglos antes de la existencia de las dos inestables hermanas, la humanidad ya había ensayado muchos procedimientos y de muy variada naturaleza para comunicarse con el más allá.

Muy distinto en todo a las hermanas Fox, al menos más honrado, serio y leal a sus creencias, fue León Hipólito Denizart Rivail, conocido con el sobrenombre de Allan Kardec.

Allan Kardec nació en Lyon el 3 de octubre de 1804. Podemos leer en el acta de nacimiento:

El 12 vendimiario del año X acta de Denizard-Hipólito-León Rivail, nacido ayer tarde a las 7, hijo de Juan Bautista Antonio Pivail, magistrado, y de Juana Ouhamel, su esposa, residentes en Lyon, calle Sala, número 76. El infante ha sido reconocido varón.

Allan Kardec llevó a cabo sus estudios elementales en Lyon, y los completó en Iverdun (Suiza) con el pedagogo Pestalozzi.

Posteriormente se instaló en París, donde fundó un colegio. Se desposó con una mujer nueve años mayor que él: Amelia Gabriela Boudet, el 6 de febrero de 1832.

Kardec había fundado el colegio con un socio, quien se jugó todo a las cartas y perdió, por lo que aquél hubo de buscar otra ocupación. Desempeñó el puesto de contable y en sus ratos libres se dedicaba a traducir determinadas obras y a escribir textos de enseñanza. También organizó diferentes cursos, con finalidad no lucrativa, sobre astronomía, anatomía o química. Puesto que sus libros tenían una excelente acogida, su situación económica se vio pronto restablecida.

Kardec se complacía en la investigación de los fenómenos propios del magnetismo animal, colaborando con el especialista Fotier. Fue sin duda éste quien le habló por primera vez de las mesas giratorias, capaces de hablar con los asistentes. Kardec no pudo por menos que sorprenderse, porque podía aceptar que una mesa se moviese por efecto del fluido magnético, pero no que actuase de forma inteligente y pudiese responder a las preguntas que se le formulasen. Su mente comenzó a reflexionar. El que llegaría a ser el más grande de los espiritistas, cuya muerte tanto lamentarían, tenía ahora sus dudas.

Allan Kardec asistió a numerosas sesiones y comprobó las mesas giratorias que hablaban y fenómenos de escritura medianímica. Comenzó a interesarse vivamente por el espiritismo y a realizar sus propias investigaciones. Pronto llegó a la conclusión de que los espíritus no tenían por qué resultar ni mucho menos infalibles.

Uno de los primeros resultados de mi observación fue que, siendo los espíritus no otra cosa que las almas de los hombres, no tenían la soberana perfección ni la soberana ciencia; que su saber estaba limitado por sus grados de progreso y que su opinión no tenía más valor que el de su opinión personal. Esta verdad, reconocida desde el principio, me libró del grave peligro de creer en su infalibilidad y me impidió formular teorías prematuras sobre la única base de lo que dijeran uno o varios de ellos.

Y agrega:

El solo hecho de la comunicación con los espíritus, fueran quienes fueren, probaba la existencia de un mundo invisible; era ya un punto esencial, un campo inmenso abierto a nuestras exploraciones, la clave de multitud de problemas inexplicables; el segundo punto, no menos importante, era llegar a conocer el estado de ese mundo, sus costumbres, si nos es permitido hablar así. En seguida me di cuenta de que cada espíritu, en razón de su posición personal y de sus conocimientos, me revelaba una faceta de su mundo, como acontece cuando interrogamos a los habitantes de toda clase y condiciones para conocer el estado de un país, acerca del cual ninguno, individualmente, puede darnos una impresión completa; al observador corresponde formular el conjunto, a base de los documentos recogidos en todas partes y relacionados, coordinados, justipreciados los unos con los otros. Mi actividad con los espíritus fue, pues, igual a la que habría adoptado con los hombres; ellos fueron para mí, desde el más pequeño al más grande, documentos de estudio y no reveladores predestinados.

Allan Kardec comenzó a tomar anotaciones de todas las sesiones a las que acudía, y muy especialmente de las preguntas formuladas a los espíritus y de las respuestas ofrecidas por éstos. Surgió así su obra *El Libro de los Espíritus*. A partir de entonces desplegó una actividad muy grande en todo lo relacionado con el espiritismo. Tomó datos, asistió a reuniones periódicas, trabajó con diferentes médiums y fue conformando la que sería la doctrina básica del espiritismo. Incluso fundó una revista sobre el tema. Poco a poco sobrevino el triunfo, la celebridad, el honor, y también, como sucede inexorablemente, las críticas adversas de todo tipo. Pero Allan Kardec continuó adelante, ahora ya reconfortado por sus discípulos más allegados. En 1858 se constituyó la Sociedad Espiritista de París, y poco después Kardec comenzó sus viajes de propaganda por toda Francia, haciendo nuevos adeptos. Preparó el *Libro de los Médiums*, su obra más estimada; después vendrían *El Espiritismo reducido a su más simple expresión*, *El Evangelio según el Espiritismo*, etc. Publicaciones, viajes, conferencias... Todo ello con una insólita ambición: hacer del espiritismo una ciencia. No olvidemos que Allan Kardec explicó: «El espiritismo moderno tiene que ser científico o tendrá que dejar de ser».

La Sociedad Espiritista tomaba día a día mayor auge, y en 1869 gozaba ya de un capital de cuarenta mil francos, que, aunque no era una suma excesiva, sí bastaba para desarrollar las diversas actividades de la sociedad. Por ese mismo año la muerte esperaba al apóstol del espiritismo francés. Un aneurisma puso fin a su vida, a la vida de aquel que para unos fue todo honestidad, para otros un excéntrico, para muchos un farsante. El 31 de marzo, Hipólito León Denizard Rivail pasaba al más allá, se convertía en un espíritu que podía ser invocado. Para sus discípulos no había muerto, había trascendido; él estaba y estaría siempre con ellos.

Muy al contrario de las inusitadas pretensiones de Allan Kardec, el espiritismo es anticientífico. Pero cada ser humano tiene derecho a sus creencias y nadie debería tratar de violentarlas. Nos limitaremos a exponer su doctrina, que, eso sí hay que afirmarlo, resulta ambigua y poco sólida, no porque sea anticientífica —ya que la ciencia es poco menos que nula en las esferas del espíritu—, sino porque su filosofía, si así puede llamársela, es muy poco brillante y en realidad nada sugerente.

Comencemos por exponer los elementos primordiales de la doctrina espiritista:

- Hay un Dios omnipotente, inmutable, eterno, inmaterial, justo, bueno y único.
- Dios creó el mundo con seres materiales y seres inmateriales. Unos forman el mundo visible y los otros el invisible.
- El cuerpo físico es una envoltura o vehículo para el espíritu que encarna.
- El ser humano está constituido por el cuerpo físico, el cuerpo astral y el espiritual.
- La muerte origina la aniquilación del cuerpo físico, pero el astral persiste con el espiritual, pudiendo manifestarse.
- El alma es inmortal y siempre va evolucionando, reencarnando múltiples veces.
- Hay pluralidad de mundos. Los espíritus reencarnados habitan en los diversos globos del universo; los no reencarnados van de un lado para otro, permaneciendo al lado de los reencarnados.

– El espiritismo considera, pues, un mundo material y un mundo inmaterial, y la posibilidad de comunicarse uno con otro, es decir, los vivos con los muertos, los seres reencarnados con los no reencarnados.

Los espíritus se caracterizan porque han perdido su envoltura carnal. En tanto el alma permanece unida al cuerpo hay tres elementos en el ser humano, que son el cuerpo físico, el alma y un cuerpo fluídico denominado periespíritu, que podría decirse es un puente de unión o conciliación entre el organismo y el alma. Llega la muerte, que representa la extinción de la materia, y tanto el alma como el periespíritu quedan desprendidos. Es decir, la muerte no es tal en realidad; es solamente la aniquilación de la envoltura carnal.

Durante la vida terrena el alma forma un todo con el cuerpo y el periespíritu, aunque sólo temporalmente. Durante el sueño, el alma puede viajar y ver múltiples acontecimientos. Ni que decir tiene que los recuerdos oníricos no se consideran como producto del subconsciente, ni mucho menos, sino que los sueños son los sucesos que el alma ha observado durante sus rápidos viajes. El alma no es creada a la vez que el cuerpo; es anterior al cuerpo y se sirve de él para encarnar. Además de en la preexistencia del alma, el espiritismo cree que en su individualidad, entrañando ésta la conciencia de sí misma. Al ser creadas, todas las almas son iguales; la desigualdad surge después, al evolucionar unas más que otras.

Con la muerte física, el alma se separa lentamente del cuerpo, salvo en los casos de accidente repentino, en que lo hace más bruscamente. Al principio está desorientada, sin saber exactamente qué ha sucedido. Esta desorientación,

según los espiritistas, puede durar horas o años; el alma puede incluso creer que sigue en la vida normal y realizar sus
acciones cotidianas, pero extrañada de que nadie hable con
ella. Una vez desencarnada, experimenta una gran sensación
de libertad, al no permanecer ya condicionada por el cuerpo.

El alma desencarnada vagabundea por el aire, generalmente por aquellos sitios que frecuentaba cuando estaba
encarnada y junto a aquellas personas que amaba. Únicamente las almas evolucionadas gozan del privilegio de ver a Dios.

Desembarazada de la envoltura carnal, puede trasladarse
con suma facilidad de un lugar a otro, aunque estén separados
por miles de kilómetros de distancia. En el más allá encuentra con alegría a los seres queridos que murieron anteriormente. Y, según su grado de adelanto, le será destinada una u
otra misión, mediante la cual podrá progresar espiritualmente.

En el mismo instante de la concepción, el alma se une al
cuerpo a través del cuerpo fluídico. Se supone que moral,
espiritual e incluso intelectualmente continúa siendo igual que
antes de la unión al cuerpo físico, si bien atraviesa temporalmente por un estado de absoluto olvido. Según el anterior
grado de evolución del alma, así será la persona en la que ha
encarnado; por eso se explica, según el espiritismo, que haya
individuos malos y buenos, torpes o inteligentes.

El alma no está determinada, sino que goza de libre
albedrío, lo que la hace responsable de todo acto. Si las leyes
son transgredidas es porque las almas que así lo hacen no
están lo suficientemente evolucionadas. Téngase en cuenta
que Dios crea las almas en un estado de absoluta limpieza y
que cada una de ellas elige su propio sendero.

La persona capaz de entrar en contacto con los espíritus, con el mundo invisible, con los seres de ultratumba, es denominada médium y se dice de ella que tiene facultades mediúmnicas. Existen múltiples clases de médiums, según sus aptitudes. Hay médiums videntes, otros que se sirven de la escritura automática o del dibujo y otros que hablan varias lenguas. Algunos están especializados en los fenómenos puramente físicos: raps, movimientos, diversos sonidos, ectoplasmias... Pero no siempre el médium puede ponerse en contacto con el espíritu; depende única y exclusivamente de que éste quiera manifestarse. El médium es un vehículo idóneo para la manifestación, pero no tiene ningún poder sobre el espíritu. Tampoco se le puede obligar al espíritu a que se manifieste mediante uno u otro procedimiento; él elegirá el que crea conveniente. Los espiritistas recomiendan que se le avise mediante el recogimiento y la oración.

Los médiums verdaderamente estimados son aquellos que tienen aptitudes para atraer a espíritus bondadosos y no a espíritus perversos. Aparte de sus aptitudes medianímicas, el médium tiene que ser una persona honesta si quiere atraer a los buenos espíritus, pues de otra forma éstos se verán rechazados por los defectos de aquel a través del cual van a manifestarse.

¿Cómo se adquieren las facultades medianímicas? Nos dicen los espiritistas que es un don de Dios y que en realidad no hay otra razón que pueda explicarlo con carácter definitivo.

Existen muchas clases de manifestaciones espiritistas, entre otras:

— Desplazamiento de objetos.
— Raps.

— Ruidos diversos.

— Apariciones y ectoplasmias.

— El médium en trance hablando directamente.

— Escritura automática.

El procedimiento de comunicación con los espíritus por lo general más apreciado es el de la escritura automática, que, además de ser el más utilizado entre los médiums, es considerado el más rico en posibilidades. Al principio la escritura automática se realizaba de forma indirecta; el médium no tenía contacto directo con el lápiz, sino que podía usarlo a través de otro objeto que servía de intermediario. Luego se eliminó el objeto intermediario y el médium empleó directamente el lápiz. Se tiene la convicción de que la mano del médium es conducida por el espíritu manifestado. Algunos escriben de una forma totalmente mecánica, sin saber siquiera lo que están expresando; otros, por el contrario, saben lo que escriben o tienen alguna idea sobre ello. Los primeros se denominan médiums mecánicos, y los segundos, médiums intuitivos.

Los espiritistas sostienen que las relaciones del mundo real o visible con el de ultratumba o invisible son posibles gracias al periespíritu. El periespíritu de por sí no puede ser visto por el ser humano, salvo que el espíritu así lo desee, facilitando su visión mediante un cambio molecular. Y todavía más: el espíritu no solamente puede hacer que su periespíritu sea visible, sino incluso tangible. Todas las manifestaciones espiritistas son producto del periespíritu; mediante él, el espíritu puede entrar en contacto con el mundo de los vivos, provocando ruidos, movimientos, raps y otros fenómenos. El periespíritu es pues desde este punto de vista un puente de unión entre el más allá y el mundo visible.

Así como hay hombres buenos y malos, cultos e incultos, afables y agresivos, también hay espíritus de muy diversas características. Los espíritus elevados, espiritualmente adelantados, son delicados y honestos en sus revelaciones, no se contradicen ni equivocan al médium; sin embargo, los espíritus inferiores pueden llegar a mentir con descaro, y en el peor de los casos realizar bromas de muy mal gusto a los asistentes a la reunión. Desestimando totalmente las leyes de la naturaleza, se nos cuentan casos de mesas que han corrido tras determinada persona asustándola, o espíritus burlones que han sembrado en la reunión el desconcierto más absoluto. Por todo ello nos aseguran los espiritistas que es necesario invocar a espíritus elevados, que puedan favorecer a los asistentes con su moral superior y su positiva sabiduría. Los espíritus inferiores nada pueden reportar, porque son ignorantes y materialistas.

Se tiene la creencia de que, por lo general, los espíritus que se manifiestan materialmente –raps, movimientos, materializaciones, etc.– pertenecen a la escala inferior, y que los espíritus elevados se manifiestan menos groseramente, por procedimientos más inteligentes, como pueden ser la palabra a través del médium o la escritura automática. Toda revelación será seria o no, verdadera o falsa, positiva o negativa, según las cualidades morales de los espíritus con los que se obtenga la comunicación.

Si se quiere atraer a un espíritu superior es necesario invocarlo con seriedad y recogimiento, incluso mediante la oración, evitando toda irregularidad. Pero aun así no puede saberse qué clase de espíritu aparecerá, porque parece ser que éstos también tienen sus gustos y sus simpatías y se presentan o no según les agrade o desagrade la reunión a la que han de asistir. No obstante, a las reuniones serias se verán inclinados espíritus elevados, y a las irreverentes, por calificarlas de alguna forma, espíritus inferiores.

Aun cuando los espíritus no pueden cambiar materialmente la vida de los seres humanos, ni hacerles revelaciones que puedan aprovechar de modo lucrativo, su existencia y sus comunicaciones tienen gran valor para los espiritistas. En primer lugar, según nos explican, las manifestaciones espiritistas demuestran irrevocablemente la supervivencia e individualidad del alma; además, colaboran con el progreso espiritual de la persona, la alientan y reconfortan moralmente, consuelan a los que perdieron a un ser querido —pues les permite comprobar que la pérdida es sólo temporal—, vierten determinada luz sobre el hermético mundo de ultratumba, explican los muchos fenómenos extraños que suceden y que aparentemente no tienen razón de ser, nos muestran, en definitiva, una valiosa instrucción en determinados puntos oscuros de la existencia visible o invisible.

Algunos espíritus son tan perversos que llegan a dominar u obsesionar al médium, sometiéndole a una verdadera tortura moral o mental. Es necesario por ello que el médium sea cuidadoso y hábil en sus prácticas, evitando todo contacto con los espíritus inferiores, que, además de ser siempre contradictorios, tratan de imponerse a toda costa.

Cuando varias personas se reúnen e invocan al espíritu, se está llevando a cabo una manifestación provocada. Pero también están las denominadas manifestaciones espontáneas, aquellas que produce el espíritu por su propia voluntad. Los ruidos extraños, los movimientos inexplicables, las apariciones y visiones se deben a manifestaciones espontáneas, que son más comunes cuando una persona acaba de morir o ha muerto hace poco. Es como si el espíritu recién desmaterializado buscase afanosamente el contacto con los suyos. Hay que tener presente que para los espiritistas los espíritus están en todas partes, entre nosotros, junto a nosotros; el mundo material en el que nos desenvolvemos los seres humanos está entremezclado con el mundo inmaterial, el de aquellos que murieron y que están esperando nacer de nuevo. Cabe preguntarse qué los diferencia de los vivos, y hay que responder que muy poco, salvo que se desmaterializaron y pasaron la barrera que conduce al otro mundo; por lo demás, como se nos señala detalladamente, ellos continúan teniendo sus afectos, sus tendencias, incluso sus complejos.

El espiritismo cree en la reencarnación y en la retribución de las buenas o malas acciones, niega la existencia del diablo y del infierno, considera que existen múltiples mundos habitados y que si en la Tierra abundan los hombres malos se debe a que ésta no es un mundo evolucionado y en él encarnan espíritus inferiores que vienen a purgarse y a instruirse.

Todo espíritu debe expiar sus faltas. Así, poco a poco, gradualmente, el espíritu irá progresando. El espiritismo se opone a la idea de que un espíritu pueda ir hacia atrás en lugar de hacia delante en su progreso espiritual; por poco que sea, el espíritu siempre se va perfeccionando.

Tras la muerte, el espíritu purgará las faltas cometidas en su vida terrena. Allan Kardec nos lo explica así:

Las comunicaciones espiritistas nos lo manifiestan claramente; por su medio podemos apreciarlo y convencernos de que si bien (los sufrimientos) no son resultado de un fuego material —que, en efecto, no podría quemar a las almas, que son inmateriales—, no por esto dejan de ser menos terribles en ciertos casos. Estas penas no son uniformes, sino que varían al infinito, según la naturaleza y grado de las faltas cometidas, y a menudo estas mismas faltas son las que les sirven de castigo; así es que ciertos asesinos son atraídos a permanecer en el lugar del crimen, y sin cesar tener presentes a sus víctimas; que el hombre sensual y material conserva los mismos gustos, pero la imposibilidad de satisfacerlos materialmente le sirve de tormento; que ciertos avaros creen sufrir el frío y las privaciones que durante la vida se impusieron por su avaricia; otros ven el oro y sufren por no poder tocarlo; otros permanecen cerca de los tesoros que escondieron, siendo presa de perpetuas angustias por temor a que se lo roben; en una palabra, no hay una falta ni una imperfección moral ni una mala acción que no tengan, en el mundo de los espíritus, su contrapartida y sus naturales consecuencias, por lo cual no es preciso un lugar determinado y circunscrito, sino que el espíritu perverso, por doquiera que se encuentre, lleva consigo su infierno.

Y agrega:

Además de las penas espirituales, existen penas y pruebas materiales que el espíritu aún no purificado sufre en una nueva encarnación, cuya posición le facilita el medio de aguantar lo que ha hecho pasar a los otros: ser humillado si fue orgulloso;

miserable, si fue mal rico; desgraciado por sus hijos, si fue mal padre; infeliz por sus padres, si fue mal hijo, etcétera.

Pero así como existe un castigo expiatorio para las malas acciones, también existe una recompensa para las buenas. Los espíritus honestos y bondadosos tendrán el gran privilegio de ver a Dios y de cumplir determinadas misiones encomendadas por Él; no tendrán pesar alguno; sentirán plenitud y amor.

Hemos seguido hasta aquí, de forma bastante somera, el espiritismo según la doctrina kardeciana. Dentro de los espiritistas existen múltiples doctrinas, ideas y tendencias. Allan Kardec quería en realidad hacer del espiritismo toda una religión, un culto.

Aunque haya diversidad de doctrinas, todos los espiritistas, eso sí, se las arreglan de forma sorprendente, aunque naturalmente no tan consistente, para explicar los muchos argumentos que pueden oponerse a su doctrina y para tratar de cubrir, aunque sea sólo aparentemente, las muchas lagunas que comporta. Siempre tienen una razón con que resistirse a los detractores. Pongamos un ejemplo. Si le preguntamos a un espiritista por qué hay que realizar la sesión con una luz muy débil, cuando ello se presta a toda posibilidad de fraude, él nos responderá que de otra forma no puede manifestarse el espíritu, pues ése es su medio idóneo de manifestación, la oscuridad, que no ataca al fluido etérico. Otro ejemplo: si el médium comunica algo que no es cierto o es erróneo y le preguntamos a un espiritista el motivo, éste aducirá que se trataba de un espíritu inferior o que el médium no era lo suficientemente bueno como para interpretar bien el mensaje del espíritu. Un último ejemplo entre los numerosísimos que podríamos presentar: si se llevan a cabo múltiples sesiones, perfectamente controladas, y no hay manifestación alguna, cuando le preguntemos a un espiritista el porqué, éste nos dirá que el médium no gozaba en ese momento de la fuerza necesaria para atraer al espíritu, que el médium está temporalmente interferido, que alguno de los asistentes no resulta grato al espíritu y éste se ha negado a asistir, o que el espíritu no ha querido ser sometido a una prueba por personas incrédulas y materialistas.

Incluso si se admiten determinados efectos o fenómenos, pero se les quiere dar otra explicación que no sea la espiritista, el espiritismo esgrime sus argumentos con la finalidad exclusiva de evitarlo. Si se estima que una mesa puede moverse por una especie de fluido magnético debido a los asistentes y no a los espíritus, el espiritista lo negará diciendo que la mesa actúa de forma inteligente y que por tanto sus movimientos tienen que deberse a seres inteligentes y no a un mero fluido carente de toda inteligencia. Si se tiene la convicción de que el médium puede saber determinados acontecimientos de la vida de las personas presentes de una forma telepática o incluso vidente, es decir, por ser dueño de unas facultades paranormales que se activan en estado de trance, el espiritista tratará de debilitar dicha convicción argumentando que también el médium puede adquirir esos conocimientos sin entrar en trance, puesto que si sabe no es por él mismo, sino por el espíritu.

Si en la definición de Allan Kardec —«espiritismo es la ciencia que trata de la naturaleza, origen y destino de los espíritus y de sus relaciones con el mundo corporal»— sustituimos la palabra «ciencia» por la de «disciplina», todo estará mucho más claro.

A los argumentos poco convincentes de los espiritistas se oponen muchas veces los argumentos también poco convincentes de los grandes detractores del espiritismo. Estos últimos llegan a decir que el espiritismo origina, en el mejor de los casos, neurosis graves, y, en el peor, completa demencia. Francamente no es para tanto. De manera juiciosa hay que pensar que lo que sucede es que el espiritismo, más que provocar neurosis o histeria, es un campo muy abonado para los neuróticos y los histéricos. Por escasos conocimientos que se tengan de lo que es una neurosis, no resulta difícil comprender que muchos neuróticos buscan una esperanza, una seguridad, una guía, y que confiando encontrar todo eso y más en el espiritismo, acuden a él. Muchas veces las doctrinas y prácticas espiritistas habrán perjudicado a la persona psicológicamente trastornada; otras, por el contrario, la habrán ayudado. No se puede en absoluto generalizar. Nada hay, por supuesto, que racionalmente sugiera siquiera la posible comunicación con los que ya murieron —comunicación que, indudablemente resultaría, al menos para muchos, algo muy consolador—, pero el espiritismo entra de lleno en el terreno de la fe, y ya debemos saber que donde la razón acaba comienza la fe, y que al espiritista convencido, cualquier razonamiento en contra de sus creencias, por firme que sea, por elocuente que resulte, por diáfano que se le presente, le hará tan poca mella como el aguijón de una abeja a un paquidermo. Muchos seres humanos no creen porque no pueden; otros muchos creen porque no quieren dejar de creer.

No cabe duda de que han existido médiums realmente honestos y sinceros, pero una gran mayoría, ya sea por lucro, por diversión, por vanidad o por el infantil deseo de engañar y confundir, han recurrido al fraude, y a veces con tal maestría y habilidad que no pueden por menos que admirarnos. De otra forma, no hubieran conseguido zafarse de los estrictos controles a que eran sometidos, ni hubieran podido engañar a eminentes hombres de ciencia. No es nuestro propósito hablar de ello en la presente obra, pero diremos que la historia de la metapsíquica resulta apasionante. Unos científicos serios y sinceros buscando la explicación a unos fenómenos —naturalmente no aceptaban la explicación espiritista— que aparentemente destruían todos los principios básicos conocidos hasta el momento. Richet, Boirac, Crookes, Myers, Osty, Geley, Rochas, Gasparin... tantos y tantos hombres que fueron los verdaderos pioneros de la moderna parapsicología.

BIBLIOGRAFÍA

Aksakov, A. N.: *Animisme et Spiritisme*. París, 1895.

Antonelli, J.: *El Espiritismo o los Fenómenos Medianímicos*.

Baudi de Vesme, C.: *Storia dello Spiritismo*. Turín, 1896.

Bertrand, I.: *La Religion Spirita*. París, 1900.

Bisson, J.: *Les Phénomés de Matérialisation*.

Bolo, Henry: *Nuestras Comunicaciones con los Muertos*. México, 1904.

Brittan, S.B.: *Discussion of the Facts and Philosophy of Ancient and Modern Spiritualism*. Nueva York, 1853.

Britten, E. H.: *Modern American Spiritualism*. Nueva York, 1870.

Calmet, Augustin: *Apparttion des Esprits*. París, 1851.

Carrington, H.: *Physical Phenomena of Spiritualism*. Londres.

_____*Eusapia Palladino and Her Phenomena*. Nueva York.

Carrington, H.: *Personal Experiences in Spiritualism*. Londres, 1913.

Channel: *Les aparitions matérialisées*.

Chiesa: *Origen del espiritismo y su doctrina*. Constancia. Buenos Aires, 1946.

Coakley, Th.: *Spiritism, the Modern Satanism*. Extension Press. Chicago, 1920.

Crawford, W. J.: *Hints and Observations for Those Investigating the Phenomena of Spiritualism*. Nueva York, 1918.

Crookes, Sir W. M.: *Researches in the Phenomena of Spiritualism*. Londres, 1874.

Davenport, R.: *The Death-Blow to Spiritualism*. Nueva York, 1888.

Delanne, G.: *Le Spiritisme Devant Sciencia*. París, 1885.

Delanne, G.: *Recherches sur la Médiumnité*. París, 1902.

Denis, L.: *Después de la Muerte*. Kier. Buenos Aires.

_____*El problema del Ser y del Destino*. Kier. Buenos Aires.

_____*Síntesis doctrinal y práctica del Espiritualismo*.

Dods, J. B.: *Spirit Manifestation*. Nueva York, 1854.

Doyle, Arthur Conan: *El Espiritismo, su Historia, su Doctrina y sus Hechos*. Schapire. Buenos Aires, 1950.

_____*The New Revelation*. Nueva York, 1918.

_____*The Vital Message*. Nueva York, 1919.

Fairfield, F. G.: *Ten Years with Spiritual Mediums*. Nueva York, 1875.

Figuier, L.: *Le Spiritisme*. París, 1896.

Franco, G.: *Lo Spiritismo*. Roma, 1893.

Grossvater: *Razonamientos espiritistas*. Kier. Buenos Aires.

_____*Espiritismo laico*. Kier. Buenos Aires.

_____*Gnoseología Espiritista*. Kier. Buenos Aires.

Hare, R.: *Experimental Investigation of the Spirit Manifestations*. Nueva York, 1855.

Kardec, Allan: *Qué es el Espiritismo*. Kier. Buenos Aires.

_____*El Evangelio según el Espiritismo*. Kier. Buenos Aires.

_____*El Libro de los Espíritus*. Kier. Buenos Aires.

_____*El Libro de los Médiums*. Kier. Buenos Aires.

_____*Obras Póstumas*. Kier. Buenos Aires.

Lanslots: *Spiritism Unveiled*. St. Louis, 1913.

Liljencrants, J.: *Spiritism and Religion*. Devin-Adair. Nueva York, 1918.

Lombroso, C.: *Los fenómenos de Hipnotismo y Espiritismo*.

_____*After Death, What? Spiritistic Phenomena and Their interpretation*. Londres, 1909.

McCabe, J.: *Spiritualism, a Popular History from 1847*. Nueva York, 1920.

Morelli, E.: *Psicologia e Spiritismo*. Turín, 1908.

Moses, W. S.: *Spirit Teachings*.

Podmore, F.: *Modern Spiritualism*. Londres, 1902.

_____*Apparitions and Thought Transference*. Londres, 1894.

_____*The Newer Spiritualism*. Londres, 1910.

Ramatis: *La Vida Más Allá de la Sepultura*. Kier. Buenos Aires.

_____*La Misión del Espiritismo*. Kier. Buenos Aires.

_____*Problemas de la Vida inmortal*. Kier. Buenos Aires.

_____*La Sobrevivencia del Espíritu*. Kier. Buenos Aires.

_____*Esclarecimientos del Más Allá*. Kier. Buenos Aires.

_____*Mediumnismo*. Kier. Buenos Aires.

_____*Mediumnidad de Cura*. Kier. Buenos Aires.

Redd, J. F.: *Truth and Facts Pertaining to Spiritualismo*. 1911.

Remy, M.: *Spirites et Illusionistes*. París, 1909.

Rossi de Justiniani: *Le Spiritisme dans L'Histoire*. París, 1879.

Schneider, A. T.: *Modern Spiritisme. Its Science and Religion*. Blakiston, Filadelfia, 1920.

Surbled: *Spiritualisme et Spiritisme*. París, 1898.

_____*Le Spiritisme Devant La Science*. París, 1904.

Sylvan, I.: *Le Monde des Spirits*. París, 1912.

Tuttle, H.: *Arcana of Spiritualism*. Manchester, 1900.

Ugarte de Ercilla, E.: *El Espiritismo Moderno*. Barcelona, 1916.

14

LOS TEÓSOFOS

E timológicamente, teosofía significa «sabiduría divina». Se designa con este término oculto el conocimiento básico existente en todas las religiones y sistemas filosóficos desde la más remota antigüedad. Se dice que la teosofía surgió en todas las épocas como un sistema ecléctico de pensamiento, que pretende analizar y exponer espiritualmente la naturaleza del macrocosmos (Dios) y del microcosmos (hombre), así como sus estrechas relaciones.

Además del conocimiento considerado exotérico, está subyacente el conocimiento esotérico y trascendental; este último es la razón de ser de la teosofía. Según los teósofos, esta doctrina es tan antigua como la humanidad, y viene renovándose a lo largo de los siglos, recogida por escuelas, grupos, sociedades secretas, maestros... Pero nuestro propósito no es el de analizar esa supuesta corriente teosófica que se ha extendido durante cientos de años, sino el de centrarnos en la doctrina teosófica como ha sido explicada por los teósofos contemporáneos, y especialmente por Blavatsky.

En 1875, la señora Blavatsky y el coronel Olcott fundaban la Sociedad Teosófica, en Nueva York, que posteriormente habría de contar con numerosas ramas y centros. La sede principal se estableció cuatro años después en la India, en Adyar (Madrás), conjunto de edificios en donde hay una copiosa biblioteca, sala de conferencias, imprenta y otras dependencias.

Cualquier persona podía entrar en la sociedad, siempre y cuando estuviese resueltamente dispuesta a respetar las creencias de los demás y a no pretender la imposición de las propias, ya que se quería constituir una fraternidad universal, sin discriminaciones de ningún tipo. Sólo una minoría de los miembros de la sociedad se dedicaban a la investigación puramente esotérica; naturalmente, miembros muy avanzados en el sendero espiritual. Estos adeptos superiores estudiaban las facultades paranormales en el ser humano, los interrogantes de la existencia y las leyes aparentemente sobrenaturales de la naturaleza. Era también objetivo primordial de la sociedad el examen y estudio de los múltiples sistemas filosóficos y religiosos antiguos y modernos, poniendo, por supuesto, especialísima atención en los conocimientos esenciales y ocultos.

La vida de Helena Petrovna Hahn Fadeef de Blavatsky es casi una leyenda. Puede decirse que ni una novela resulta comparable. Muchos de sus viajes y enseñanzas han sido puestos en tela de juicio, pero comoquiera que haya sido, no cabe duda de los vastos conocimientos esotéricos de esta singular mujer.

H. P. Blavatsky nació en Ekaterinoslav, Rusia, el 31 de julio de 1831. Su padre era el coronel Pedro Hahn, de la noble familia Macklenburg. Recibió una sólida educación, viajó por Inglaterra y Francia y se desposó a la edad de diecisiete años con el general Nicephore y Blavatsky, tres veces mayor que ella y gobernador de la provincia de Eviran. Un matrimonio desafortunado, no cabe duda, pues, apenas tres meses después de celebrarse, la joven huyó del hogar matrimonial para refugiarse en el paterno. Poco después Helena Petrovna viajó por Asia Menor y se dice que en este viaje, durante su estancia en Egipto, conoció a un copto que la inició en el ocultismo.

En 1851, Helena Petrovna volvió a Londres y entró allí en contacto con un maestro, quien la introdujo en el mundo del conocimiento esotérico y la guíase para que desarrollase sus facultades psíquicas, hasta ese momento latentes. El maestro le sugirió a su discípula la fundación de una importante sociedad espiritualista, pero antes tendría que prepararse a fondo, adquiriendo toda clase de conocimientos y experiencias. Sus largos y sustanciosos viajes, realizados durante varios años, en los que visitó Estados Unidos, México, Perú, la India, Ceilán, Java o Singapur, fueron parte de esta exhaustiva preparación que debía llevar a cabo. Posteriormente visitó de nuevo Estados Unidos, Japón, una vez más la India, Alemania y Francia. Y de 1858 a 1867, el Cáucaso y Ucrania, el Tíbet, Egipto, Grecia e Italia, donde como dato curioso reseñaremos que estuvo junto a Garibaldi en la batalla de Mentana, en donde resultó herida. En el Tíbet fue profundamente iniciada en las doctrinas lamaístas, y en Egipto tuvo de nuevo contacto con el maestro copto.

A partir de 1867, Helena Petrovna visitó Grecia, Rusia y Francia, para finalmente instalarse en Nueva York. Allí se sintió apasionada por la doctrina espiritista y fue una ferviente devota y predicadora de ella. En 1875 fundaría la Sociedad Teosófica en colaboración con el coronel Olcott, y después, en su compañía, viajaría a Bombay y Aydar. En 1887 se estableció en Londres con carácter definitivo, realizando una gran labor en favor de la Sociedad Teosófica y de la teosofía y escribiendo numerosas obras.

H. P. Blavatsky, esta dinámica mujer que se esforzaba por rescatar el conocimiento oculto tradicional, que se decía guiada e instruida por los Mahatmas, que aseguraba haber pasado por las experiencias espirituales más supremas, que supo ganarse muchos amigos y muchos enemigos, que redactó miles de páginas y captó centenares de miles de lectores, que llevó una vida tan movida y en cierto modo tan fantástica que despierta toda clase de dudas, trascendió a otros planos –por usar una expresión acorde a sus ideas– el 8 de mayo de 1891.

Compañero de éxitos y de fatigas y entrañable colaborador en la gigantesca obra llevada a cabo por H. P. Blavatsky fue Henry Steel Olcott, que nació en Nueva Jersey el 2 de agosto de 1832. Su vida puede resumirse así: de joven se interesó por la técnica agrícola; posteriormente, combatió en la guerra de Secesión en contra de la esclavitud; a partir de 1874 se ocupó activamente en el estudio y examen de las manifestaciones espiritistas y redactó numerosos artículos; en 1875 fundó con Blavatsky la Sociedad Teosófica; realizó diversos viajes a la India y fue editor de la revista *The Theosophist*; viajó por múltiples países y pronunció numerosas conferencias; fundó, en Benarés, el Central Hindu College, y finalmente falleció el 17 de febrero de 1907. Esoterista acérrimo, masón, presidente durante muchos años de la Sociedad Teosófica, espiritualista y hombre muy activo, se propuso en todo momento la propagación de la ciencia teosófica, sin regatear ninguna clase de esfuerzos personales para ello y escribiendo numerosas obras.

La vida de los fundadores de la Sociedad Teosófica está tan salpicada de sucesos como la sociedad misma. El alma de todo este enorme despliegue de esoterismo y espiritualismo fue sin duda Blavatsky, y el cuerpo, el coronel Olcott. Sus existencias son de por sí poco comunes, pero además de eso han sido enriquecidas por el misterio, la leyenda y la confusión, muy especialmente la de la señora Blavatsky, quien se presentaba en realidad como una elegida que tiene una importante misión que llevar a cabo.

Dos peculiaridades caracterizan toda la obra literaria de Blavatsky: sus inmensos y vastísimos conocimientos y el aspecto de extrema confusión que ofrecen. Una terminología abrumadora, una exposición oscura, una variedad de elementos insospechados, una doctrina espesa.

En la teosofía se mezclan elementos de todo tipo: filosóficos, religiosos, esotéricos... En *La Doctrina Secreta*, monumental obra de Blavatsky, interesante aunque a veces agotadora, se mezclan elementos de las religiones y filosofías chinas, indias, islámicas y griegas, fundamentos pitagóricos y estoicos, gnósticos, alquímicos, cabalísticos y rosacruces, por mencionar solamente algunos de ellos. ¡Qué fabulosa exhibición de conocimientos filosóficos, religiosos y primordialmente esotéricos! Como toda exhibición cuando resulta demasiado ostentosa, la obra de Blavastky, justo es decirlo, termina por empalagar. Y, en tal caso, a nadie se le ocurra, para refrescarse, recurrir a las obras de un Olcott, un Leadbeater o una Besant.

La Sociedad Teosófica ha originado muchas controversias y no pocos adversarios, entre éstos incluso los espiritistas y otros movimientos y asociaciones esotéricos. También la Iglesia se opuso a la doctrina teosófica. Las divergencias entre los teósofos y los espiritistas surgen porque los primeros opinan que las manifestaciones no se deben a los espíritus, sino a los que teosóficamente se denomina cascarones (envoltura astral), y esto es algo que los segundos no pueden perdonar, ya que ven así vulnerada la base de su doctrina. A la Sociedad Teosófica se le ha hecho toda clase de reproches; se ha dicho de ella que es poco menos que un nido de inmorales y depravados, que practican la magia negra, que sus enseñanzas son altamente nocivas, que posee únicamente una finalidad lucrativa y tantas otras cosas. Esto en cuanto a sus detractores, pero no hay que pasar por alto que ha contado y cuenta con muchos miles de adeptos y de muy diversos países. Por otra parte, el interés relativo que pueda despertar la Sociedad Teosófica queda opacado por el interés más vivo que suscita la doctrina expuesta por la teosofía.

Desde la fundación de la Sociedad Teosófica se hizo saber que ésta y sus enseñanzas estaban inspiradas por los Mahatmas, maestros muy evolucionados, con una excepcional sabiduría esotérica; seres extraordinarios que por lo general vivían más años de lo normal y que preparaban discípulos que pudiesen perpetuar la doctrina. Ellos han sido, a través de los tiempos, los portadores de la verdad teosófica y aunque «sean» en el mundo, están apartados de éste, serenos e integrados, llevando una vida de absoluta santidad, son los grandes iniciados que mantienen siempre viva la enseñanza. Se ocultan en el anonimato, dándose a conocer sólo a aquellos que por su grado de evolución espiritual merecen tal privilegio y pueden ser iniciados en la doctrina suprema. Se asegura que aun siendo hombres normales de carne y hueso, tienen muy desarrolladas todas sus facultades psíquicas y pueden comunicarse telepáticamente con sus discípulos. Son ellos los que protegen la Sociedad Teosófica, y ni que decir tiene que para los detractores estos seres especiales no son más que una pura invención atribuida a la señora Blavatsky.

El cuerpo doctrinal de la teosofía es sumamente variado. Recoge la enseñanza de los grandes iniciados desde la prehistoria y exhorta al desenvolvimiento personal y al progreso espiritual. Porque la moderna teosofía ha sido propulsada básicamente por la Sociedad Teosófica, y porque una y otra están sumamente compenetradas, a ambas habremos de referirnos indistintamente en reiteradas ocasiones. Pero aunque se reconoce que la Sociedad Teosófica puede equivocarse, pues está inspirada por los Mahatmas, pero no regida por ellos, sus devotos tienen la convicción de que la teosofía es la enseñanza verdadera, casi infalible en este sentido. No es una religión en el sentido exacto de la palabra, sino la esencia misma de todas las religiones; no es tan sólo una filosofía, sino el núcleo mismo de toda filosofía. Por eso ni la teosofía ni la sociedad imponen ninguna creencia ni tratan de cambiar ninguna convicción. No obstante, dentro de la Sociedad Teosófica hay una sección externa o exotérica y una interna o esotérica. Los miembros muy evolucionados pertenecen a la segunda sección, y éstos sí poseen ya una doctrina filosófica y religiosa especial y privativa de ellos.

Los preceptos morales de la Sociedad Teosófica están extraídos de aquellos que mostraron los grandes iniciados, principalmente Buda, Lao-Tse, Confucio, Pitágoras, Platón y Jesús. Porque, como ya hemos indicado, la teosofía es una suma de numerosísimos conocimientos de naturaleza espiritual, lo que le confiere un contenido muy rico e inevitablemente confuso. Querer conciliar enseñanzas en parte tan distintas como las de Confucio y Lao-Tse, o las de Pitágoras y Jesús, resulta poco menos que temerario, aun cuando la teosofía ha tomado de todos los iniciados una serie de principios que fueron comunes a todos ellos, como pueden ser el amor a la humanidad, la idea de la elevación espiritual y tantas otras enseñanzas altamente positivas.

Para que un miembro pase de la sección exotérica a la esotérica se requieren determinadas condiciones morales y espirituales. Ningún miembro de la sección esotérica debe actuar egoístamente ni puede servirse, para sus fines personales, de los conocimientos adquiridos. Solamente le serán confiados estos conocimientos bajo juramento de no emplearlos en su favor material, y si faltase a esta regla será inmediatamente expulsado de la sociedad. El miembro perteneciente a la sección esotérica tiene también la obligación de guardar absoluto silencio sobre todo aquello que se le ha comunicado —salvo que sea dispensado—, aun cuando por dimisión o expulsión deje de pertenecer a la sociedad. Nadie puede obligarle a no violar sus juramentos, salvo sus propios escrúpulos morales, pero la sociedad confía en que un miembro que ha pertenecido a la sección interna no cometerá semejante irregularidad.

La Sociedad Teosófica, desde su fundación, puso especial empeño en difundir las múltiples leyendas, tradiciones, religiones y filosofías, y poseía una biblioteca con abundantes obras sobre dichos temas. Convencida de que, al disipar la ignorancia del ser humano, éste podría desarrollarse plenamente y colaborar en el desarrollo de los demás, trataba de hacer llegar todos estos conocimientos místicos y esotéricos a tantas personas como fuera posible, en la confianza de modelar así un mundo mucho mejor en todos los sentidos. Ésta ha sido la finalidad básica de tantas y tantas sociedades espiritualistas como ha habido, pero, lamentablemente, han estado dirigidas por hombres, y hombres liberados del afán de poder y de autoridad no abundan, por lo cual las sociedades van degenerando en el transcurso de los años. El ser humano debe progresar, esto es algo en lo que todas las sociedades espiritualistas están de acuerdo, y para hacerlo tiene que recurrir a su propio esfuerzo. El progreso del hombre llevaría al progreso indiscutible de la humanidad, pero cuando los eslabones fallan la cadena pierde su eficacia. Sin embargo, todo intento de regeneración es positivo y los resultados, por insignificantes que parezcan, se van acumulando.

«La Sabiduría de Dios». Es una denominación hermosa. *Thesophia*. El origen de este vocablo lo encontramos en los filósofos alejandrinos denominados filaleteos (amantes de la verdad). Parece ser que los primeros que lo utilizaron fueron Ammonio Saccas y sus discípulos. En el siglo I fundaron un sistema de filosofía ecléctica basado en la verdad universal, aquella que en mayor o menor grado, más o menos subyacente, conservan las variadas religiones y filosofías. Los grandes iniciados de cada país y de cada época guardaron los conocimientos teosóficos. En esta enseñanza básicamente esotérica juega un destacado papel la magia auténtica, pero en absoluto la pseudomagia o nigromancia. Los teósofos pretenden el bien y no el mal, y su magia busca una finalidad constructiva y generosa, no destructiva ni egoísta. Si la teosofía, según sus partidarios, ha conseguido sobrevivir a las profundas crisis espirituales por las que ha cruzado la humanidad, si ha superado esta difícil y casi increíble empresa, ello se debe a su carácter secreto y a la fortaleza moral y espiritual de aquellos que a través de los siglos han sabido conservar sus enseñanzas.

Para que todo ese fecundo caudal de conocimientos pudiese llegar a todo el mundo y millones de personas se viesen favorecidas por ellos, fue fundada la Sociedad Teosófica, que predica la fraternidad universal. Se hace hincapié en que tales conocimientos no son privilegio de unos pocos, aunque unos pocos hayan sido los que los han conservado y continuado, sino privilegio de toda la humanidad. Así se expresa Blavatsky en cuanto a la Sociedad:

La Sociedad es una corporación filantrópica y científica para la propagación de la idea de la fraternidad en el terreno práctico en vez de teórico. No importa que los miembros sean cristianos o musulmanes, judíos o parsis, budistas o brahmanes, espiritualistas o materialistas; pero cada miembro tiene que ser un filántropo, o un estudiante investigador de la literatura aria y otras antiguas, o dedicarse a las ciencias psíquicas. Debe, en una palabra, contribuir, si puede, a la realización de uno de los objetivos del programa, por lo menos.

Si los miembros de la Sociedad Teosófica hubiesen sido realmente como ésta se proponía, ya habría existido una base, aunque débil, para tener fe en la posible regeneración del amor universal. Se exigía altruismo, carencia de vanidad y de ambición, espíritu de sacrificio y completa dedicación a los demás; en suma, aquello que tantos y tantos iniciados han predicado a lo largo de los siglos. Es por tanto lo que se han propuesto las más variadas sociedades espiritualistas, que quizá no hayan aportado ni un ápice de amor o clarividencia a la humanidad, pero en cambio sí han conseguido poder, privilegios, honores y fabulosas sumas de dinero. Ese altruismo tan cacareado no sirvió más que para decepcionar a unos hombres honestos y vaciar los bolsillos a los más crédulos o confiados. Pues bien, ¿qué no pueden desvirtuar individuos como un Saint Germain o un Cagliostro, que han abundado en todas las épocas y en todos los países? Siempre se llega a la misma deducción, que aun cuando la sociedad como tal sea excelente, sus miembros suelen fallar.

La Sociedad Teosófica deseaba formar personas que pudieran hacer valiosas aportaciones al ocultismo, evitando que se desviasen hacia el estéril mediumnismo o la magia negra. Se estima que los miembros pertenecientes a la sección esotérica recibían instrucciones que estaban inspiradas en los Mahatmas. Se trataba de que la instrucción recibida fuese lo más completa y sólida posible, para así poder conocer estrechamente a los hombres y colaborar en su felicidad.

Los variadísimos elementos que componen la teosofía provocan la misma variedad de términos. El abuso de vocablos esotéricos, místicos y religiosos es tal que la persona no familiarizada con esta clase de literatura se siente, al ojearla, poco menos que aterrada. Términos cristianos, gnósticos, mahometanos, hindúes, budistas... La terminología y los conceptos budistas abundan especialmente en la teosofía, hasta tal punto que muchas personas creen erróneamente que aquélla y el budismo son casi lo mismo. La teosofía ha tomado mucho del budismo, pero también lo ha tomado del gnosticismo, el hinduismo o la cábala. Existe, no obstante, una estrecha conexión entre budismo y teosofía, sobre todo en cuanto a cuestiones éticas, pero ni mucho menos en cuanto a cuestiones filosóficas. La teosofía, que es como una especie de insaciable hurón en el sentido de que caza conocimientos de aquí y de allá, y que todo lo transforma –y muy a menudo lo deforma– a su antojo, ha atrapado el budismo, lo ha «esoterizado» considerablemente y ha arrojado lejos de sí aquellos principios del budismo primitivo que no compartía o no le convenían. En tanto que el budismo original ignoraba toda divinidad y negaba toda forma individual tras la muerte, la teosofía cree firmemente en el absoluto y afirma la supervivencia del alma y su carácter consciente e individual. En este aspecto sí se puede decir que toda similitud entre el budismo y la teosofía es pura coincidencia. Y aun sin ser en absoluto un budista convencido, hay que reconocer que la verdadera doctrina budista es en todos los sentidos superior a la teosófica. El budismo es algo puro y auténtico, y la teosofía, por el contrario, algo híbrido, sin pretender usar el término en su acepción peyorativa. El budismo es directo, intelectualmente muy fecundo y, dentro de lo posible, original –reconociendo lo mucho que ha tomado del hinduismo y de los sistemas filosóficos indios–; la teosofía resulta ambigua, intelectualmente no se presenta tan diáfana como sería de desear, y, porque se ha alimentado de múltiples tradiciones, no goza de otra originalidad —que esa agrupación de enormes conocimientos y el sello esotérico que gusta imprimir siempre a los mismos.

La teosofía cree en un Dios único y omnipotente, del que todo ha surgido y al que todo volverá. Rechaza por completo la idea de un Dios personal y antropomórfico. Considera que el alma individual encuentra su procedencia en el Alma universal, que es parte de ella, y que por tanto su naturaleza es divina. Todo el universo ha emanado de la divinidad; es un reflejo del Absoluto.

La teosofía enseña que el ser humano consta de siete principios, cuatro (cuaternario inferior) propios del hombre inferior, y tres más (tríada superior) propios del hombre superior. Éstos son:

1. El cuerpo físico (*Sthula-Sarira*), que durante la vida terrenal es el vehículo de todos los demás principios.
2. La energía vital (*Prana*), que es necesariamente utilizada por el cuerpo físico, el astral y el centro instintivo y emocional.
3. El cuerpo astral o etérico (*Linga Sharira*): es la contraparte del cuerpo físico, y está formado por energía sutil; se desenvuelve en el plano astral, formado por vibraciones y propio de las emociones y de los deseos.
4. El centro de los instintos y de las pasiones (*Karma Rupa*).
5. La inteligencia (*Manas*), es decir, el centro mental, punto de unión de la mónada al ser humano.
6. El Alma Espiritual (*Buddhi*), que es el vehículo del Espíritu Universal.

7. El espíritu (*Atma*), proyección de la divinidad en el ser humano.

Existe también una clasificación triple del ser humano:

1. Mónada.
2. Yo superior (reflejo de la mónada), que comprende el *Atma*, el *Buddhi* y el *Manas* superior.
3. Yo inferior (reflejo del Yo superior), que comprende el *Manas* inferior, el cuerpo astral y el cuerpo físico.

En teosofía se denomina cuerpo causal al cuerpo propio del Yo, que comprende al *Buddhi* y al *Manas*, y que va pasando de encarnación en encarnación, mientras evoluciona la mónada. No se destruye y conserva en sí las experiencias de las vidas pasadas.

La tríada superior es imperecedera, en tanto que el cuaternario inferior termina aniquilándose. Mediante la reencarnación, el Yo superior va evolucionando, ascendiendo hacia la divinidad.

La teosofía cree en el karma, en esa inexorable ley de retribución propia del hinduismo y del budismo que se encarga de que el ser humano purgue en vida sus faltas cometidas en otras existencias. No hay pues, para la teosofía, un castigo eterno, ya que tarde o temprano todo ser humano alcanzará la completa evolución, aunque se vea obligado a reencarnar millones de veces. Salvo en casos de excepcional progreso espiritual, la persona no recuerda sus anteriores existencias, porque la memoria se pierde con la destrucción del cerebro. Los atributos de toda reencarnación son: *Rupa*, o cualidades materiales; *Vedana*, o sensación; *Sanna*, o ideas abstractas; *Sankhara*, o tendencias mentales, y *Vinnana*, o poderes mentales. El hombre está formado por un Yo superior y un yo inferior o, para usar otra denominación, un Yo espiritual y un yo personal. El primero es independiente, libre y cristalino; el segundo, bien al contrario, está condicionado por la personalidad y la actividad mental humanas. El Yo espiritual, para purificarse, reencarna una y otra vez, expiando en vida las faltas cometidas anteriormente. Todas las desgracias que puedan sucederle a un ser humano no hay que tomarlas como accidentes fortuitos, sino como el resultado de anteriores pecados.

Cuando el hombre muere, el cuerpo físico, la energía vital y el cuerpo astral se extinguen. Los otros principios pasan a una especie de esfera astral que se denomina *Kama-loka*. Posteriormente, el centro de los instintos y pasiones, el *Karma-rupa*, también se desprende y puede conseguir mantenerse durante algún tiempo asociándose al aura de un médium. Los principios superiores pasan entonces al *Devachan*, a la «morada resplandeciente» en donde, en un estado de agradable serenidad, esperan de diez a quince siglos para encarnar de nuevo. Al finalizar el período devachánico, y antes de encarnar, el Yo espiritual toma plena conciencia de sus anteriores y de sus futuras existencias. Hasta que agote su karma, el Yo superior o espiritual se verá obligado a encarnar, desencarnar, pasar por el *Kama-loka* y por el *Devachan*... y esto una y otra vez, hasta que finalmente alcance la meta y sea un hecho la absorción en la deidad. El *Manas* superior se ve forzado a un largo, casi interminable, peregrinar para liberarse de la materia y retornar al seno divino.

El hombre común se está tapando la luz a sí mismo; cuando comprenda esto, dará comienzo su viaje hacia la liberación. Mediante el conocimiento podrá elevarse por encima de sus dudas y sus debilidades. Como miles y miles de pirañas en busca de su presa, los egos corren en busca de la unión con la deidad. Todo es cuestión de tiempo. Miles y miles de años, cientos y cientos de reencarnaciones y, al final, la reintegración en la matriz divina. La teosofía nos explica que las experiencias dolorosas de la vida, además de ser ilustrativas, son necesarias para el desenvolvimiento espiritual. El hombre debe superar el dolor, extraer el máximo provecho de él. La vida tiene que ser aprovechada para realizar el trabajo interior necesario y acelerar la evolución. El ser humano debe entregarse a los demás, servir a sus semejantes. Todos los grandes iniciados así lo comprendieron y así lo hicieron. Para la humanidad crearon y expusieron sus enseñanzas, aun a riesgo de la propia vida. Es obligación moral del hombre amar a los demás y hacerse amar por ellos. Todas las grandes religiones coinciden en los principios esenciales, aun cuando cada una de ellas siga su propio culto, sus dogmas y variados ritos. Es una realidad que el hombre puede desarrollarse mental, psicológica y espiritualmente. Disipando la ignorancia, con perseverancia y disciplina, puede «despertar». Los verdaderos teósofos predican el amor y el espíritu de sacrificio. Por desgracia, la inmensa mayoría de los seres humanos desoyen tales palabras. Donde hay competición no puede haber amor; es axiomático. Porque es esclavo de sí mismo, el hombre tiende a esclavizar a los demás; porque no encuentra su propia luz, no lleva la luz hasta los otros. El hombre va creando su propia tragedia. Incluso los más optimistas no apostarían porque algún día vayamos a gozar de una humanidad tranquila y alentadora. Zoroastro, Pitágoras, Lao-Tse, Mahavira, Buda, Jesús y tantos otros maestros van quedando como personajes acartonados de la historia. A veces se los recuerda como a hombres singulares, y en ocasiones algunos, siempre una minoría, menos anquilosados espiritualmente que los demás, examinan sus enseñanzas.

El camino del teósofo es difícil. Debe dominar su yo inferior y fortalecer su Yo superior; debe tener total conciencia de sus obligaciones morales para con los demás, y satisfacerlas; debe estimular su intuición espiritual y reprimir todo hábito que pueda retrasar su desarrollo.

Las reglas de la Sociedad Teosófica eran muy flexibles, al menos para la sección exotérica; más que reglas se trataba de consejos o sugerencias. Cada miembro podía llevar la vida que creyese oportuna, ligarse a los lazos humanos que estimase convenientes y seguir la alimentación vegetariana o una alimentación normal. Sin embargo, los miembros de la sección esotérica, aun cuando tampoco se les imponía nada obligatoriamente, si deseaban evolucionar con más celeridad y no sólo limitarse a estudiar los fenómenos, sino también experimentarlos, debían llevar una vida moralmente ascética, seguir la dieta vegetariana y ser célibes. Se insistía en la dieta vegetariana porque el hombre debe evitar siempre hacer daño a cualquier ser, y muy especialmente porque se consideraba que al comer carne se adquirían algunas características animales.

En principio, la teosofía no trata de apartar a nadie de su religión o sistema filosófico, pues opina que la verdad es relativa y que toda religión o sistema filosófico encierra parte de la verdad universal. Explica Leadbeater:

Quien tenga la mente lo bastante abierta para recibir este magnífico concepto de la espléndida realidad comprenderá al punto cuán perjudicial e inútil es defender una religión en contra de otra y comparar despectivamente a los fundadores religiosos. Esto último resulta en verdad ridículo, porque los dos fundadores comparados son o bien dos discípulos de una misma escuela o dos encarnaciones de una misma individualidad, perfectamente de acuerdo en los principios fundamentales, aunque durante algún tiempo expongan distintos aspectos de la verdad acomodados a las necesidades de las gentes con que tratan. Las enseñanzas son esencialmente las mismas, por más que varíe su exposición.

Los teósofos no temen que pueda perderse su doctrina, sobre todo aquellos que creen en los Mahatmas, esos seres superiores que velan por ella. Además de los maestros que directamente protegen a la teosofía, se considera que hay diferentes adeptos muy evolucionados que mantienen viva la espiritualidad del mundo y estimulan a los hombres hacia su libertad interior y su iluminación espiritual. Se los denomina Jerarquía Oculta o Gran Fraternidad Blanca. Se comunican entre ellos en los planos más elevados y en la Tierra viven distanciados. Han extinguido ya su karma y no necesitan renacer; si encarnan es únicamente para ayudar a sus semejantes. Los maestros no influyen directamente en los discípulos, ya que esto sería limitar su libre albedrío. Ellos no tienen una misión individual, sino universal. No obstante, cuando un discípulo está preparado moralmente y ha alcanzado un considerable nivel espiritual, el maestro puede servirse de él como medio para intensificar la vida espiritual. Nada hay que distinga a un maestro de una persona normal, salvo que aquél será de un aspecto noble, digno y sereno. Existe la creencia generalizada entre los teósofos de que estos maestros viven muchos más años que el término medio, consiguiendo edades muy avanzadas.

Estos protectores anónimos del mundo que son los maestros tienen una importante y amplísima labor que realizar, por lo que difícilmente se ocupan de un individuo en particular, salvo que sea como medio para propagar el amor y la espiritualidad. Su proyección es universal, y quien así lo comprenda no osará dirigirles ruegos personales. Su misión esencial es el servicio a la humanidad, y canalizan todo su tiempo en tal sentido.

Los maestros forman sus discípulos de entre los hombres normales, siempre y cuando perciban en éstos un provechoso grado de evolución y unas aptitudes morales considerables. El maestro tiene que estar convencido de que el discípulo no le fallará, que ha trascendido todo egoísmo y vanidad y que aparece dispuesto a sacrificarse por el bien de la humanidad. Pero en muchas ocasiones, antes de pasar a ser discípulo definitivo del maestro, el candidato tiene que superar unos largos períodos de prueba, mediante los cuales deberá instruirse y prepararse concienzudamente en todos los aspectos. El maestro, durante todo ese tiempo, no dejará de observarle, y no le hará su discípulo definitivo hasta que le considere apto para ello. En su día, el candidato será un vehículo de actuación para el maestro.

Los teósofos mantienen la creencia de que entre el maestro y el discípulo se da una estrecha relación telepática. El maestro, siempre que lo crea aconsejable, puede inspirar al discípulo en sus actos, en sus obras, en sus conferencias y en su correspondencia. El maestro se manifestará así a los demás a través de su discípulo.

A las dos etapas, a la de prueba y a la de discípulo, corresponde una tercera: la de hijo. Cuando el maestro ha comprobado durante el tiempo necesario la fidelidad de su discípulo, su espíritu de sacrificio, su verdadera evolución espiritual, lo adopta como a un hijo y la relación entre ellos es todavía más estrecha.

No es ni mucho menos sencillo llegar a discípulo, ni siquiera a candidato. Se requieren unas cualidades muy especiales. Los teósofos sostienen que lo único que puede hacer quien desee convertirse en discípulo es trabajar interiormente sin descanso, desarrollándose sin cesar, con la convicción de que nada pasa desapercibido para los maestros, y que ya se pondrán en contacto con él cuando se lo merezca. El maestro, cuando lo crea aconsejable, se comunicará con el aspirante a discípulo, ya directamente en el plano invisible, ya a través de un discípulo suyo. Quien sea capaz de renunciar a su vida personal en favor de la de los demás, quien sea consciente de que es una emanación de la sustancia divina y que debe purificarse para retornar a ella, ése llegará a ser discípulo. Vivir la teosofía es afanarse por la propia realización y la realización de los demás.

Muchos teósofos comulgan con la creencia de que la raza humana habrá de regenerarse espiritualmente para recibir en su día a Maitreya, un nuevo Buda o Mesías que unificará todas las religiones e implantará en el mundo el amor y la verdad. Por ello, los maestros están buscando auxiliares que colaboren en esta regeneración, que anhelen la integración y no la desunión, la confraternidad y no la discriminación, los sentimientos de amor y no de odio, el pensamiento constructivo y no el destructivo. Para ayudar espiritualmente a los demás, el hombre debe ayudarse previamente a sí mismo, instruyéndose y disciplinándose.

El hombre debe ser amor; hacia los demás hombres, hacia los niños, hacia los animales, incluso hacia las plantas. La meditación le ayudará a llevar la luz a su interior y a ser más auténtico. Todo hombre es un buda en potencia; de él exclusivamente depende alcanzar la conciencia búdica.

Con sus vastos conocimientos, con sus miras de fraternización universal, con sus deseos, con sus gotas de ingenuidad y sus fantasiosas creencias en muchos aspectos, la teosofía ha conseguido cautivar a cientos de miles de personas, y ni los más escépticos ni los más racionalistas han podido nada contra ella.

BIBLIOGRAFÍA

Besant, Annie: *El Sendero de Iniciación*. Kier. Buenos Aires.

_____*El Hombre y sus Cuerpos*. Kier. Buenos Aires.

_____*EL Cristianismo Esotérico*. Kier. Buenos Aires.

_____*El Sendero del Discipulado*.

_____*Lecturas populares de Teosofía*. Teosófica Argentina. Buenos Aires, 1953.

Blavatsky, H. P.: *La Doctrina Secreta*. Kier. Buenos Aires.

_____*Glosario Teosófico*.

_____*La Clave de la Teosofía*. Kier. Buenos Aires.

_____*Isis sin Velo*.

Jinarajadasa: *Fundamentos de Teosofía*. Kier. Buenos Aires.

Leadbeater, Ch.: *La Vida Interna*. Glem. Buenos Aires, 1958.

_____*Un libro de Texto de Teosofía*. Maynadé. Barcelona.

_____*Los Maestros y el Sendero*. Maynadé. Barcelona.

_____*El Hombre Visible e Invisible*. Maynadé. Barcelona.

Olcott, H. S.: *Theosophy, Religion and Occult Science*. 1885.

_____*Historia de la Sociedad Teosófica (4 vols.)*. Soc. Gral. Española de Librería. Madrid, 1929.

Pavri, P.: *Teosofía Explicada en Preguntas y Respuestas*. Ediciones de la Fraternidad Universal. México, 1955.

Sinnett, A. P.: *Budismo Esotérico*. Glem. Buenos Aires, 1958.

_____*Incidentes de la Vida de la Señora Blavatsky*. Maynadé. Barcelona, 1921.

_____*The Mahatmas Letters to A. P. Sinnett from the Mahatmas M. and K. H*. Rider. Londres, 1948.

15

LA CIENCIA CRISTIANA

Lo único que puede haber habido de secreto u oculto en la Ciencia Cristiana son las intenciones y actividades de su fundadora, Mary Baker-Eddy, pues, por lo demás, su sistema es como el de cualquier otra religión exotérica en lo referente a hacer tantos prosélitos como sea posible. Como la Ciencia Cristiana es Mary Baker-Eddy, bastará un apunte biográfico para comprender el porqué y el cómo de este sistema de curación mental, con pretensiones de religión, que ha llegado a contar con miles de adeptos.

Mary Baker-Eddy... ¿Cómo podríamos definirla? Su vida demuestra hasta qué punto un carácter histérico y enfermizo y un desorbitado afán de dominio pueden volverse arrolladores. Mary Baker-Eddy... Masculina, agresiva, dura, intransigente y, sin embargo, a la vez temerosa, frágil y vulnerable hasta donde más no cabe, siempre dependiente de alguien y siempre enormemente insatisfecha. Una mujer que apoyándose en su gran debilidad psicológica, compensando su gran complejo de inferioridad —como le gustaría decir a Adler—, canalizando su densa histeria y sus agudas crisis depresivas, se hizo más fuerte que el más fuerte de aquellos que la rodeaban, aprendió a mantenerse firme como una roca indestructible en presencia de los demás, consiguió una religión sui géneris, ser la papisa de dicha religión y ser respetada por infinidad de adeptos. Una Mary Baker-Eddy siempre expuesta a la melancolía y a la excitación, completamente distinta delante de los demás a como era en su íntima soledad; una mujer que prácticamente logró todo lo que se había propuesto menos una cosa —quizá aquello por lo que ella lo hubiera entregado todo, hasta su propia vida—: el amor de un compañero. No el respeto y veneración de sus feligreses ni el temor y servilismo de sus ayudantes, sino un amor auténtico, capaz de proteger y acompañar.

Mary Baker nació el 16 de julio de 1821 en New Hampshire. Desde niña pudo observarse en ella su afán por constituirse en el centro de la atención de los demás y ejercer, a su modo, un implacable dominio sobre ellos. Eso sí, siempre a su modo. Las reacciones de Mary Baker nunca resultaron fácilmente previsibles. Un día, ante la sorpresa e inquietud de sus padres, la niña fue víctima de fuertes espasmos y convulsiones. Una crisis de naturaleza histérica que no pudo dejar de alarmar a sus progenitores. Sin ser consciente de ello, la desequilibrada niña encontró la forma, casi siempre infalible al principio, de llamar la atención de sus padres, de hacer que se preocupasen por ella, de obligarlos a que la mimasen y

Dos fueron los hombres definitivos en la vida de Mary Baker: Phineas Pankhurst Quimby, un relojero, y Richard Kennedy, un empleado en una fábrica de cartonería.

Quimby, el relojero-médico, tenía fama por sus curaciones sorprendentes. En todos los lugares por los que había pasado se podía encontrar a alguien que había visto aliviados o curados sus trastornos psíquicos o somáticos. Quimby, que había aprendido a servirse de la sugestión con indiscutible maestría, denominaba a su método terapéutico «cura mental». Después de repetidos y fallidos intentos, Mary Baker fue recibida por este hombre que era una especie de curandero-hipnotizador.

El aparente milagro se produjo. La mujer que había llegado extenuada y a rastras, dolorida y convertida casi en una tullida se restableció sin ningún lugar a dudas. Sus miembros volvieron a responder, se sintió ágil y juvenil, enérgica y animosa. Pero no se contentó con su curación; deseaba además conocer todo lo posible sobre la terapéutica de Quimby e, infatigable como era para aquello que verdaderamente le interesaba, fue aprendiendo todos los principios de la «cura mental» y llegó a saber sobre el método más que el mismo relojero. No pudo utilizar todo lo aprendido durante mucho tiempo, pero aquellos conocimientos serían los que en su día la llevarían del anonimato a la celebridad, de la miseria a la opulencia, de la fragilidad al poder.

Durante años Mary Baker vivió a costa de las personas que se dejaban impresionar por ella. Siempre se valía de mil pequeñas formas para encontrar alimentación y un lecho en el que descansar. Su pobreza material enriqueció su mente y la ayudó a consolidar sus ideas. Y así, en 1868, exactamente el 4 de julio, publicó en el *Banner of Light* un osado anuncio:

> Todo aquel que quiera aprender el modo de tratar al enfermo puede recibir, de la abajo firmante, instrucciones que le permitirán comenzar el tratamiento, sirviéndose de un método científico con el que obtendrá un éxito muy superior al que lograría con otro cualquiera de los actuales. No es necesaria la medicina, la electricidad, la fisiología ni la higiene, para conseguir resultados incomparables en los casos más difíciles. No se exige pago alguno si no da resultado. Dirigirse a la señora Mary B. Glover. Abesbury Mass. Box 61.

Éste fue el comienzo de una larga carrera, aunque entonces incluso el más crédulo no lo hubiera pensado así, porque ni una persona se dirigió a la firmante. Pero el camino comenzaba a ser recorrido y los pasos inseguros del principio se harían luego sólidos y firmes.

El otro hombre: Richard Kennedy, un joven inculto de veintiún años. Mary le propuso asociarse a ella. Él tendría que actuar como médico y repartir con ella los dividendos. La experiencia iba a llevarse a cabo; escenario: una insignificante ciudad, Lynn. En 1870 se inauguró la consulta del empleado de una fábrica de cartonería, ahora ya el respetable doctor Kennedy. El éxito sonrió a la pareja y los pacientes se multiplicaron. Mary Baker se convirtió además en profesora de su ciencia. Su título era «Profesora de Ciencia Moral», un título tan ambiguo que despertaba la curiosidad. Reunió a varios discípulos, a pesar de que sus honorarios representaban una cifra muy considerable: cien dólares por persona. Y fue

subiendo escalones por esa larga escalera que la conduciría a
la fama. Pero, egocéntrica como era —tal vez sería más acertado decir ególatra—, se dio cuenta de que una persona le hacía
sombra: su compañero, el doctor Kennedy. Hasta tal punto
llegaron las cosas que la sociedad se disolvió.

El odio que Mary Baker experimentaba por Richard
Kennedy iba en acelerado aumento; odio que trastornaba
todo su ser. La profesora en ciencia moral llegó a pensar, muy
convencida de ello, que Kennedy la estaba aniquilando mentalmente (telepáticamente). Esta obsesión se repetiría en múltiples ocasiones.

Un año glorioso para Mary Baker fue 1875. Salió a la luz
su obra *Science and Health*, de la que llegarían a venderse cifras
astronómicas. Y la Ciencia Cristiana comenzó a propagarse
con sorprendente facilidad, aunque no tan sorprendente si
consideramos que era una doctrina abonada para los enfermos, los desvalidos, los desgraciados, y que además no
imponía obligaciones de ningún tipo, que es siempre la parte
difícil de seguir en una religión. Cualquier persona podía pertenecer a la Ciencia Cristiana y especializarse en sus métodos.
Mary Baker los enseñó y facilitó diplomas de científico cristiano a muchas personas. Y si además consideramos que la
Ciencia Cristiana surgió en Norteamérica, en donde han proliferado múltiples sectas, sociedades, pseudocultos y toda
suerte de sistemas filosófico-religiosos, ya no puede asom-
brarnos tanto el auge que habría de tomar esta (¿cómo llamarla?) «ciencia cura-lo-todo».

Mary Baker, ahora con más motivos que nunca, continuó
dando cursillos. Las lecciones costaban ya trescientos dólares,
y los discípulos no regateaban su dinero. Asistían a sus clases

con entusiasmo y curiosidad, y pronto, muy pronto, quedaban prendados de aquella peculiar mujer que era su profesora y que siempre se mostraba serena, entera, segura de sí misma. Aunque la fundadora de la Ciencia Cristiana todavía no había podido liberarse de sus fuertes crisis, aunque en la soledad sufría amargamente por sus deficiencias psicológicas, parecía una persona totalmente diferente cuando se encontraba ante sus discípulos, los cuales a su vez enseñarían a otros alumnos que a su vez harían lo mismo. Y así la doctrina se fue extendiendo, al principio con cierta timidez, pero después con la intrépida osadía de saber que ya eran muchos los devotos.

La fidelidad y el entusiasmo de aquellos primeros discípulos causó admiración. En junio de 1875 acordaron lo siguiente:

Habiendo sido introducida recientemente en la ciudad de Lynn, y por su propia descubridora, Mary Baker-Eddy, una ciencia médica, nueva en nuestros tiempos, e infinitamente superior a todas las demás en su género; y habiendo difundido sus numerosos amigos por toda la ciudad la buena nueva y levantando la bandera de vida y verdad que significa la redención de los muchos que viven encadenados al error y la dolencia; y habiéndose, por la perversidad e intencionada desobediencia de uno solo, que no tiene calificativo en el lenguaje de la sabiduría y de la verdad, oscurecida la luz por las nubes del equívoco y las tinieblas del misterio, quedando la palabra de Dios oculta al mundo y escarnecida en plena calle, nosotros, alumnos y partidarios de esta filosofía de la ciencia de la vida, hemos acordado con Mary Baker-Clover que ella nos predique cada domingo y dirija nuestras reuniones. Nos comprometemos solemnemente por el presente escrito, y declaramos y hacemos saber que hemos convenido en abonar, por el tiempo de un año, las cantidades que van expresadas a continuación de nuestros nombres, con la previa condición de que tales importes no se destinen a otro fin que al sostenimiento de la expresada Mary Baker-Clover, nuestra maestra y educadora, y al pago del alquiler de una sala apropiada.

Ocho alumnos que después se multiplicarán por mil y, más adelante, por varios cientos de miles. ¿Podría soportar esta mujer la presión a que se vería sometida? ¿Podría ya a sus años hacer gala de la fuerza necesaria? ¿Sería capaz de mantenerse en el trono en el que la habían situado sus primeros discípulos? Si se hubiese tratado de otra mujer, de una mujer normal, quizá se podría haber dudado, pero de Mary Baker no. Lo que a otros podría amilanar, a ella la enardecía; lo que a otros podría confundir, a ella le reportaba una nueva luz en su interior.

Divorciada de su anterior marido, Mary Baker se casó por tercera vez, en esta ocasión con uno de sus discípulos, llamado Asa Gilbert Eddy. Pero esta tercera unión tampoco logró disipar los fantasmas de su psiquis. Retornó, con más fuerza que nunca, la manía de que sus alumnos disidentes trataban mentalmente de aniquilarla. La manía se hizo pública, trascendió lo meramente privado, y la Ciencia Cristiana se puso en evidencia por el escaso sentido de reserva de su fundadora. Incluso los discípulos más fieles, al observar la extemporánea y rencorosa conducta de su maestra, decidieron apartarse de la sociedad. Mary Baker se vio entonces obligada a alejarse de Lynn, y dirigió sus pasos a Boston.

En junio de 1883 murió el tercer esposo de Mary Baker. Los detractores de la Ciencia Cristiana tuvieron ahí un arma muy eficaz de atacar su doctrina. ¿Por qué esta mujer que con sus procedimientos todo lo curaba no había podido sanar a su esposo? Pero Mary Baker no se amedrentaba fácilmente. Se limitó a decir que su esposo no había muerto por un trastorno orgánico, sino que había sido asesinado telepáticamente por algunos de sus enemigos; y, como quien se hallaba en posesión de la más justa y aquilatada verdad, continuó su labor de apostolado. Construyó un edificio de varias plantas para la Ciencia Cristiana y allí, con inquebrantable voluntad y febril entusiasmo, prosiguió sus actividades de sacerdotisa, de elegida, de curandera inigualable. Cientos, miles de alumnos. Además, como la doctrina tenía que ser llevada hasta el último rincón de América, se creó el *Christian Science Journal*, con abundancia de información y de datos, lo que captó nuevos alumnos. Ahora, definitivamente, el motor estaba en marcha, sin posibilidades de que se extinguiese, victorioso en su funcionamiento para siempre. Academias, escuelas, asociaciones, grupos... Dólares y más dólares. Mary Baker estaba en todas partes; su nombre, su leyenda, sus obras, incluso su imagen. Por mucho que se exagere, no es fácil dar una idea aproximada de lo que esa mujer estaba consiguiendo con su ciencia de la autosugestión religiosa, por llamarla de alguna forma. Si su doctrina despertaba el interés más apasionado, su figura y su presencia desataron explosivas y enajenadas manifestaciones hacia ella. Como enviada por el mismo Dios a la Tierra a fin de extender la nueva doctrina, seria y digna, impenetrable, con voz lenta y segura, ora sumisa y arrulladora, ora violenta como un trueno, Mary Baker pronunciaba unas conferencias que tonificaban a los oyentes hasta lo más profundo de su ser.

En 1888, Mary Baker contaría con su propia iglesia, en cuyo frontis aparecía escrito: «Homenaje a nuestra amada Maestra, la Reverenda Mary Baker-Eddy, descubridora y fundadora de la "Christian Science». Inaudito en pleno siglo XIX pero cierto.

Finalizó el siglo. Mary Baker tenía cerca de ochenta años. La Ciencia Cristiana contaba con miles de adeptos en todo el mundo y los templos de esta doctrina eran numerosos. No se puede pedir más. ¿O tal vez sí?...

Año 1902. La vejez no cambió a Mary Baker. Cada vez más entronizada, no rogaba, exigía. Proyectaba, y sus proyectos resultaban siempre fabulosos, desorbitados. Hizo un llamamiento público. No, no pedía moralidad, ni obediencia, ni respeto a la enseñanza, ni fe... Pidió dos millones de dólares para construir un templo impresionante en Boston. Y se construyó; abrió sus puertas cuatro años después, con la celebración de una reunión multitudinaria para rendir culto a la respetable anciana.

La niña obstinada y enfermiza se transformó en una mujer ambiciosa e inquebrantable, una anciana orgullosa e inflexible. Porque había hecho de su objetivo vital una obsesión, lo llevó a cabo con buen éxito. Quiso poder y lo tuvo; quiso ser venerada y lo consiguió; quiso curar y llevó a los demás la curación; quiso que su nombre estuviera en labios de los demás y fue pronunciado millones de veces. Mary Baker-Eddy. No podemos ni debemos juzgarla. ¿Quién puede saber lo que hay en el fondo del alma de todo ser humano? El 4 de diciembre de 1910, Mary Baker —esa mujer que tan poca simpatía despertó en Mark Twain— abandonaba este mundo a los ochenta y nueve años de edad.

El procedimiento terapéutico de Mary Baker-Eddy puede resumirse en tres palabras: sugestión, sugestión y sugestión. Pero ¿y su doctrina? Una doctrina tan simple, tan carente de toda riqueza religiosa, intelectual y metafísica, tan pobre, en suma, que seguramente por ello consiguió tantos devotos. Pretender que la Ciencia Cristiana es una religión o una filosofía es pura alienación; pretender que es un modo de vida o de actuación tampoco es razonable. Pero que los principios de la Ciencia Cristiana pueden obrar milagros, eso no puede dudarse; que miles de personas encontraron refugio y solaz en su seno, tampoco. Entre las verdades más grandes está aquella de que la fe puede mover montañas. Por eso en muchas ocasiones una sugestión o una creencia pueden resolver aquello que no podrían resolver todas las terapias del mundo unidas.

Dios me había venido preparando misericordiosamente, desde hace muchos años, para el recibimiento de esta definitiva revelación del principio divino en absoluto, de la científica curación mental.

¿Y qué entendía Mary Baker por la científica curación mental? Muy sencillo: no puede haber enfermedad porque la enfermedad no existe; no puede haber muerte porque la muerte tampoco existe. Y más aún: las encías desdentadas, los ojos apagados, el cabello canoso y el rostro arrugado no denotan vejez, porque la vejez, al igual que la enfermedad y la muerte, no existe. Porque Dios es todo amor no puede provocar ningún sufrimiento al ser humano; porque Dios ha hecho al hombre a su imagen y semejanza, éste no puede ser vulnerable.

Entonces, ¿qué es la muerte, la vejez, la enfermedad? Ilusión, contesta Mary Baker; un burdo engaño al que se encuentra sujeto el hombre. Además, ¿cómo puede haber muerte, vejez y enfermedad si el cuerpo no existe? Porque para la fundadora de la Ciencia Cristiana, el cuerpo no es una realidad, sino también una ilusión; el hombre, por más que crea en la materia, está hecho de sustancia divina. Por eso, porque está conformado con sustancia divina, la medicina tradicional –que se dirige hacia el cuerpo– no puede hacer nada por el hombre; sólo una medicina del espíritu puede hacerlo, una medicina como la propuesta por la Ciencia Cristiana. Hay que tener fe; hay que apartar de manera definitiva de la mente la falsa idea de enfermedad; hay que llegar a la profunda convicción de que, aunque nos lo parezca, nada malo puede sucederle al hombre. No cabe, pues, combatir la enfermedad, sino combatir la ilusión, el extendido engaño de la humanidad. Es una cuestión de fe; se cree o no se cree, eso es todo. Dios es esperanza, bondad, amor, esplendor, creación. Quien considere que algo malo puede sucederle al hombre no cree en todos esos atributos de la divinidad.

Desde los albores de la humanidad, la sugestión ha jugado un destacado papel en el ser humano. Su eficacia está sobradamente comprobada. Incluso en el auténtico enfermo, la fe ocupa un relevante puesto. Mary Baker supo encontrar el interruptor capaz de iluminar el lado oscuro de muchas personas. Por lo menos aquellos cuya enfermedad era la de creerse y sentirse enfermos físicamente –producto de su enfermedad mental– fueron restablecidos. A veces hasta los más grandes despropósitos resultan sumamente provechosos.

BIBLIOGRAFÍA

Baker Eddy, Mary: *Retrospection and Introspection*. 1892.

_____*Messages to the Mother Church*.

_____*Science and Health*. 1875.

_____*Miscellanous Writings*. 1896.

Powell, L. P.: *Mary Baker Eddy*.

Wilbur, Sybyl: *Life of Mary Baker Eddy*. 1929.

Zweig, Stefan: *La Curación por el Espíritu*. Espasa Calpe. Buenos Aires, 1954.

16

GURDJIEFF Y SU SISTEMA

Un mago fuera de lo común. Para unos, un mago diabólico; para otros, un maestro de excepcionales cualidades. Un hombre, eso sí, extraordinariamente original. George Ivanovich Gurdjieff. Durante años su nombre fue repetido frecuentemente entre los intelectuales. Sus poderes esotéricos eran asombrosos, capaces de despertar el interés del más apático. Se ha dicho de él que ejercía una influencia enorme sobre sus discípulos, hasta el punto de apoderarse de sus almas y de sus sentimientos, hasta el extremo de atrapar sus mundos interiores y encadenarlos a sus propias decisiones. ¿Quién era en realidad George Ivanovich Gurdjieff, ese extraño personaje que llamó vivamente la atención de D. H. Lawrence y de Aldoux Huxley, que contó entre sus discípulos con Bennet, Louis Jouvet, Kayserling, y un número considerable de escritores, médicos y psicoanalistas? ¿Quién era aquel hombre seguro de sí mismo y desconcertante al cual acudieron, desesperadas, Katherine Mansfield, Georgette Leblanc —compañera durante muchos años de Maeterlinck— y Dorothy Caruso, la mujer del gran cantante? ¿Quién era esa enigmática persona de escandalosa sonrisa y descarados ademanes, que inspiró ensayos, relatos y novelas, que consiguió profundo amor e intenso odio, sólida confianza y aguda desconfianza, inalterable seguridad y agudo recelo? Unos encontraron en él la salvación; otros la decepción y la amargura. Fue un apóstol para unos, para otros un farsante, para algunos un mago negro que con sus poderes psíquicos se apoderaba de la voluntad de sus discípulos. Menos que fuese mediocre, de él se ha dicho casi todo. No era exactamente un filósofo, ni un psicólogo, ni un iniciado, ni un espiritualista, aunque era a la vez todo eso y más. Naturalmente, en lo que respecta a Gurdjieff, sería mucho más fácil decir lo que era que lo que era en realidad, y aun así a riesgo de cometer no pocos errores.

George Ivanovich Gurdjieff nació en Alexandropol, el 1 de enero de 1877. Durante un cuarto de siglo recorrió numerosos países de Oriente, donde fue iniciado en múltiples doctrinas, tomó contacto con numerosos maestros y pasó por diversas escuelas esotéricas. Tras sus enigmáticos recorridos por Oriente, de los que se sabe muy poco, volvió a Rusia y comenzó a mostrar su singular doctrina a unos cuantos discípulos. Durante muchos años trabajaría con grupos más o menos reducidos, en una estrecha unión con sus discípulos. A pesar de su apariencia, que era en todo la antítesis de la de un gurú, Gurdjieff impresionaba vivamente a los que le conocían.

No encontraban en él un hombre contemplativo y llamativa-
mente sereno, parco y comedido, ni mucho menos; veían un
hombre que bebía con voluptuosidad, fumaba continuamente, refrescaba sus palabras con una marcada ironía y, si llegaba
el caso, se llenaba la boca con alguna que otra palabrota. Nada
de vocablos sagrados, ni de promesas místicas, ni de proyectos espirituales, ni de orientaciones para el amor y la confraternidad. Nada de eso. Pero se observaba en él un hombre
totalmente diferente al resto de las personas; plenamente
seguro de sí mismo y consciente de todos sus movimientos,
palabras y actos. Daba la sensación de ser una roca indestructible. Para impartir la enseñanza no buscaba santuarios ni
lugares apartados, en absoluto; amaba los cafés, y en su mesa
reunía con no poca frecuencia un número considerable de
discípulos. Entre el ruido de las cucharillas y las tazas, entre el
escandaloso sorber del café, entre las estridentes palabras de
la concurrencia, Gurdjieff decía cosas que estaban cargadas
de trascendencia y valor. Era algo desusado, en cierto modo
grotesco, pero hay que tener en cuenta que Gurdjieff es sólo
comparable a Gurdjieff y que nada en él era corriente.

Ouspensky —ese gran buscador de la verdad absoluta— se
entrevistó con él en uno de estos cafés. En *Fragmentos de Una
Enseñanza Desconocida* (*En busca de lo Milagroso*) podemos leer:

> Mi primera entrevista modificó enteramente la idea que tenía
> de él y de lo que podía aportarme.
> Lo recuerdo muy bien. Habíamos llegado a un pequeño café
> alejado del centro de la ciudad, en una calle bulliciosa. Vi a un
> hombre que ya no era joven, de tipo oriental, con bigotes
> negros y ojos penetrantes. Primeramente me asombré porque

parecía estar completamente fuera de sitio en tal lugar y dentro de tal ambiente. Todavía estaba lleno de mis impresiones del Oriente, y hubiera podido imaginarme a este hombre con cara de rajá hindú o de jeque árabe, bajo una túnica blanca o un turbante dorado, pero sentado en este pequeño café de tenderos y de comisionistas, con su abrigo negro de cuello de terciopelo y su bombín negro, producía la impresión inesperada, extraña y casi alarmante, de un hombre mal disfrazado. Era un espectáculo embarazoso, como cuando uno se encuentra delante de un hombre que no es lo que pretende ser, y con el cual sin embargo se debe hablar y conducirse como si no se diera cuenta de ello. Gurdjieff hablaba un ruso incorrecto, con fuerte acento caucasiano, y este acento, que estamos habituados a asociar con cualquier cosa excepto con ideas filosóficas, reforzaba aún más la extrañeza y el carácter sorprendente de esta impresión.

No me acuerdo del comienzo de nuestra conversación; creo que hablamos de la India, del esoterismo y de las escuelas de yoga. Entendí que él había viajado mucho, que había estado en muchos lugares de los cuales yo sólo había oído hablar y que había deseado vivamente conocer. No solamente no le molestaban mis preguntas, sino que parecía que en cada una de sus respuestas ponía mucho más de lo que yo había preguntado. Me gustó su manera de hablar, que era a la vez prudente y precisa. M. nos dejó. Gurdjieff me contó lo que hacía en Moscú. Yo no le comprendía muy bien. De lo que hablaba se traslucía que en su trabajo, que era sobre todo de carácter psicológico, la «química» desempeñaba un gran papel. Como le escuchaba por primera vez, naturalmente tomé sus palabras al pie de la letra.

—Lo que usted dice me hace recordar un hecho que me contaron sobre una escuela del sur de la India. Sucedió en Travancore. Un bracmán, hombre excepcional en más de un sentido, le hablaba a un joven inglés de una escuela que estudiaba la química del cuerpo humano y que había comprobado que, al introducir o eliminar diversas sustancias, se podría cambiar la naturaleza moral y psicológica del hombre. Esto se parece mucho a lo que usted dice.

—Sí –dijo Gurdjieff–, es posible. Pero al mismo tiempo puede que sea una cosa totalmente distinta. Ciertas escuelas aparentemente emplean los mismos métodos; pero los comprenden de una manera completamente distinta. La similitud de métodos o aun de ideas no prueba nada.

El diálogo continuó entre Gurdjieff y Ouspensky. De allí nacería una larga relación y una honda amistad. Gracias al segundo puede decirse que se ha mantenido viva la enseñanza del primero, porque ha sabido exponer admirablemente sus conceptos y principios. La vida de Gurdjieff es también, en muchos sentidos, la vida de Ouspensky, por lo que resulta forzoso hacer un corto paréntesis y dedicar unas palabras al escritor y filósofo ruso.

Piotr Demianovich Ouspensky nació en Moscú, en 1878. Estudió psicología, matemáticas y ciencias naturales en la universidad de la capital rusa. Se interesó a fondo por la filosofía y fue un prolífico escritor. En busca de lo milagroso, viajó por Oriente, y a su vuelta, en 1914, conoció a Gurdjieff, del cual sería su más adelantado discípulo, al menos en cuanto a erudición. Después de numerosos años, se separó de Gurdjieff para llevar a cabo su trabajo independientemente, y mostrar la enseñanza. Se estableció en Inglaterra, formó sus propios grupos, pronunció múltiples conferencias y realizó una considerable labor literaria. Murió en Lyne (Inglaterra), el 2 de octubre de 1947.

Uno de los problemas que más captaron la atención de Ouspensky, además de todas las cuestiones esotéricas, fue el del tiempo. Creía en la teoría de la «recurrencia eterna» y en su obra *Tertium Organum*, escrita con anterioridad a su relación con Gurdjieff, se extendió sobre el tema, al igual que haría después en su obra más ambiciosa y seguramente la mejor, *Un Nuevo Modelo del Universo*.

El tiempo, aparentemente, no preocupaba a Gurdjieff, y no se refería a él muy a menudo ni con claridad. En su excelente trabajo sobre el tiempo, J. B. Priestley explica:

> ¿Qué dijo el viejo maestro de la obra, el propio Gurdjieff, respecto al tiempo, cuando éste no se enmascaraba como el «Implacable Heropass»? Solamente una cosa, que yo sepa. Dijo: «El tiempo es lo único subjetivo». No me propongo explorar aquí las profundidades de esta observación. Pero parece que nuestra experiencia, en cualquier nivel, está condicionada de algún modo por algo que tenemos que aportar a esa experiencia, algo que no está en ella, sino en nosotros. Y ese algo siempre empieza a parecerse al tiempo. Así, pues, quizá Gurdjieff tuviese razón.

Tenemos a Gurdjieff en Moscú, en 1914, ya en un café o en otro, conversando siempre animadamente, causando una imborrable impresión en sus interlocutores, exponiendo sus enseñanzas sobre el hombre dormido y el hombre despierto.

Todo ello después de muchos años de incansables viajes. ¿Por dónde? ¿Por qué? ¿Para qué? En algunos aspectos la vida y viajes de Gurdjieff no resultan mucho más claros que los de Pitágoras.

Gurdjieff era caucasiano de origen griego. Parece ser que realizó determinados estudios eclesiásticos y en medicina. Después, seguramente por inquietudes misticoesotéricas, dio comienzo a sus prolongados viajes. Sobre ellos y las experiencias que le reportaron, Gurdjieff siempre se mostró muy discreto, dejando traslucir su toma de contacto con algunos hombres trascendentes. Estuvo en diversos monasterios y con distintos maestros de muy diferentes enseñanzas. Por los principios que mostraba a sus alumnos, puede deducirse que fue instruido en el sufismo, en el yoga y otros sistemas indios. Su enseñanza es una mezcla, inteligentemente conseguida, de elementos yoguis, sufíes y esotéricos, por enumerar tan sólo algunos de ellos. Lo original no son los conceptos y principios impartidos por Gurdjieff —algunos tan antiguos casi como el hombre—, sino su forma de exponerlos y la síntesis que elaboró sirviéndose de ellos. Que el hombre está dormido y tiene que despertar, que es una máquina y que para dejar de serlo tiene que seguir una disciplina que le desarrolle son principios que con una u otra terminología son bien familiares para toda la filosofía oriental. Supo conformar una doctrina ecléctica de mucho peso, tomando de aquí y de allá lo que él consideraba más positivo y eficaz. No cabe duda de que sus conocimientos tenían que ser tan vastos como profundos, pues su enseñanza es de una riqueza sorprendente, y su cosmología tan compleja que no cabe admitir que sea producto de la casualidad.

Parece ser que Gurdjieff formó parte de un grupo de hombres «despiertos» que se proponían llevar la vigilia al resto de la humanidad. Ese grupo se dispersó y cada miembro se dirigió a una parte del mundo. Gurdjieff llegó a Rusia con una misión que cumplir: despertar a los hombres, enseñarles cómo dejar de ser máquinas. Esto es lo que sabemos, aunque las suposiciones son múltiples. A título de curiosidad digamos que se ha llegado a pensar que Gurdjieff fue durante muchos años un importante agente ruso en el Tíbet, llegando a poseer una considerable influencia en el sector político. Meras especulaciones. Pero digamos que sobre Gurdjieff todo puede creerse. ¿Cómo imaginar a un maestro que imparte su enseñanza mientras sus discípulos se limpian el café que gotea por su mentón; un maestro que habla del desarrollo superior mientras engulle sabrosos canapés de caviar, que se expresa sobre la salud mental mientras ataca su salud corporal con el tabaco y el alcohol? Puede parecernos grotesco, pero en Gurdjieff no resultaba así. Era tan natural, tan espontáneo, tan sincero en sus actuaciones que uno terminaba por aceptar en él incluso lo más inaceptable. Era la antimística, la antiascesis, el antiesoterismo tradicional. Y sin embargo, a su modo, era un místico, un asceta, un lúcido esoterista. Y era por encima de todo, salvando sus defectos, que eran muchos, un hombre sumamente inteligente. Poseía la transparente inteligencia de los que, además de ser intuitivos, se sirven de la razón; de los que no se pierden en la teoría y tratan de realizarse en la práctica; de los que asimilando perfectamente los conocimientos de los demás son capaces de crear los suyos. Obligatoriamente debe constarnos que a muchos de sus discípulos les debió de infligir un mal irreparable; pero de su enseñanza se pueden extraer puntos importantísimos. Todo consiste en observar una fiel depuración y organizar muchas cuestiones que en él no habían terminado de estar organizadas. Sus actos vitales se contradecían y terminaban por confundir al estudioso. Unas veces se mostraba serio y comedido; otras, por el contrario, charlatán y sensacionalista, como si se tratase de un Cagliostro o un Saint-Germain. Quizá su mayor defecto como instructor era que tratase de «despertar» a todos sus discípulos con similares procedimientos, y aun admitiendo que todos los hombres sean máquinas, como él decía, hay que darse cuenta de que no todas las máquinas son iguales. Con sus métodos ayudó a muchos y hundió a muchos otros. Su brusquedad fue un choque favorable para determinados discípulos, pero seguramente muy negativo para otros más acomplejados o inhibidos. Generalmente, el gran maestro, el verdadero iniciado, no es el que más sabe, sino el que mejor conoce a sus discípulos y la forma de hacerlos caminar hacia la verdad. El maestro debe aprender cómo actuar con el discípulo según sus características y grado de madurez, cómo dosificarse los conocimientos y las técnicas. Quizá Gurdjieff era como un padre demasiado exigente; exigía tanto que terminaba por anular la voluntad de su hijo.

No debe extrañarnos en absoluto el interés que en seguida supo despertar en muchos intelectuales de su época. El sistema de Gurdjieff se presentaba como una posibilidad para salir del callejón en que muchos seres humanos se hallan, una posibilidad para restablecer la serenidad espiritual e integrar una personalidad fragmentaria. Aquellos que estaban al borde del abismo nada tenían que perder. Aunque se desplomaran definitivamente, eso era mejor que permanecer toda una vida haciendo equilibrios para no caer. Lejos de todo sentimentalismo, apartado de todo tenor religioso, práctico y realista, Gurdjieff les ofrecía un sistema que exigía un superesfuerzo personal, pero ninguna creencia; un trabajo interior de titanes, pero ninguna convicción filosófica o religiosa, ni siquiera esotérica. Gurdjieff sabía que lo importante es que el discípulo caminase por sí mismo, que comprendiese en lo más profundo de su ser que nadie puede caminar por otro. Si el discípulo entendía esto y estaba dispuesto de veras a realizar el trabajo, la enseñanza podía reportarle determinados frutos. Él insistía frecuentemente en que el hombre tiene que esforzarse para desarrollarse, y que siempre tiene que dar algo a cambio de lo que recibe, pues de otra forma no sabe apreciar lo recibido. Podemos compararle en este sentido a aquellos psicoterapeutas que sostienen que, para que la psicoterapia sea eficaz, el paciente debe hacer un esfuerzo y abonarla. Gurdjieff cobraba tales sumas que no todo el mundo podía desprenderse de ellas. Explicó sin embages su postura a Ouspensky:

> ¡Ah!, ¡si tan sólo la gente razonara de esta manera! Pero en realidad razona exactamente al revés. Sin la menor necesidad afrontarían todas las dificultades. Pero para algo importante, de lo que podrían sacar un provecho verdadero, no levantan ni un dedo. Tal es la naturaleza humana. Un hombre nunca quiere pagar, pero sobre todo no quiere pagar por lo que es verdaderamente esencial. Usted sabe ahora que no se puede obtener algo por nada, que hay que pagar por todo, y pagar en proporción de lo que se recibe. Pero, habitualmente, un hombre piensa todo lo contrario. Por bagatelas completamente

insignificantes, pagará cualquier precio. Pero por algo importante, jamás. Esto debe llegarle por sí solo.

Pero si un alumno carecía realmente de dinero, Gurdjieff
lo aceptaba e incluso lo mantenía. Lo que verdaderamente le
molestaba es que las personas se creyesen con el privilegio de
ser instruidas sin dar nada a cambio, y que gastasen su dinero
en caprichos y objetos superfluos.

En 1917, Gurdjieff reunió a varios de sus discípulos, en
Essentuki, y los sometió a un arduo trabajo interno y externo
y a una dura disciplina.

Ouspensky explica:

Cada vez que evoco esa primera estadía en Essentuki, tengo
un extraño sentimiento. En total, permanecimos allí seis
semanas; pero ahora eso me parece totalmente increíble, y
cada vez que hablo con uno de los que estuvieron allá, también a él le cuesta creer que aquello duró sólo seis semanas.
Este periodo estuvo tan cargado que aun en seis años sería
difícil encontrar espacio para todo lo que se relaciona con él.
Gurdjieff se había instalado en una casita en los alrededores
del pueblo, y la mitad de nosotros, incluyéndome a mí, vivía-
mos con él; los otros llegaban por la mañana temprano y se
quedaban allí hasta una hora avanzada. Nos acostábamos muy
tarde y nos levantábamos muy temprano. Dormíamos cuatro
horas, cinco como máximo. Hacíamos todos los trabajos de la
casa, y el resto del tiempo lo llenaban los ejercicios...

Tras su permanencia en Essentuki, Gurdjieff se trasladó
con algunos de sus más fieles discípulos a Tiflis, en donde

inauguró un instituto bajo la siguiente denominación: Instituto para el Desarrollo Armonioso del Hombre, todo ello en una especie de comercio. El folleto de propaganda decía:

> Con autorización del Ministerio de Educación Nacional, se ha abierto en Tiflis el Instituto para el Desarrollo Armonioso del Hombre, basado en el sistema de G. I. G. El Instituto acepta niños y adultos de ambos sexos. Cursos mañana y tarde. El programa de estudios incluye: gimnasia de toda clase (rítmica, médica y otras), ejercicios para el desarrollo de la voluntad, de la memoria, de la audición del pensamiento, de la emoción, del instinto, etc., etc.
>
> El sistema G. I. G. está ya operando en una serie de grandes ciudades tales como: Bombay, Alejandría, Kabul, Nueva York, Chicago, Cristianía, Estocolmo, Moscú, Essentuki y en todas las filiales y hogares de verdaderas fraternidades internacionales de trabajadores.

Gurdjieff no era nada recatado en su propaganda, y hay que decir que frecuentemente la teñía de un marcado tinte sensacionalista. Pero siempre prometía, y cuando un hombre se encuentra angustiado o deprimido, fácilmente se deja cautivar por las promesas, en especial si éstas le aseguran un estado psicológico y mental más confortable.

Después de Tiflis, Gurdjieff planeó abrir un instituto de similares características en Berlín, pero el proyecto no se llevó a cabo. Pensó entonces instalarlo en Londres, pero como no pudo solucionar todas las dificultades que se le interponían, terminó dirigiéndose a Francia. Y en otoño de 1922, en las proximidades de Fontainebleau, a pocas decenas de kilómetros de

París, instaló su instituto en una antigua mansión conocida como el Priorato de Avon, adquirida al abogado Dreyfus. ¿Quiénes fueron los primeros discípulos de Gurdjieff en este nuevo instituto? Unos cuantos alumnos de Tiflis, algunos oyentes y seguidores de Ouspensky, dos psicoanalistas, un editor, numerosos rusos (la mayoría en una situación económica poco envidiable), algunos jóvenes tratados por los dos psicoanalistas y varios ingleses. En total, alrededor de setenta personas fijas. Aparte, otros individuos iban, de vez en cuando, a pasar allí unas cuantas semanas y a observar de cerca –y experimentar directamente– las técnicas de Gurdjieff.

Allí, entre aquellos grandes y hermosos jardines, muchas personas iban a vivir, para bien o para mal, una de las aventuras más excepcionales que pueda imaginarse. No se trataba de una aventura física, sino moral y espiritual, con un marcado acento de ascesis y esoterismo. Allí iban a realizar un trabajo físico y mental hasta el desfallecimiento, a experimentar los más extraños ejercicios de toma de conciencia y las más sorprendentes danzas al estilo de los derviches. A los pies del maestro, arruinada su salud por la tuberculosis, moriría Katherine Mansfield, que había acudido al lado de Gurdjieff con una fe admirable. Mujer de extraordinaria sensibilidad, no logró, a pesar de su fe, sustraerse a la muerte, pero seguramente pudo encontrarle más sentido a la vida. Entre otras muchas cosas escribió a su esposo:

¡Oh!, Bogey, ¡cómo me gusta este lugar! Es como un sueño, un milagro. ¿Por qué ocuparse de los imbéciles? Los hay que vienen desde Londres, no ven nada y regresan. Sin embargo, hay aquí algo maravilloso, es seguro, si pueden alcanzarlo.

Estaba muy enferma, no tenía comodidades, el frío era intenso, pero la presencia de Gurdjieff, ese hombre de tan marcados contrastes, reconfortaba su ánimo y alentaba su espíritu.

Los discípulos de Gurdjieff —los «filósofos del bosque», como los denominaba la prensa— tenían que someterse en el priorato a una severa disciplina. Habían ido allí a transformarse y no a pasar unas agradables vacaciones. La transformación exige un enorme esfuerzo, y Gurdjieff lo iba a alimentar con generosidad. La organización era poco menos que perfecta. Todo había sido programado con minuciosidad.

Aun cuando los discípulos se levantaban alrededor de las ocho de la mañana, sus horas de sueño eran muy escasas. Por la noche, hasta la madrugada, tenían que realizar los ejercicios o las danzas, escuchar una conferencia de Gurdjieff o dialogar con él. Cuando los alumnos se acostaban en sus duras y húmedas camas, el cansancio inundaba hasta la fibra más oculta de su ser. Cuatro horas de sueño y a recomenzar la tarea, como máquinas perfectamente preparadas, en excelente funcionamiento, siempre en acción.

Frío. A veces un frío casi insoportable. Comidas no abundantes, ni mucho menos; para algunos incluso el ayuno. Un trabajo atenuante. Vida ascética, pero en absoluto contemplativa. Trabajo-danzas-ejercicios, trabajo-danzas-ejercicios, trabajo-danzas-ejercicios... Un día, dos días, tres días... Y la voz sonora e implacable de Gurdjieff dirigiendo el trabajo físico y el mental, siempre vigilante, instando a un trabajo más eficaz y rápido. Las labores eran muy diversas: construir una dependencia, cuidar el ganado, hacer la limpieza, preparar la comida, atender el jardín... Después de varias horas de actividad, los discípulos se reunían en el comedor y efectuaban la comida del mediodía. Una cosa se puede decir de los alimentos: no eran realmente muy apetitosos ni muy variados. Tras la comida, se concedía un corto período de descanso. Después, nuevamente cada uno reanudaba su trabajo hasta la noche, en que daban comienzo las danzas y los difíciles ejercicios. A veces, por despiadado que parezca, también se trabajaba de noche, construyendo un pabellón o haciendo cualquier otra cosa. El caso era realizar el esfuerzo personal, el «superesfuerzo».

Se trataba de una actividad frenética tendente a quebrar la falsa personalidad, a destruir el armazón del falso yo, a lograr la perfecta armonía de los distintos centros físicos y mentales, a conseguir la permanencia de la conciencia. Ejercicios de todas clases: manuales, físicos, mentales, psicológicos... Una loca carrera hacia la autorrealización. Era como una pesadilla; más aún: como una inacabable, eterna alucinación. Un sistema enormemente duro, casi cruel. Pero todo el que estaba allí lo hacía de forma voluntaria y podía partir en el mismo instante en que quisiese. Sin embargo, se sometían a aquellas bárbaras experiencias porque daban por buena aquella esclavitud física si ella les servía para obtener la libertad anímica. Nunca nadie imaginó una iniciación tan difícil y tan rica en actividades de todo tipo. Aun admitiendo la posible dureza de las pruebas con que los egipcios o los griegos sometían a los neófitos para la iniciación, no cabe suponer que llegasen a tales extremos.

Gurdjieff era como un Yo externo para cada uno de los adeptos, siempre alerta, inexorable en su vigilancia, presto a decir: «¡Trabaje, trabaje!».

La fama de Gurdjieff comenzó a extenderse. ¿Quién era ese hombre que ofrecía tan singular enseñanza y exigía tan denodado esfuerzo para «despertar»? ¿Se trataba de un taumaturgo, un Mesías, un charlatán, un estafador, un demente o un genio? El vocablo Gurdjieff brota frecuentemente de los labios de numerosos intelectuales. Editores, escritores, filósofos, psicólogos, médicos y actores se interesan por este caucasiano hábil e inteligente.

Algunos años después de inaugurado el instituto, Gurdjieff sufrió un grave accidente de automóvil que le ocasionó fracturas, contusiones y heridas. Todo hace suponer que no iba a poder restablecerse en mucho tiempo. Pero, por increíble que parezca, en cuestión de algunos días estuvo curado y bien pronto recuperó su excelente humor y celebró de nuevo reuniones y cenas con sus discípulos más allegados.

Después del accidente automovilístico, Gurdjieff decidió abandonar el priorato, que, por tanto, fue puesto a la venta. Se instaló entonces en París, en un apartamento de la calle Colonel-Renard, próximo al barrio de l'Etoil. Desde ese momento no sólo impartió directamente sus enseñanzas, sino que también se formaron grupos dirigidos por terceras personas, a su vez capitaneadas por Gurdjieff. Numerosos grupos encargados de liberar al discípulo de su condición de máquina, de despertarlo al mundo real, de hacerle emprender el «cuarto camino».

Durante quince años Gurdjieff frecuentó los cafés, charló con sus discípulos más allegados, dirigió sesiones de ejercicios y movimientos, impartió la enseñanza y vigiló los grupos organizados. También escribió y reunió a sus amigos y discípulos para leerles sus escritos. Todo había cambiado desde los tiempos de Essentuki. Entonces la enseñanza era más directa, personal, esotérica y auténtica. En París, la enseñanza perdió parte de su hermetismo, y surgieron los comentarios y los equívocos, los seguidores incondicionales y los detractores, las críticas favorables y adversas. En cierto modo, la enseñanza disminuyó en eficacia y, por supuesto, vitalidad. Al extenderse, al liberarse en parte de la hegemonía de Gurdjieff, al ser aplicada más mecánicamente, la enseñanza se fue adulterando. Afloraron los problemas. Ciertamente, no para Gurdjieff, siempre dispuesto a obsequiarse con una deliciosa cena y a leer unas páginas de su obra a los asistentes; pero sí para muchas de las personas que se perdieron en la enseñanza y que se sintieron absorbidas —incluso esclavizadas —por ella, hasta la desesperación. Toda aventura entraña sus riesgos, y la aventura espiritual no es una excepción. El individuo se juega su equilibrio psicológico y su bienestar espiritual. Debe por eso caminar con cautela aunque con decisión, de forma sistemática aunque con entusiasmo, racionalmente aunque con confianza en la intuición.

DESARROLLO Y TRANSFORMACIÓN

El ser humano debe conocerse, desarrollarse, transformarse y salir de su condición de máquina, es decir, «despertar». Gurdjieff combatía implacablemente el estado del hombre común (hombre-máquina) y veía la plenitud en el «cuarto camino».

Para que el hombre pueda superarse, necesita obligatoriamente conocerse a sí mismo. Esto es algo que, lamentablemente, muy pocos seres humanos han conseguido de verdad. Mentalmente, el hombre se encuentra en un estado embrionario, y sin el autoconocimiento, engañado por las apariencias de la ignorancia, no podrá elevarse sobre esa condición. Vive dominado por sus contradicciones; cree, erróneamente, tener un mundo interior estable y permanente, pero no es así. Hoy piensa de una forma y mañana de otra; lo que ayer representó un grave problema mañana carecerá de todo interés; el amor se cambia en odio y la desconfianza en confianza; mañana sentirá atracción por lo amarillo, y, pasado mañana, detestará este color. Actúa sin ser consciente de su actuación; es una máquina; es impulsado y no autoimpulsado. Pero para Gurdjieff, mediante un entrenamiento adecuado —un difícil y largo entrenamiento—, el hombre puede dejar de ser una máquina, puede volverse permanentemente consciente. Para conseguirlo tendrá que autoobservarse y autoindicarse, llegar a un estrecho conocimiento de sí mismo, de sus reacciones, sus tendencias, sus cambiantes estados anímicos, sus complejos e inhibiciones, sus temores, y en general todo su denso mundo interior. Entonces empezará a dejar de ser una máquina, a ser dueño de sí mismo y de sus acciones. Para construir al hombre-consciente, debe ser destruido el hombre-máquina. Lo primero que el ser humano ha de hacer es llegar al convencimiento de que su personalidad es adquirida y falsa, de que en su mente anidan cientos y miles de conceptos que no son propios y pueden ser erróneos, que tiene que transformarse, liberarse de ataduras y encontrar la libertad interior.

Salvo contadas ocasiones, el hombre no tiene conciencia de nada de lo que está haciendo. Lo hace y eso es todo. Piensa, habla, gesticula, siente y actúa en general de forma maquinal. El poder que tiene sobre sí mismo es muy escaso, y con frecuencia se ve expuesto a las influencias del exterior, a las que muy difícilmente logra sustraerse. El ser humano se ve arrastrado por sus pensamientos, sus sentimientos, sus emociones e inclinaciones más diversas. No piensa cuando quiere o como quiere; es pensado. No siente cuando lo desea y en la dirección que lo desea; es sentido. Hasta sus acciones más íntimas están determinadas por muy diversas motivaciones ajenas a su verdadera esencia. El control sobre su mente es nulo; nulo el control sobre sus emociones. Como la humanidad está compuesta en su mayoría por hombres-máquina, todo sucede maquinalmente. Hay revoluciones, guerras, matanzas sin sentido y sin final, y todo ello porque el hombre se pierde en su propio «maquinismo».

El hombre tiene que trascender, que empezar a liberarse de sus quimeras y sus moldes mentales, de sus falsas concepciones y sus adulterados hábitos. Tiene que ser, por encima de todo, en todo momento y circunstancia, plenamente consciente. Pero lo difícil es llevar al ser humano a esta convicción. Vive tan dormido que ni siquiera es posible hacerle comprender o sospechar que está dormido. Y mientras uno no se da cuenta de que lo está, no hará nada por despertar, y continuará para siempre en su estado de larva. ¡Hasta qué punto el hombre está interiormente esclavizado y qué pocos se dan cuenta de ello! Se afanan, como vehementes perros hambrientos en busca de su alimento, por encontrar la libertad e independencia exteriores, sin darse cuenta de que carecen por completo de las interiores. Un hombre puede permanecer encerrado en una cueva durante años y ser mucho más libre que otro que vaya y venga a su antojo a lo largo de toda la

Tierra. Desde los comienzos de la humanidad siempre han sido contados los hombres que han adquirido el «conocimiento trascendental». Por eso se dice que la verdadera sabiduría ha estado siempre en manos de unos pocos.

Gurdjieff hacía hincapié en el hecho de que si un ser humano no comienza por reconocer su inferior nivel de evolución y admitir que puede adquirirse un nivel muy superior, no hay nada que pueda hacerse por él. Para caminar hay que saber hacia dónde se camina. Si un hombre está convencido de que es grande y fuerte, aunque sea el más pobre de los diablos, nunca hará esfuerzo alguno por adquirir la grandeza y la fortaleza; si un hombre tiene la seguridad de que es libre interiormente, aunque sea el más esclavizado del mundo en su interior, no hará nada por obtener la libertad. Se necesita la humildad, el reconocimiento sin ambages ni subterfugios de lo que uno es y lo que quiere llegar a ser.

Para Gurdjieff, el hombre está compuesto por el cuerpo (carruaje), los sentimientos y deseos (caballo), los pensamientos (cochero) y el Yo o Conciencia (amo). En el hombre normal el cuerpo físico opaca y anula a los restantes elementos; es decir, el carruaje actúa sin dirección alguna y, más aún, esclaviza al caballo, al cochero y al amo. En el hombre evolucionado, los cuatro elementos están presentes, armonizados y perfectamente equilibrados, y cada uno tiene sus funciones respectivas. El amo posee el control absoluto sobre los restantes elementos, es decir, la conciencia es plena y permanente.

Si no tiene dirección alguna, el carruaje marcha sin control, extraviándose continuamente y siendo perturbado por los obstáculos del exterior, es decir, el hombre-máquina está sujeto a sus deseos e inclinaciones, a sus descontrolados pensamientos y sentimientos, a las influencias inevitables del exterior. Es, realmente, como un autómata. El hombre superior, bien al contrario, no está dirigido, sino que se autodirige, y ha aprendido a controlar sus deseos, hábitos e inclinaciones, sentimientos, emociones y pensamientos, neutralizando las influencias del exterior. A ese hombre superior han aspirado y aspiran todas las técnicas espiritualistas, aun cuando los procedimientos sean bien distintos a los de Gurdjieff y las concepciones muy diversas.

Con sus métodos, a veces indiscutiblemente sorprendentes, Gurdjieff trataba de conducir al hombre, a través del esfuerzo consciente, a la conciencia permanente. Porque todo proceso de destrucción es doloroso, a veces hasta grados insospechados, el discípulo de Gurdjieff debía gozar de una fe inconmovible en sus posibilidades, y de un entusiasmo poco común para poder soportar la enseñanza. Como se trataba de una transformación absoluta, no de unos simples cambios, el discípulo tenía que arrojar fuera de sí todas sus convicciones y creencias de todo tipo, sus prejuicios y convencionalismos, sus ideales y moldes mentales; en suma, todo lo adquirido. Había que recomenzar, fabricar los nuevos cimientos para un nuevo hombre. Ni sus circunstancias vitales, ni sus sentimientos personales, ni sus asuntos familiares, ni sus temores o esperanzas debían interferir. Tenía que «desnudarse» y ser consciente de su incapacidad e impotencia, de su mecanicidad, de su absoluta carencia de unidad y de estabilidad, de su impermanencia. Sabiéndose ignorante, se instruiría para dejar de serlo; sabiéndose fragmentado, lucharía para ser totalidad; sabiéndose incapaz, se esforzaría para lograr la capacidad.

Pretender el desarrollo total de toda la humanidad es una utopía en la que Gurdjieff, realista ante todo, no cayó. Ahora bien, el individuo como tal, al menos algunos individuos, pueden ser instruidos y conseguir, mediante el implacable adiestramiento, la evolución necesaria. El maestro le ayudará y orientará en lo posible, pero es él quien debe poner todo lo que pueda de su parte. Todo lo que pueda, y aun así a veces esto no es suficiente. Sobre todo hay que aprender a encarar los obstáculos y a extraer de ellos una sólida enseñanza y una fructífera experiencia. Así como el corredor de vallas debe entrenarse saltando sobre éstas, el hombre debe aprovechar todo obstáculo para robustecer su voluntad. Sin lucha no hay transformación, y sin transformación no hay evolución. Esto no es algo únicamente propio de la enseñanza de Gurdjieff. Todos los maestros orientales insisten muy especialmente en la necesidad del esfuerzo personal. Aquellos que todavía confían en encontrar un gurú, sentarse a sus pies y obtener así fácil y cómodamente la liberación están muy equivocados. La liberación comporta una labor gigantesca; no es para los débiles ni los indolentes.

Según Gurdjieff, el hombre normal no tiene un solo Yo, sino muchos yoes; o, expresado de otra forma, carece de un Yo permanente e integrado, y su Yo se ve de continuo alterado. Eso debe resultar claro hasta para la persona más acomodaticia. El hombre está en conflicto, abatido por sus contradicciones. Cambia constantemente, y puede decirse que cada día que amanece nace un poco en cierto sentido y muere un poco en otro. Muchas veces lo más estable que tiene son sus prejuicios, o lo que él denomina sus principios, pero aun éstos se deben a muchas circunstancias determinantes, a factores educacionales y ambientales. Su mundo interior puede llegar a ser un verdadero caos, una mezcla empalagosa de sentimientos, deseos, inclinaciones, ideas, convicciones, prejuicios, etc. Puesto que su mente está agitada, en constante ebullición, empañada por todo ese movedizo contenido, no puede organizar fácilmente su vida interna. La mente es un arma de doble filo; puede resultar fatalmente negativa o, bien adiestrada, un valioso instrumento para llevar la luz y el orden al interior de la persona. Como la fiera devora a sus enemigos, así la confusión va poco a poco devorando al hombre; incluso sus conocimientos, por amplios que sean, pueden llegar a exterminarle. Según el budismo, no basta con saber, hay que saber correctamente; según el lamaísmo, no basta con ver, hay que gozar de la «vista penetrante», y, finalmente, como indica Gurdjieff, no basta con desarrollarse, hay que desarrollarse conscientemente. En lugar de preocuparse tanto por el pasado (lo que pudo ser y no fue) y de angustiarse por el futuro (lo que debería ser y tal vez no sea), el hombre tendría que preocuparse por su superación trabajando en el presente, día a día, sin demora ni desfallecimiento. Pero la mente es como un cajón de sastre: guarda de todo.

Gurdjieff pensaba que el desorganizado mundo interior del hombre común desvirtuaba sus relaciones con el exterior, es decir, que no puede librarse de la influencia de sus confusos sentimientos, pensamientos, emociones e instintos. No ve la flor como tal, por poner un ejemplo, sino su flor, la flor filtrada a través de sus concepciones e ideas. Ve todo desvirtuado por sus fantasías oníricas, y en tanto no «despierte», no podrá captar la realidad como tal. En ese estado de profundo sueño no logra darse cuenta de sus cientos de contradicciones y conflictos, por lo que pasan desapercibidos y no hay la menor posibilidad de resolverlos. Lo más extraordinario es que llega a acostumbrarse a sus temores y estados de angustia e inquietud, y de tal forma la máquina cada vez va siendo más perfecta. En él, como decía insistentemente Gurdjieff, «todo sucede». Es como cuando se nos mete una melodía en la cabeza y, aunque deseemos apartarla de la mente, continúa repitiéndose. En ese caso podemos decir que no es que cantemos la canción, sino que la canción se canta sola. Cuanto Gurdjieff decía que en el hombre común «todo sucede», quería expresar que carece de todo control sobre sus pensamientos y sentimientos, y que éstos surgen cuando lo desean y no cuando el hombre quiere. Es decir, el amo ha dejado de ser amo, el cochero ha perdido su puesto y el caballo se ha roto una pata. El carruaje marcha sin rumbo fijo, y con harta frecuencia se engaña pensando que es arrastrado por un potente caballo, que goza de la dirección de un experto cochero y de los cuidados de un eficiente amo. Engaño con engaño, el hombre consume su existencia. Unos pensamientos descontrolados, unos sentimientos irrefrenables, unos prejuicios asfixiantes, una moralidad relativa, unos actos mecánicos y compulsivos, un deficiente estado de evolución... Gurdjieff declaró la guerra al hombre ordinario, sin animadversión, sin despotismo, quizá tan sólo con un irónico desprecio muy propio de él.

Para él, en el ser humano había que distinguir entre la esencia y la personalidad: la primera es propia, auténtica, y la segunda adquirida, falsa. La personalidad se ha ido formando a lo largo de la adolescencia y de la juventud del hombre, está determinada por la educación y el medio ambiente, por todo lo que los demás han vertido sobre la persona. Esencia y personalidad se limitan y excluyen recíprocamente. Si la segunda aumenta, la primera disminuye, y viceversa. En el común de los individuos, la personalidad ha ido enraizándose más y más, ganando terreno a la esencia hasta prácticamente eliminarla; por eso no tienen casi nada propio, sino adquirido. El hombre que busca el «despertar» debe trabajar sobre sí para desplazar a la personalidad y reponer a la esencia. Por extraño que pueda parecer, la cultura enriquece la personalidad y empobrece la esencia; una aportación exterior no es algo propio, sino adquirido. Resulta así que los hombres poco cultos tienen más evolucionada la esencia que los cultos. No se crea, sin embargo, que el «despertar» será más fácil para el hombre inculto que para el culto, en absoluto; tiene muchas más posibilidades el segundo, pues para «despertar» se requiere de modo indispensable cierto desarrollo de la personalidad. El hombre inculto, al carecer del grado necesario de desarrollo de la personalidad, no llevará a cabo el trabajo sobre sí, en primer lugar porque vivirá más engañado que nadie, más dormido si cabe, y no tendrá ninguna inquietud por «despertar», ni comprenderá de qué se trata. No cabe duda de que por lo general el hombre inquieto, el buscador de la verdad absoluta, ha sido siempre un hombre amante del conocimiento y notablemente culto. Un hombre que no sepa nada, cuya mente esté cerrada a todo conocimiento, no encontrará la forma de trabajar sobre sí, todo eso en el supuesto, muy remoto, de que sienta la menor inclinación a llevarlo a cabo. Nadie se libera a través de la lectura, por ejemplo, pero a través de ella se pueden adquirir determinados datos esclarecedores y útiles en principio. Lo ideal para el trabajo sería un nivel de evolución similar en la esencia y en la personalidad, pero esto, naturalmente, no es lo más corriente en nuestra sociedad.

Cuando hay un exceso de personalidad, el individuo tiene que irse desprendiendo de parte de ella, lo cual entraña un proceso difícil, puesto que la imaginación mal dirigida reafirma la personalidad. Hay, pues, que trabajar también sobre la imaginación, purificarla y canalizarla.

Todo ser humano querría liberarse de determinados pensamientos, cualidades o hábitos negativos, pero, como no encuentra la forma de hacerlo, termina por abandonar la tarea. Si no puede comenzar por cambiar algunas de estas cosas, ¿cómo va a poder conocerse a sí mismo y «despertar»? Además, está su entronizado orgullo. La mayoría de los hombres estiman que todo lo que hay en ellos es suyo, lo consideran como propio. Sobre todo sus convicciones más arraigadas y sus principios. Hay que ser muy osado para arrasar esas cacareadas convicciones y principios. Cuando el hombre se observa a sí mismo, salvo en casos especiales, lo hace con una enternecedora indulgencia, encontrando siempre la forma de excusar aquella debilidad o aquella contradicción. Si los jueces fueran tan indulgentes para los acusados como lo es el hombre para consigo mismo, de seguro habría muy pocos culpables.

No se encuentra la luz en un solo día; no hay iluminación espiritual súbita sin previa preparación. El trabajo interior exige años, y a veces ni siquiera toda una vida basta para conseguir los resultados apetecidos. Se pretende o no se pretende, eso es todo. Pero si se pretende hacerlo, hay que tratar de llegar hasta el final. Como dice el Zen: «Siéntese o levántese, pero no vacile». Sin embargo, la indecisión es el pan nuestro de cada día. Porque nos tenemos miedo a nosotros mismos, somos indecisos. Aunque se dan algunas injustas excepciones, no es fácil conseguir todo por nada. Si el náufrago no nada, se perderá en las profundidades del mar en lugar de alcanzar la orilla. Esto es fácilmente comprensible; pero cuando se trata de trabajar sobre sí, comienzan las dificultades, los problemas, las dudas. Hay siempre una marcada tendencia a seguir el camino más fácil, aunque no lleve a parte alguna o conduzca a un pestilente estercolero.

Gurdjieff consideraba que lo que él entendía por «esencia» se detenía en su evolución en los primeros años de la vida de un hombre, alimentándose, a partir de entonces, la «personalidad». Las sugerencias y palabras de los otros, los pensamientos y creencias habituales, las costumbres y los conocimientos obtenidos de una u otra forma enriquecen la personalidad. El hombre se convierte así en una pieza de serie, en un autómata, en un número; no es «su» conocimiento, sino el conocimiento de los «demás»; no es «su» Yo, sino el Yo de los «demás». Pero como el hombre no comprende que todo aquello no es realmente «suyo», sino de los «demás», cree que debe eliminar lo que es «suyo», y esto le produce una honda pena y un malestar muy grande: ¿cómo voy a eliminar lo mejor de mí? Habría que responder con otra pregunta: ¿es de veras lo mejor de ti? ¿Es siquiera tuyo? ¿Sabes al menos de qué se trata?

Gurdjieff insistía una y otra vez en el superesfuerzo y en el sacrificio. Él sabía que incluso aquellos que más parecía que deseaban cambiar eran luego incapaces de hacer el menor sacrificio o esfuerzo. Lo sabía, y seguramente por eso creó uno de los más duros sistemas de desarrollo que puedan concebirse.

En Occidente, cada día son más numerosos los hombres que toman conciencia de que deben trascender las apariencias y perseguir la realidad. Pero ¿verdaderamente hacen algo por conseguirlo? No basta con leer libros, asistir a conferencias y destacarse en las reuniones hablando de temas que a los profanos les resultan, a lo más, pintorescos. Si todas esas horas de disipación las hubieran aprovechado trabajando interiormente, concentrándose o meditando, todo sería muy diferente para ellos. Pero siguen con fidelidad el postulado de obtener el máximo fruto con el mínimo rendimiento, si bien es cierto que únicamente consiguen frutos secos. Hay muchas personas que parecen anhelar la liberación, el *samadhi*, nirvana o éxtasis, pero nada hacen por llegar hasta ese estado. Los más optimistas o torpes piensan que encontrando un maestro o viajando a la India o al Nepal sería mucho más fácil. Su egotismo les hace alucinarse hasta un grado sorprendente. ¿Está la verdad en la India o en el Nepal? La verdad puede encontrarse en todas partes, incluso en un sucio sumidero. Gurdjieff decía que muchos hombres se creen con derecho, porque sí, a gozar de un gran maestro, por insignificantes que ellos sean, a tener un Cristo a su entera disposición. ¡Qué egolatría!

¿Es el hombre más o menos autómata cada día? ¿Cuál es su destino en tal sentido? ¿Aumentarán o disminuirán los que están dispuestos a desarrollarse? Parece ser que el hombre, aunque en una minoría, tiende a trascender sus limitaciones y a desarrollarse. Muchos seres humanos cada día están más decepcionados de la religión que les enseñaron, de la política, de la filosofía e incluso de la ciencia, por lo que se vuelven hacia sí y tratan de encontrar en su interior una verdad ausente en el exterior. Aunque el avance automatiza al hombre, también, por otra parte, le facilita unos datos que tienden a reanimarlo. No obstante, Gurdjieff se mostraba bastante pesimista en cuanto al porvenir del hombre. Recurramos a Ouspenski, quien, en una de sus obras, reseña las siguientes opiniones de Gurdjieff:

¿Podemos decir, por ejemplo, que la vida esté gobernada por un grupo de hombres conscientes? ¿Dónde están? ¿Quiénes son? Vemos exactamente lo contrario. La vida está en poder de los más inconscientes y de los más dormidos.

¿Podemos decir que observamos en la vida una preponderancia de los mejores, más fuertes y más valientes elementos humanos? De ningún modo. Por el contrario, vemos reinar en todas partes la vulgaridad y la estupidez bajo todas sus formas.

¿Podemos decir, en fin, que vemos en la vida aspiraciones hacia la unidad, hacia una unificación? Ciertamente que no. No vemos sino nuevas divisiones, nuevas hostilidades, nuevos malentendidos.

De manera que nada denota una evolución en la situación actual de la humanidad. Por el contrario, si comparamos a la humanidad con un hombre, vemos claramente el crecimiento de la personalidad a expensas de la esencia; es decir, el crecimiento de lo artificial, de lo irreal, de lo que no es nuestro, a expensas de lo natural, de lo real, de lo que realmente es nuestro.

Al mismo tiempo, constatamos un crecimiento del automatismo.

La civilización contemporánea quiere autómatas. Ciertamente la gente está en camino de perder sus costumbres de independencia, se convierte cada vez más en robots, no son sino engranajes de sus máquinas. Es imposible decir cómo terminará todo esto ni cómo salir de ello, ni incluso si puede haber un fin y una salida. Una sola cosa es segura, y es que la esclavitud del hombre no hace sino aumentar. El hombre se torna un esclavo voluntario. Ya no tiene necesidad de cadenas: comienza a amar su esclavitud y a sentirse orgulloso de ella. Nada más terrible le podría ocurrir.

Las guerras, los asesinatos, los actos más viles, el engaño y la explotación de unos hombres por otros, la dureza de corazón y el desamor que se extienden sin límites, el condicionamiento del hombre a la máquina, la publicidad lavacerebros, la violencia desenfrenada conducen, como es natural, a un punto de vista trágicamente pesimista. Cabe confiar en que el hombre-despierto luche por despertar al hombre-dormido; cabe confiar en que no desaparezca la ley de los pares opuestos: que el odio sea limitado por el amor, la cólera por la serenidad, la injusticia por la clemencia, la intransigencia por la intolerancia, la venganza por el perdón. Gurdjieff dijo: «En verdad "doscientos hombres conscientes", si existieran y si encontraran necesaria y legítima esta intervención, podrían cambiar toda la vida sobre la tierra». Confiemos en que la era acuariana cuente con algunos de estos hombres, y que se decidan a intervenir.

Cuando el ser humano es llevado hasta el borde del precipicio, sólo le caben dos cosas: saltar y tratar de alcanzar la tierra firme que hay enfrente o desplomarse en el vacío. De una u otra forma, todas las técnicas orientales de autorrealización han llevado al hombre ante el precipicio o el callejón sin salida, para buscar el salto hacia un plano superior. El Zen, por ejemplo, lo hace mediante el *koan*, obligando al practicante a realizar un salto acrobático que lo lleve más allá de su pensamiento dualístico. Gurdjieff también conducía al discípulo a una difícil situación, en la que se veía obligado a tomar una determinación firme. Dudar un segundo era desplomarse; el discípulo tenía que actuar, tenía que dar el salto, y servirse de uñas y dientes si fuera necesario.

Es fácil observar que por su propio impulso el ser humano no ha conseguido un desarrollo personal digno de ser tomado en cuenta, y que poca diferencia existe entre el hombre de nuestros días y el de la Edad Media. Realmente, siempre es el mismo, permanece en un estadio de evolución muy primitivo. Porque es ignorante de su escasa evolución y porque se ha acomodado a ella, aparece detenido en su avance. Si pudiéramos enfrentar a un hombre del Medioevo y a uno de nuestros días, seguramente nos sería dado observar con sorpresa que ambos reaccionan de forma similar ante las mismas circunstancias, que ambos tienen idénticas deficiencias psicológicas y que ambos están interiormente esclavizados en igual grado. Avanza la técnica, eso es indudable, pero ¿avanza el hombre como tal? Si lo hace, su desarrollo es tan lento que pasa casi por completo inadvertido. El hombre continúa dormido, sumido en un profundo letargo sobre el que no parece influir positivamente la técnica.

El mundo interior del hombre es caótico, al menos desde el punto de vista del hombre desarrollado, del hombre despierto. Gurdjieff trataba de llevar al hombre una organización interior, de restablecer su unidad, de resolver las fuerzas contradictorias de los diversos yoes, cuyas dispares actuaciones terminan por desganarle anímicamente. Es como servir a varios amos; tales amos son los yoes. Se carece de un Yo permanente. En el ser humano aparecen diversas voluntades —algunas en franca y abierta guerra contra las otras como diablillos desorganizados que con sus travesuras sin fin terminan revolviéndolo y destrozándolo todo—. Mientras el hombre no reconozca esta carencia de unidad, no podrá comenzar el trabajo sobre sí y continuará siendo víctima de su multiplicidad, reafirmando el edificio de su falsa personalidad y debatiéndose entre sus diversos yoes. Entre los hombres dirigidos por una «conciencia adulterada» y los dirigidos por una «conciencia verdadera» existen notabilísimas diferencias. En tanto los primeros se distinguen por su inestabilidad y desintegración interiores, los segundos han resuelto sus contradicciones y han obtenido la madurez emocional y espiritual; en tanto los primeros viven —¿de verdad viven?— de forma totalmente artificial, los segundos viven en la realidad. El hombre común se halla dominado por la relatividad de sus sentidos y la impureza de sus emociones; su mente está en constante ebullición. Para desarrollarse y transformarse debe querer salir de su estado, desear otra forma de vida interna y externa, luchar contra sus mecánicas reacciones, no contentarse con engrasar y limpiar la máquina, sino con destruirla. Cuando el ser humano empieza a transformarse, todo adquiere para él un nuevo y más profundo significado; como señala el Zen: «Los árboles dejan de ser árboles y las montañas, montañas», para después «los árboles volver a ser árboles y las montañas, montañas». Pero, como veremos más tarde, no todo era tan sencillo con el sistema de Gurdjieff. ¡Cuántos y cuántos de sus discípulos se vieron conducidos por él al más angustioso de los estados psicológicos! No eran pocos los discípulos de

Gurdjieff que se liberaban de ciertos lastres para obsesionar-
se terriblemente por otros, que lograban salir de las profundidades de las aguas para caer en la de las arenas movedizas.
No es difícil hacerse una idea de lo que es y representa el
hombre-liberado. La palabra es de por sí bastante significativa. Liberado de todo, incluso de sí mismo. Pero para alcanzar
ese envidiable estado es necesario recurrir a unas técnicas, y
éstas, en lugar de «liberar», pueden también «esclavizar».

El hombre es capaz de transformarse y desarrollarse. En
él está elegir y facilitar la mutación o llegar hasta la muerte tal
como, poco más o menos, nació. Todas las técnicas de autorrealización saben que el hombre tiene unos recursos que
puede potenciar hasta un grado difícilmente sospechable; se
encuentran en todo ser humano, pero ellos solos no se desa-
rrollarán, al igual que la semilla no prosperará si no goza de los
requisitos necesarios. El que no se transforma no es porque
no puede, sino porque no quiere. Gurdjieff sabía que es muy
difícil lograr una conciencia permanente, lo sabía sin duda
alguna, y por eso despreciaba a los que no realizarían nunca un
esfuerzo para evolucionar. Raramente somos plenamente
conscientes de los demás, pero mucho más raramente lo
somos de nosotros. No nos recordamos, y, según Gurdjieff, es
necesario recordarnos tanto como nos sea posible, a fin de ser
conscientes de nosotros mismos y poder evolucionar. Al igual
que para conocer bien un objeto hay que observarlo y exami-
narlo, el hombre debe observarse y examinarse en todo
momento y en toda circunstancia. Así da comienzo el trabajo
sobre sí, de una forma aparentemente tan simple y, sin embargo, ¡tan difícil! Pero si se le pregunta a cualquier persona si es
consciente de sí misma, nos responderá con una afirmación

rotunda. Aun cuando viva en el más ínfimo de los estados de conciencia (sueño), pensará, actuará y se jactará de poseer una conciencia controlada y permanente. Por lo general todo aquello que el hombre niega a los demás tiende a atribuírselo a sí mismo; paradojas curiosas del supremo ser de la creación. Hay una mentira que puede resultar mucho más nociva que la intencionada: la que es considerada como una verdad; al igual que una mentira es tanto más peligrosa cuanto más apariencia de verdad entrañe.

El Trabajo Sobre Sí Mismo: Autoobservación y Autoconocimiento

El ser humano tiene un total desconocimiento de sí mismo. Tal desconocimiento le impide saber de sus contradicciones y conflictos, de sus complejos e inhibiciones, de sus pensamientos, emociones y reacciones psicológicas. El ser humano no duda en dedicar parte de su vida al estudio de un bachillerato y de una carrera, pero sin embargo no dedica ni cinco minutos diarios al conocimiento de sí mismo. El ser humano, en suma, no sólo desconoce su verdadero Yo, sino que desconoce hasta sus más íntimas motivaciones. ¿Por qué este desconocimiento de sí mismo? Por muchas razones: pereza, indolencia, inercia, etc. El hombre se pierde en la superficie, en las apariencias. Una vez más se mostraba sabio y acertado Eckhart al escribir: «El hombre sabe muchas cosas, pero no se conoce a sí mismo». Conocerse a sí mismo exige un esfuerzo, y por ello se prefiere el desconocimiento.

Además, el hombre común por lo general está ciego para todo lo trascendente y tiende a valorar materialmente todas las cosas. Se pregunta qué puede darle, materialmente hablando, el autoconocimiento, y al no ver cifras, ignorante y mezquino, prefiere emplear su tiempo en un trabajo remunerado o en la disipación y el ocio. Es en cierto modo humanamente comprensible, aunque no por ello excusable. Gurdjieff, que desde luego no había adquirido —o no había querido adquirir— la tolerancia del gurú, mostraba un amplio desprecio por aquellos que nada hacían por salir de su condición de máquinas. Y una de las cosas perjudiciales que les sucedía a muchos de sus discípulos es que también ellos, pero careciendo del sentido práctico de su maestro, terminaban por despreciar a los demás por considerarlos máquinas, y dado que entre máquinas vivimos, se conducían ellos mismos hacia una hermética soledad. Hay que considerar que en verdad el hombre maduro no es aquel que encuentra dificultades en sus relaciones con los demás, sino, muy bien al contrario, el que aun manteniéndose firme en sus convicciones (reales), mantiene unas relaciones felices con los otros y no se ve en absoluto perturbado por ello. Puede pensar que los demás son unas máquinas, personas escasamente evolucionadas, pero en lugar de despreciarlas, experimentará hacia ellas la indulgente tolerancia que se puede experimentar por un niño o un demente.

Trabajando sobre sí mismo, el hombre podrá aprender a controlar su mente, sus emociones y sus instintos. El hombre no es su mente, no es sus emociones, no es sus instintos, sino que todos éstos son parte del hombre, y éste puede conservar un plano de innegable superioridad sobre ellos.

Para conocerse hay que observarse y examinarse. Pero toda autoobservación requiere el recuerdo de sí. Recordarse es mucho más difícil de lo que en un principio cabe pensar, y el hombre tiene que mantener una constante lucha para poder ir alertando su mente, para poder mantenerse vigilante. Mediante la fiel observación de sí, el ser humano conseguirá abundantes datos sobre sí mismo que le serán de gran ayuda. Siempre que se recuerde y se observe, dejará de actuar maquinalmente y tomará buena nota de su actividad física, mental y emocional. Primero viene la observación de sí, y más adelante es posible el autoanálisis. Hay que tratar de ir prolongando esta observación de sí, hay que lograr una mayor permanencia de la conciencia. Gurdjieff insistía mucho en este sentido, y enseñaba a sus discípulos múltiples ejercicios para favorecerles esta difícil disciplina. Hay diversas clases de autoobservación. Un hombre puede observar su actividad corporal, sus emociones o sus pensamientos. Lo ideal, según la enseñanza de Gurdjieff, es llegar a una observación global y permanente de sí; observarse mental, emocional, instintiva y motrizmente; observarse en todos los aspectos y en todos los momentos. Como experiencia resulta curiosa e interesante; como práctica, llega a ser extenuante y no carente de determinados riesgos psicológicos.

Es como si dos personas viviesen en uno mismo: la que observa y la observada. La segunda es totalmente desconocida para la primera, y ésta tiene que ir tomando nota de todo lo que haga o piense aquélla. ¿Qué siente? ¿Qué piensa? ¿Qué hace? Al principio no hay que esforzarse por realizar la transformación; basta con observar. El cirujano, antes de proceder a la intervención quirúrgica, deberá conocer el estado del paciente y sus posibilidades. ¿Cómo pretender transformar algo si no se sabe qué es ese algo? Al igual que el cirujano debe conocer todo lo referente a su paciente, el hombre que desea la transformación debe llegar previamente a un estrecho conocimiento de sí mismo. Este autoconocimiento puede tardar meses, años, o toda una vida. La persona tendrá que observarse quizá durante mucho tiempo antes de poder efectuar los primeros grandes cambios en sí misma. Sin embargo, los pequeños cambios deberán realizarse desde el primer momento; si la persona continúa dejándose arrastrar por sus hábitos y pensamientos, no podrá observarse fácilmente. Tiene que tratar de controlarse, de luchar contra sí misma, de reprimir sus actos mecánicos y compulsivos.

Sin ningún género de dudas, la observación de sí le convencerá de los muchos aspectos de sí mismo que ni siquiera sospechaba. Se verá frecuentemente sorprendido. Los gestos, las palabras, los pensamientos, las reacciones... Aun siendo tan viejo como su propia vida, todo parece realmente nuevo. Y, efectivamente, se dará cuenta de que Gurdjieff no mentía, de que él mismo y tantos otros eran unos autómatas, unas máquinas, unos robots.

En la observación de sí hay una división de la atención: atención hacia todo lo que nos llega de nosotros mismos o del exterior y atención hacia nosotros mismos atentos a todo lo demás. Existe un sujeto que contempla y un sujeto contemplado.

El hombre vive generalmente volcado hacia el exterior. Para seguir la enseñanza de Gurdjieff debe en parte replegarse sobre sí mismo y tratar de recordarse. Recordarse cuando está bebiendo un vaso de agua, cuando está hablando con sus amigos, cuando está paseando por el parque, cuando está amando a una mujer... Recordarse siempre, interminablemente. Y este recuerdo de sí mismo, esta autoobservación, puede convertirse en una obsesión sin fin, en una pesadilla sin despertar, en un estado de angustiosa sensación de estar encerrado en uno mismo y ya no poder liberarse de sí. La enseñanza de Gurdjieff tiene aspectos muy sabios, pero puede llevar al practicante hasta una angustia tal que su anterior angustia le parezca entonces un juego de niños.

Naturalmente se necesita una correcta dirección, y parece ser que muchos de los instructores que seguían la enseñanza hicieron a los discípulos más daño que bien.

A medida que el hombre comienza a observarse, empieza a ser consciente de lo mecánico de sus actos e intuye que hay otro estado muy superior a aquel en el que se desenvuelve; se da cuenta además de por qué actúa de una u otra forma, en uno u otro sentido, de qué mecanismos le impulsan a ello. Y empieza a saber qué es él y qué lo adquirido, cuál es su verdad y cuál su mentira, hasta dónde llega la máscara de su personalidad, hasta qué extremo su comportamiento está falseado.

El trabajo sobre sí, entendido por Gurdjieff, resulta muy difícil. Tener que estar constantemente recordándose y observándose, no olvidarse de uno mismo, dividir la atención en dos y tratar de captarlo todo es una labor considerablemente compleja. Las máximas dificultades se encuentran cuando surge la identificación. Si el hombre puede mantenerse apartado de una situación, distante, podrá observarse con mucha más facilidad que si se identifica con la situación. La identificación canaliza toda la atención en un sentido dado e impide que el hombre se recuerde a sí mismo.

El ser humano tiende a identificarse con todo: con el exterior, con sus pensamientos, sus emociones, sus actos, sus sentimientos... La identificación representa un grave obstáculo para la observación de sí mismo y por ello, según la enseñanza de Gurdjieff, el hombre debe aprender a no identificarse. Cuanto más representa una cosa para nosotros, más nos identificamos con ella, más nos olvidamos de nosotros mismos y menos posibilidades hay de autoobservación. Si por el contrario, nos trae sin cuidado, no hay identificación, podemos permanecer distantes y entonces se facilita la observación de sí. Hay, pues, que ir obteniendo el desapego, irse desapasionándose poco a poco, neutralizar los sentimientos, las emociones, los pensamientos y, por supuesto, las influencias del exterior. Todo esto puede conducir a la libertad e independencia interiores, pero también puede llevar al practicante a un mundo de tinieblas del que difícilmente se liberará.

En la enseñanza de Gurdjieff no se entienden ni se admiten las medias tintas. La transformación debe ser total, hasta el mismo fondo del ser. Para realizar esta trascendental mutación, el hombre cuenta con la suficiente energía, pero siempre que no la malgaste en cuestiones superfluas. Para llevar a cabo la transformación, el hombre debe economizar sus energías y ponerlas al servicio de aquélla. ¡Cuánta energía se desperdicia por culpa de los sentimientos incontrolados, las emociones inútiles, los temores infundados, los pensamientos estériles, la imaginación desenfrenada y la violencia de los deseos! Si el hombre aprende a economizar toda esa energía, podrá emplearla con éxito en su evolución. Leyendo a Ouspenski, fiel expositor de la enseñanza, podemos encontrar

estas palabras de Gurdjieff, que son tan claras y precisas que
no requieren comentario alguno:

Cuánta energía es así gastada en un trabajo profundamente
inútil y dañino en todo sentido: actividad de emociones desa-
gradables, preocupaciones, inquietudes, apresuramientos y
toda la secuela de actos automáticos enteramente desprovis-
tos de necesidad alguna. Se pueden dar fácilmente innumerables ejemplos de esta actividad inútil. Ante todo, hay ese flu-
jo incesante de pensamientos que no pueden ser detenidos ni
controlados, y que consumen una cantidad enorme de nuestra energía. Luego está la tensión continua y perfectamente
superflua de los músculos de nuestro organismo. Nuestros
músculos están contraídos, aun cuando no hagamos nada.
Una parte considerable de nuestra musculatura entra de
inmediato en acción para el más mínimo trabajo, como si se
tratase de realizar el más grande esfuerzo. Para recoger una
aguja del suelo, el hombre gasta tanta energía como para
levantar a un hombre de su mismo peso. Para escribir una
carta de dos palabras, derrochamos una fuerza muscular que
bastaría para escribir un grueso volumen. Pero lo peor es que
gastamos nuestra energía muscular continuamente, aun cuando no hagamos nada. Cuando caminamos, los músculos de los
hombros y de los brazos están tensos sin la menor necesidad;
cuando estamos sentados, los músculos de las piernas, del
cuello, de la espalda y del vientre están contraídos inútilmen-
te; incluso durmiendo contraemos los músculos de los brazos,
de las piernas, de la cara y de todo el cuerpo —y no compren-
demos que en este perpetuo estado de alerta, con miras a
esfuerzos que jamás haremos, gastamos mucha más energía

que la necesaria para realizar un trabajo útil, real, durante toda una vida.

Además, podemos señalar el hábito de hablar sin cesar, de todo y a todo el mundo, y, si no hay nadie, de hablarse a sí mismo; el hábito de alimentar quimeras, el ensueño perpetuo, nuestros cambios de humor, los continuos pasajes de un sentimiento a otro, y miles de cosas completamente inútiles que el hombre se cree obligado a sentir, pensar, hacer o decir. Para regular y equilibrar el trabajo de los tres centros cuyas funciones constituyen nuestra vida, es indispensable economizar la energía producida por nuestro organismo; no hay que derrocharla en un funcionamiento inútil, sino ahorrarla para la actividad que unirá gradualmente los centros inferiores con los centros superiores.

El hombre debe liberarse de todas esas pequeñas pero molestas cosas que le esclavizan. Parece fácil hasta que se intenta, como fácil puede parecernos la actuación de un malabarista hasta que intentamos lanzar al aire las ocho pelotitas y después recogerlas correctamente una a una. La lucha por esa libertad interior es lo que todos los iniciados han predicado incesantemente, desde Lao-Tse a Ramakrishna, desde Pitágoras hasta Vivekananda.

De haber sido necesario, Gurdjieff no hubiera dudado en apalear a alguno de sus discípulos para «despertarle» y conducirle al estado de conciencia. A veces el alumno necesita ser vapuleado, si no físicamente, sí mental y emocionalmente, para hacerle salir de su estupidez y de su abandono.

¿Qué esclaviza interiormente al hombre? Tantas y tantas cosas... Cada uno, individualmente, debe irse liberando mediante el trabajo sobre sí. Naturalmente, Gurdjieff consideraba que este trabajo era mucho mejor realizarlo en grupo y bajo una experta dirección. Los miembros del grupo colaboran entre sí, se ayudan en la evolución, se critican e incluso se atacan cuando lo consideran necesario, colaboran en conjunto por adquirir puntos de vista más auténticos; resulta estimulante la labor en compañía. Pero se trate de un grupo, de una escuela o de una sociedad iniciática, el esfuerzo individual es irreemplazable. En la búsqueda de uno mismo nada es fácil, nada es dado por nada, todo exige un poderoso sacrificio.

En este instante me recuerdo. Estoy en el parque. Paseo. Tomo conciencia de mis movimientos, de mis gestos. Siento cómo avanzo una y otra pierna, cómo mis brazos oscilan al caminar. Tengo la cabeza recta y miro hacia delante. Veo los árboles y la fuente; me veo a mí mismo viendo los árboles y la fuente. Huelo el perfume de las flores; me observo oliendo el perfume de las flores. Pienso en mi trabajo; tomo conciencia de mis pensamientos. Dudo y me observo dudando; me preocupo y me observo preocupándome. Camino, tengo la cabeza recta, miro hacia delante, veo los árboles y la fuente, huelo el perfume de las flores, pienso en mi trabajo, tomo conciencia de mis pensamientos, dudo y me preocupo. Me observo caminando, teniendo la cabeza recta, mirando hacia delante, viendo los árboles y la fuente, oliendo el perfume de las flores, pensando en mi trabajo, tomando conciencia de mis pensamientos, dudando y preocupándome. Además, tengo la boca seca y me observo cómo siento la boca seca; pasa un perro, lo contemplo y me percibo contemplando al perro. Tal es la observación de sí mismo; puede llevarse mucho más lejos, mucho más... Y si uno no enloquece, terminará siendo un superhombre o logrando la permanencia imperturbable de su conciencia.

Un descuido y pierdo el recuerdo de mí mismo y dejo de observarme. Surge un familiar al final del parque, grita mi nombre, me sorprendo al verle, me identifico con la situación, me olvido de mí mismo y dejo de observarme. Quien crea que estar consciente de uno mismo no es tan difícil que haga la prueba demostrativa de Gurdjieff, consistente en coger un reloj y observar el paso del tiempo mientras uno se hace consciente de quién es, dónde está y qué hace. Hacerlo un par de minutos ya exige bastante esfuerzo; pasar de cinco minutos, sin interrupción alguna en la conciencia permanente, ya requiere un superesfuerzo.

Que el hombre no sea consciente no quiere decir que no sea egoísta hasta lo más profundo. Yo, yo, yo. Pero ¿quién soy yo? Tal era la pregunta que un hombre excepcional, Ramana Maharshi, invitaba a hacerse a todos los que buscaban la verdad. Yo soy el mejor; yo soy el más culto; yo soy el más apuesto; yo soy el más ordenado; yo soy el más popular... ¿Quién soy yo? ¿Arcilla? ¿Tal vez ni siquiera eso? ¿Quizá un muñeco relleno de suciedad? ¿Un Buda?...

Hay que romper con los hábitos y las reacciones mecánicas. El practicante debe observar sus reacciones y sus hábitos, y tratar de modificarlos, de cambiarlos, de evadirse de la rutina, de la mecanicidad. Aunque sólo sean cinco minutos diarios, debe hacerlo; después logrará ser consciente durante diez, más adelante durante veinte y así sucesivamente. Los esfuerzos esporádicos, como en todo, no conducen a nada; son necesarios la perseverancia y el esfuerzo continuado. Hay que dejarse de imitaciones y de fantasías, de elucubraciones y diálogos internos, de ideas negativas y de subterfugios, de mentiras y de falsedades, de justificaciones y excusas. Hay que luchar contra todo eso, evitar la identificación, someterse a una ardua disciplina y a unas rígidas normas. Esto puede durar quince o veinte años; quizá cuarenta o cincuenta. Gurdjieff sostenía, no obstante, que una vez conseguida la permanencia de la conciencia, ya no era necesaria la disciplina, ni la austeridad, ni tampoco la lucha constante contra uno mismo.

El trabajo sobre sí exige una especie de desdoblamiento, de disociación; hay un sujeto contemplador y un sujeto contemplado, y el primero deberá imponerse sobre el segundo y terminar controlándole estrechamente; es decir, el hombre consciente deberá derrotar al hombre mecánico. Ahora mismo, detén todos tus pensamientos, paraliza toda actividad y obsérvate. Uno, dos, tres minutos. ¿Qué haces? ¿Qué te molesta? ¿Qué te apetece? Saca fotografías de ti en las más diversas situaciones, en las más sorprendentes o vulgares circunstancias: bebiendo, sonriendo, enfadándote, jugando al baloncesto o buscando al perro debajo de la cama. Termina de cubrir todo tu álbum mental con numerosas instantáneas, y cuando lo hayas hecho tendrás un valiosísimo material de estudio sobre ti. Tal es el procedimiento básico de la enseñanza de Gurdjieff. No lo olvides. Si no sabes ni siquiera cómo te calzas los zapatos al levantarte por las mañanas, ¿cómo aspiras a saber qué pasa en lo más profundo de tu psiquis?

El doctor Maurice Nicoll, famoso esoterista y médico inglés (1884-1953), discípulo de Jung y una de las personas que estuvieron en Fontainebleau, profundísimo conocedor de la enseñanza de Gurdjieff, explica:

Para establecer un punto en el trabajo, para hacerlo «más real» que la vida, debemos observarnos a nosotros mismos y hacer de nuestra vida interior, de pensamientos y sentimientos, un hecho más poderoso que cualquier «hecho» dado por nuestros sentidos. Éste es el comienzo de la transformación. No se puede transformar cosa alguna en nosotros si seguimos pegados a los sentidos. Como ya dije, el trabajo enseña que si uno es negativo se debe a su propia culpa. El punto de vista sensorio es que esta o aquella persona en el mundo exterior, a quien ve y oye por medio de sus ojos y oídos, tiene la culpa. Usted dirá, esta persona, porque hace esto o dice aquello, es culpable. Pero en realidad, si usted está hecho de un modo negativo, lo que tiene que trabajar, lo que tiene que observar, es esa emoción negativa que se introduce en su vida interna, en el invisible «lugar» donde usted realmente existe. El verdadero ser está en su invisible mundo interior. ¿Desea discutir este punto? Bien, los pensamientos, sentimientos, emociones, esperanzas y desesperanzas que tiene, ¿son menos reales que las mesas y sillas en su comedor? ¿Vive usted, por así decir, en el comedor? Puede estar muy identificado con sus particulares mesas y sillas, pero aun en este caso, ¿no es acaso lo que «siente» acerca de esas mesas y sillas lo que es real para usted? Supongamos que esté enfermo y sienta próxima la muerte; ¿se preocupa aún por ellos? Por supuesto que no. ¿Y por qué? Porque ya no «siente» nada por ellos. Son sus sentimientos y sus maneras de identificarse lo que hace que considere importante esta o aquella cosa. No son las cosas que ve con sus ojos físicos. Supongamos que una persona observa que se identificó, digamos, con sus muebles: ¿cree usted que debe desprenderse de sus muebles para cambiar?

No, por supuesto. Sería una tontería. Lo que puede cambiar es el haberse identificado tanto. Si trabaja sobre esto, si empieza a transformar dicha reacción en sí mismo, podrá seguir gozando de sus muebles, pero no se suicidará si éstos son destruidos en un incendio. ¿Ve la diferencia? No se puede transformar la vida, pero se puede empezar a transformar la manera de encarar la vida. El primer choque consciente significa el «trabajo sobre sí» en general. El rasgo característico de este trabajo es el de dar este choque. Todo cuanto se enseña en este sistema, en el aspecto práctico, pertenece al primer choque consciente, la no identificación, la no consideración, etc. Esto puede conducir a un verdadero momento de recuerdo de sí. Entonces se logra la percepción de la naturaleza interior de lo que se debe hacer y la comprensión de la verdad del trabajo.

El practicante debe aprovechar toda circunstancia, todo momento, para realizar su «trabajo». El hombre puede no identificarse con sus pensamientos, emociones o actos y puede contemplar todos ellos desde fuera, de manera objetiva y desapasionada. Externamente todo seguirá siendo igual, pero internamente todo será diferente. Para cambiar algo, previamente hay que saber qué se desea cambiar y en qué se desea cambiarlo. Al dirigir la atención sobre uno mismo, al mantener la mente alerta, el hombre se va conociendo y preparando para realizar el cambio. Cualquier pensamiento, cualquier acto, cualquier emoción, no importa si son más o menos significativos, tienen su importancia en el «trabajo». Naturalmente las situaciones trascendentales reportan una mayor riqueza de datos; pero no hay nunca que despreciar los sucesos vulgares, porque son precisamente ellos los que más mecanizan al ser humano. Poco a poco se va limitando la personalidad y se va estimulando la esencia. Al principio representa un gran esfuerzo el desdoblamiento que se exige, la división entre un hombre observador y un hombre observado, la no identificación del contemplador con el contemplado.

Si el hombre observador se identifica con las preocupaciones o inquietudes del hombre observado, el «trabajo» no podrá llevarse a cabo. El hombre observador debe ser como un «ojo mágico» que se limita única y exclusivamente a observar, sin teñir de emociones o pensamientos su observación. Esto es importante: el Yo observador debe evitar toda intervención de pensamientos y emociones. Una cosa es la observación y otra el examen. Mediante la observación se llegará al correcto examen de uno mismo y a través de éste se llegará al autoconocimiento.

El practicante deberá observar incluso sus ejercicios de observación de sí mismo, tomando conciencia de en qué momentos falla y cuándo, y con qué se identifica. Se exige para ello que el mecanismo de la atención se vaya perfeccionando considerablemente. La identificación con el exterior será mucho más fácil de evitar que la identificación interior, porque los pensamientos, sentimientos y emociones impregnan a todo el ser humano.

Al principio, el practicante tendrá que comenzar por recordar que debe recordarse, por mantener fiel en su mente el propósito que desea llevar a cabo. Muchas veces el practicante se propone observarse durante toda una tarde, por ejemplo, y si después no lo hace es porque se ha olvidado de que debía observarse. Por eso se insiste tanto en que el «trabajo» comporta un gran esfuerzo, tanto mental como psicológico, moral e incluso físico. Saber qué concepciones son falsas en uno mismo ya es muy difícil, pero eliminar posteriormente esas concepciones es más difícil todavía. Se cambia constantemente, y por encima de esos continuos cambios hay que colocar al Yo observador. El Yo observado, la persona común, se desintegra en multiplicidad de yoes, pero, por el contrario, el Yo observador debe permanecer unificado, evitando toda dispersión. Es imprescindible una absoluta honestidad consigo mismo durante el «trabajo» y poner especial atención para no autoengañarse, ni siquiera inconscientemente. Un practicante que se esté engañando en lugar de limitar su personalidad la estará acentuando.

El practicante debe velar la película que ha recogido toda su vida interior —recuerdos, conocimientos, convencionalismos, etc.— y filmar una nueva, pero esta vez de forma consciente, evitando todo automatismo y toda falsedad.

El CUARTO CAMINO Y El HOMBRE SUPERIOR

El ser humano puede seguir múltiples caminos que le conduzcan a un estado superior. Gurdjieff señalaba cuatro caminos: el del faquir, el del monje, el del yogui y el denominado «cuarto camino».

El «camino del faquir» consiste en el adiestramiento y riguroso control del cuerpo. El faquir lleva a cabo una lucha, a veces hasta la más extrema crueldad, contra su cuerpo, sometiéndolo, reduciéndolo a su voluntad. El faquir aprende a soportar el más lacerante dolor, a superar todas las flaquezas de su organismo. Mediante un intenso adiestramiento, desarrolla una gran fuerza de voluntad y un asombroso dominio sobre su cuerpo físico; pero eso es todo. ¿Para qué le sirve esa gran fuerza de voluntad si no sabe cómo ni a qué aplicarla? Ha controlado perfectamente su cuerpo, pero ¿y su mente? Demasiado tiempo para invertirlo en ese despiadado combate contra el cuerpo físico, sin prestar la debida atención al cuerpo mental, al emocional y al espiritual.

El «camino del monje» se caracteriza porque sus seguidores realizan el trabajo sobre el cuerpo emocional y no el físico. Es el camino propio del hombre religioso, del *bhakta* hindú, del cartujo cristiano. No se trata de un camino fácil, y aunque es importante, no es ni mucho menos definitivo. Al menos eso estimaba Gurdjieff, porque, según él, un hombre no debe trabajar solamente sobre su cuerpo, sus emociones o su mente, sino sobre todo ello en conjunto, desarrollando el centro instintivo, el emocional y el mental.

El «camino del yogui» es el de aquellos que trabajan sobre su mente. Gurdjieff considera que adquieren gran dominio sobre su mente, pero no sobre su cuerpo y sus emociones. La denominación está naturalmente fuera de lugar, puesto que el verdadero yogui obtiene control sobre todo él, pero sigamos la terminología de Gurdjieff. Consideraba que los seguidores del «camino del yogui» tenían unos vastos y profundos conocimientos, pero que esto no era suficiente para el pleno desarrollo, pues se necesita también el trabajo sobre el centro instintivo y sobre el emocional.

Tanto el camino del faquir como, especialmente, el del monje y el del yogui, tienen su importancia, pero no son ni

mucho menos suficientes para el completo desarrollo entendido por Gurdjieff. Pero afortunadamente existe el que se llama «cuarto camino», mucho más completo y trascendente
que los tres anteriores, y también mucho más esotérico. No es
necesario el renunciamiento ni las crudas mortificaciones del
faquir; es en cierto modo una síntesis del camino del faquir,
del monje y del yogui, todo ello con unos principios propios.
En un inicio es más asequible que los otros caminos, pero que
nadie piense que no exige unos esfuerzos agotadores. Es el
desarrollo llevado a cabo a través de la vida y en la vida misma.
El practicante puede seguir con su matrimonio, su trabajo y
sus aficiones, pero adquiriendo un nuevo punto de vista, un
enfoque totalmente diferente al que antes sostenía y «trabajando» activamente sobre todos sus centros: intelectual, emocional, motor e instintivo. Superior al faquir –muy primitivo
en su evolución–, al monje y al yogui, el seguidor del «cuarto
camino» debe lograr el autocontrol absoluto y permanente, la
conciencia despierta y continuada, el saber verdadero y superior.

Gurdjieff hacía siete clasificaciones del hombre, atendiendo a su grado de evolución: hombre 1, hombre 2, hom-
bre 3, hombre 4, hombre 5, hombre 6 y hombre 7. A cada
uno de ellos le correspondía un saber determinado, sin que
fuese el mismo el que pudiese tener el hombre 1 que el hombre 4, por ejemplo.

El hombre 1 no posee ningún control sobre sí mismo; es
una máquina y sus instintos son siempre superiores a sus pensamientos y a sus emociones. Todo lo que sabe es artificial; sus
conocimientos los ha obtenido por pura imitación, ya que él
no aporta mentalmente nada. Es muy primitivo y vive exclusivamente a través de su cuerpo.

El hombre 2 está en realidad tan poco evolucionado como el hombre 1, pero en lugar de ser superior en sus instintos a sus pensamientos y a sus emociones, éstas reinan sobre sus instintos y pensamientos. Empleando la terminología de Gurdjieff, es la persona cuyo centro emocional predomina sobre sus centros motores, instintivo e intelectual. Vive tan mecánicamente como el hombre 1. Tan sólo sabe de aquello que le agrada y vive a través de sus emociones.

El hombre 3 es aquel que se caracteriza porque su razón está por encima de sus emociones y de sus sentimientos. Su saber es rígido, estéril en realidad. Puede tener muchos conocimientos, pero no son nunca «sus» conocimientos. Vive a través de la mente.

El hombre 1, el hombre 2 y el hombre 3 constituyen la mayor parte de la humanidad; todos ellos actúan, piensan, sienten y viven mecánicamente. Unos son instintivos, otros emocionales, otros racionales, pero todos ellos máquinas. El hombre común, no desarrollado, pertenece siempre a una de estas tres clases.

Para llegar a ser hombre 4 es necesario llevar a cabo determinado trabajo interior que lo desarrolle hasta ese grado, pues no se puede obtener esa categoría de otra forma. Sus centros comienzan a armonizarse; cada uno permanece en su lugar, sin prevalecer sobre los otros. Va surgiendo el autoconocimiento y un saber menos artificial, más auténtico. A partir de ahí el desarrollo va completándose, hasta llegar a su totalidad, que se da únicamente en el hombre 7, quien posee un Yo permanente.

El hombre 7 es el hombre superior, el hombre real, inmutable e inmortal. La mayoría de los seres humanos morirán siendo hombres 1, 2 o 3; una minoría de ellos realizarán el trabajo interior y podrán convertirse en hombres 4, 5, 6 o 7.

Gurdjieff distinguía cuatro estados de conciencia: el estado de sueño, el que el hombre común llama estado de vigilia –aunque también es de sueño, en otro sentido–, el de «recuerdo de sí» y el de «conciencia objetiva».

Los dos primeros estados de conciencia, el de sueño y el de aparente vigilia, son comunes al hombre no desarrollado. Tan sólo el hombre desarrollado goza de los estados de «recuerdo de sí» y «conciencia objetiva».

Se requiere el adiestramiento mental y psicológico, el trabajo sobre sí, para obtener los dos estados de conciencia superiores. Cuando el hombre consigue el estado de «conciencia objetiva», se convierte en el hombre real y observa todas las cosas en su verdadera esencia, sin burdos disfraces.

Para llegar a la «conciencia objetiva», el hombre debe seguir el «cuarto camino». No basta el camino del faquir, ni el del monje, ni el del yogui. El hombre se realizará a través de la vida, encarando la vida, superando la vida. Vive en el mundo, pero no se dejará esclavizar por el mundo. El «cuarto camino» llevará al ser humano a ser hombre 4 y a progresar más y más a partir de ahí. El practicante sacará de la vida una parte valiosa de su enseñanza; la vida le servirá de entrenamiento, y mediante ese entrenamiento tendrá que habitar en ella y a la vez fuera de ella. Maurice Nico explica:

> El hombre 4 no significa en verdad un hombre de mundo. Significa algo más profundo que esto, aunque ciertamente lo incluye, es decir, significa que una persona es capaz de enfrentarse

con todos los eventos y situaciones de la vida de una manera razonable y que no da pruebas de tontería respecto de la vida y de la gente. Hay muchas cosas que es preciso aprender en la vida ordinaria, todos deberían aprenderlas, y en vista de la idea del hombre 4 todas esas cosas llegan a ser interesantes. Esta persona odia mecánicamente este lado de la vida, y aquella persona odia mecánicamente aquel otro lado de la vida. En realidad, un hombre debe lograr su pleno desarrollo de la vida en conjunción con el trabajo, con el fin de alcanzar la etapa del hombre 4, porque ninguno puede llegar al estado de hombre 4 a no ser que el trabajo lo ilumine y se halle en relación con todos los lados de la vida.

En la vida el ser humano debe examinarse, en la vida debe aprender a distinguir entre sus pensamientos, sus emociones, sus instintos y su actividad motriz.

EJERCICIOS Y MOVIMIENTOS

Gurdjieff deseaba conducir a sus discípulos a superiores niveles de conciencia, hacerles tomar estrecha conciencia de sí mismos y perfeccionar el mecanismo de su atención; quería, sobre todo, hacerles salir de su condición de hombres-máquina, enseñarles la forma de actuar no mecánicamente. Para hacer más completo el trabajo sobre sí, Gurdjieff concibió diferentes ejercicios —algunos muy difíciles— que el practicante debía realizar.

Uno de los más curiosos y eficaces de estos ejercicios es sin duda alguna el conocido con el nombre de «stop». A una orden del maestro, el discípulo debe paralizar toda su actividad física, mental y emocional, en cualquier circunstancia o situación en que se halle. Esto que parece tan simple, prácticamente un juego de niños, exige a veces un esfuerzo increíble. Al escuchar la orden, el discípulo tendrá que detenerse instantáneamente y permanecer así hasta que el maestro le exima de ello, evitando todo movimiento, toda emoción o todo pensamiento; limitándose a observarse, a tomar conciencia de la postura en que ha quedado situado y que puede ser dificilísima de mantener. Por nada del mundo deberá interrumpir su imperturbabilidad hasta que escuche la señal convenida para hacerlo, ni siquiera aunque le vaya la vida en ello.

Durante la detención, la atención se repliega sobre uno mismo y se observa dónde están dirigidos los ojos, qué expresión conserva el rostro, qué gestos se mantienen, etc.

El ser humano ni siquiera conoce sus gestos, expresiones y movimientos, aun cuando haya alcanzado una edad muy avanzada. Toda una vida sonriendo de determinada forma o moviendo las manos del mismo modo y, sin embargo, desconoce su sonrisa y el movimiento de sus manos. Mediante el ejercicio «stop» podrá conocerse en muy diversos momentos, y además alertará su mente y fortalecerá sensiblemente su autocontrol y su voluntad. Pero lo más importante es que irá venciendo su automatismo, su manera de hacerlo todo mecánicamente.

Para mantener el «stop», a veces es necesaria una fuerza de voluntad inconcebible. Es posible que la postura sea incomodísima, que nos esté molestando cualquier cosa o que tengamos un ansia irresistible de movimiento. Aunque el «stop» sólo se mantenga durante un par de minutos, la persona que lo practique podrá darse cuenta de que no resulta nada fácil conseguirlo.

Otro dificilísimo ejercicio consistía en realizar simultáneamente diferentes movimientos con diversas partes del cuerpo. Era una combinación que resultaba tan penosa como extenuante, sobre todo si se considera que estos ejercicios podían efectuarse durante horas y horas.

No menos difícil que los anteriores, aunque representaba menos esfuerzo, era el ejercicio de Educación Sensorial, el cual exigía una total descontracción de partes de todo el cuerpo, siempre de derecha a izquierda.

Mediante estudiados movimientos de una extrema complicación, Gurdjieff preparaba sus danzas, de las que había dado diversas representaciones en escenarios y con asistencia de público. Estas danzas —que no pueden dejar de recordar a las derviches— exigían complejos movimientos simultáneos de brazos, cabeza, piernas, etc. Resultaban, desde cualquier punto de vista, tan espectaculares como sorprendentes.

Gurdjieff se servía de múltiples técnicas para impulsar a sus discípulos hacia el «despertar», aunque a veces estas técnicas pudiesen agotar físicamente a la persona y alienarla mentalmente.

Todas las técnicas de desarrollo personal y autorrealización suponen ciertos riesgos para el practicante, si no se sirve de ellas con la prudencia necesaria y bajo la dirección de un instructor que previamente las haya experimentado e imparta la enseñanza sabia y honestamente. El sistema de Gurdjieff no es en este sentido una excepción, sino que, por el contrario, debido a sus complejos métodos, puede resultar más peligroso que otras técnicas. Algunos han encontrado la paz en su enseñanza, pero otros sólo han hallado la angustia y la inestabilidad; unos se han «desarrollado» considerablemente siguiendo sus procedimientos, pero otros se han sumido en un profundo estado de desesperación e inquietud. Hay muchos puntos en la enseñanza de Gurdjieff que resultan muy importantes y eficaces; pero hay otros innecesarios o desproporcionados.

Que un ser humano deba observarse y examinarse para llegar al autoconocimiento es algo de lo más comprensible y totalmente admitido y enseñado por las técnicas orientales de autorrealización y por los grandes iniciados de todas las épocas, pero hacer de dicha autoobservación una obsesión es liberarse de unas cosas para esclavizarse con otras. Lo ideal es buscar el término medio; el practicante debe observarse y examinarse con insistencia, pero sin crearse una dependencia morbosa de sí mismo, que puede indiscutiblemente llevarlo a un estado mental o emocional de naturaleza patológica. Dentro de toda técnica de autorrealización, considerando la diferencia de caracteres y de aspiraciones, debe haber un margen de cierta elasticidad —lo que no quiere decir que la disciplina no sea completamente necesaria—. Lo que puede resultar positivo para muchos puede ser negativo para otros, y viceversa. Por otra parte, muchas enseñanzas no pueden ser impartidas a todo el mundo, sino sólo a aquellos que están maduros para recibirlas. La enseñanza de Gurdjieff exige determinado grado de madurez y de preparación, y observarla sin estos requisitos puede ser altamente nocivo para el practicante. Hay que cifrar la originalidad de su enseñanza no en lo que muestra, sino en cómo lo muestra y en la combinación de principios, elementos y ejercicios de diversos sistemas. Sin necesidad de ser todo un erudito en la materia, en la enseñanza de Gurdjieff se adivinan influencias del Zen, el yoga, el budismo, técnicas sufíes y derviches, etc. Salvando las distancias y algunos otros aspectos, no hay tanta diferencia entre la enseñanza de Pitágoras y la de Gurdjieff. Ambas exigen el autoexamen, la continua actividad bien canalizada y el esfuerzo personal para llegar a la verdad. No obstante, Gurdjieff era mucho más directo, menos dado a la filosofía y al intelectualismo, más práctico y tenaz en la enseñanza. Pitágoras era además un contemplativo, y en cierto modo un místico y un asceta; era más el gurú, el maestro indio al estilo de Sivananda. Bien al contrario, Gurdjieff no era un místico ni se dejaba absorber por conceptos espiritualistas. Era un vitalista y preparaba a sus discípulos no para alejarse de la vida, sino para vivir la vida superándola y «viviéndola» plenamente.

La forma de comportarse de Gurdjieff no era desde luego la de un maestro oriental, siempre prudente, sereno, dueño de sí mismo, bondadoso y cortés. A veces se comportaba como un charlatán vendiendo mercancías de supuestos efectos milagrosos. Abierto, despreocupado, amante de lo espectacular, lo mismo podía parecer un presentador de circo que un comerciante.

En la enseñanza, Gurdjieff no hacía referencia al amor ni a otros aspectos espirituales o místicos. Quizá porque consideraba que eso era seguir fortaleciendo la personalidad, continuar disfrazando la esencia del individuo. En lo que respecta a las ideas personales de Gurdjieff y a su mundo interior, nada está claro, nada resulta lo suficientemente diáfano como para emitir un juicio objetivo sobre él. No podemos basarnos en sus formas de comportamiento, porque podían estar siempre

motivadas por determinadas razones que facilitasen la
enseñanza al discípulo.

Esfuerzo y superesfuerzo, continuo trabajo sobre sí para
hacer permanente la conciencia y despertar. Pero cabe preguntarse si muchos de sus discípulos en lugar de despertar no
se sumían en un sueño más profundo todavía, si combatiendo
contra su automatismo no perdían toda espontaneidad y se
volvían rígidos como barras de hierro, si de tanto observarse
no perdían la observación de todo lo demás, y no sólo no se
liberaban de lo demás, sino que se esclavizaban a sí mismos, si
a sus diversas obsesiones no se sumaba la obsesión consistente en crear una conciencia de la conciencia, si ese frenético
entrenamiento para alertar la mente no terminaba por atrofiar
todo sentimiento y toda emoción, y, por último, si esa lucha
tan violenta contra la personalidad no podía llevar consigo el
que el practicante se decepcionase de todo y contemplase la
vida como si estuviera disecada.

La no identificación y el desdoblamiento que exige el
método de Gurdjieff pueden ser dos prácticas sumamente
nocivas para un discípulo inmaduro o para alguien que las realice incorrectamente. Pueden ser incluso peligrosas para toda
persona que se deje absorber demasiado por ellas, que llegue
a sentirse en este sentido aprisionada, víctima de una obsesión
autocreada.

Toda técnica de autorrealización o de desarrollo personal
debe, como su mismo nombre indica, «realizar» o «desarrollar». Cuando una técnica de autorrealización, sea cual fuere,
en lugar de serenar perturba, en lugar de iluminar provoca la
ceguera, en lugar de equilibrar neurotiza y en lugar de liberar
esclaviza, es porque algo falla: la enseñanza, las técnicas, el

maestro que imparte dichas técnicas y enseñanza o el discípulo. No basta con cerrar los ojos y comenzar a caminar. Eso, espiritualmente, puede ser una verdadera temeridad. Previamente hay que saber qué se quiere conseguir y hasta qué punto uno va a sacrificarse para conseguirlo, y a continuación buscar el camino que llevará al practicante a una meta que después no tenga que lamentar.

En lo referente a un instructor como Ramana Maharshi, no hay discusión posible: todos los que le visitaron reconocieron en él un hombre superior. Pero en lo referente a ese hombre increíble que era Gurdjieff, surge la polémica: maravilloso para unos y nefasto para otros.

Tenía ochenta y tres años cuando murió, en el hospital de Neuilly, Norteamérica. Ocurrió en 1949, en el mes de octubre. ¿Cómo habría reaccionado ante nuestras dudas? Hubiera esbozado una amplia sonrisa, mostrando sus amarillentos dientes y quizá después, sin irritarse, hubiera exclamado: «¡Váyase al infierno, amigo!».

BIBLIOGRAFÍA

Gurdjieff, G. I.: *Todo y Todas las Cosas. Relatos de Belcebú a su nieto*. Saros. Buenos Aires, 1955.

———*Meeting with Remarcable Men*.

Nicoli, Maurice: *Comentarios Psicológicos sobre las Enseñanzas de Gurdjieff y Ouspensky*. Vicent Stuart. Londres, varios vols.

Ouspensky, P. D.: *Fragmentos de una Enseñanza Desconocida. En Busca de lo Milagroso*. Hachette. Buenos Aires.

_____The Fourth Way. Londres, 1957.

_____Psicología de la Posible Evolución del Hombre. Hachette. Buenos Aires.

Pausels, L.: Gurdjieff, el Hombre más Extraño de este siglo. Hachette. Buenos Aires.

Walker, Kenneth: A Study of Gurdjieff's Teaching.

17

LA ESCUELA ARCANA

La Escuela Arcana es una sociedad espiritualista fundada por Alice Bailey, bajo la inspiración de un maestro conocido por El Tibetano, que «imparte entrenamiento para el discipulado de la nueva era. Enseña los principios de la Sabiduría Eterna, a través de la meditación, el estudio y el servicio esotéricos, aplicados como un modo de vivir».

Alice Bailey está reconocida como una de las más grandes esoteristas contemporáneas. Escritora prolífera, vertió en sus páginas lo más elevado, en cierto modo, del conocimiento oculto, esforzándose incansablemente por llevar hasta los demás la enseñanza esotérica.

Alice Ann Bailey nació en Manchester el 16 de junio de 1880 y en su juventud formó parte de la Sociedad Teosófica de los Ángeles. Convencida de que estaba inspirada por dos maestros, se apartó de la sociedad para seguir independientemente su camino. Uno de los maestros era Koot Hoomi, con el cual, explica ella misma, entró en contacto a la edad de quince años; el otro fue El Tibetano, quien telepáticamente la inspiró en sus obras literarias durante treinta años. Tales maestros, naturalmente, pertenecen al Mundo Invisible y nadie más que la famosa esoterista sabía de ellos.

En sus miles de páginas, Alice Bailey ha mezclado, a veces con indiscutible maestría, el espiritualismo mental y la búsqueda espiritual, todo ello en muchas ocasiones teñido de una densa emotividad que originaba un curioso cóctel con grandes posibilidades de embriagar de esperanza, consuelo, serenidad e incluso amor a sus numerosos lectores, sobre todo a aquellos que por determinadas circunstancias necesitaban refrescar y reconfortar su alma. Cuando el ser humano necesita irremediablemente algo y no lo puede vivir, tiende a soñarlo, quizá como válvula de escape para su frustración y como terapéutica inconsciente para evitar diversos trastornos psicológicos. Esa ilusión que Alice Bailey imprime en algunas de sus páginas y que raya en la fantasía de una Alicia en el País de las Maravillas ha cautivado a muchos lectores; porque unas personas leen para instruirse, otras para evadirse y algunas, no lo dudemos, para encontrar algo que las estimule a continuar viviendo. La teosofía se pierde en una jerga que llega a ser tediosa y en unos conceptos frecuentemente ambiguos y escurridizos, pero «promete». ¡Y a veces es tan importante prometer!

Por utópica que resulte, nos permitimos transcribir la «Conclusión» que Alice Bailey hizo para su obra *Del Intelecto a la Intuición*, como significativa muestra de lo que aquí se ha dicho sobre sus escritos:

> ¿Cuál será el resultado de todos nuestros esfuerzos? ¿La satisfacción personal o un gozoso cielo de eterno descanso y beatitud? Dios no lo quiera. La búsqueda en el mundo continúa; el grito de la humanidad se eleva desde las profundidades y asciende hasta el trono de Dios Mismo. Desde el Corazón del Templo de Dios, hasta el cual nos hemos abierto camino luchando y esforzándonos, volvemos y trabajamos en la Tierra. No descansaremos de nuestros esfuerzos hasta que el último de los buscadores del mundo haya encontrado su camino de retorno al hogar.
>
> ¿Qué salvará a este mundo de su agonía, desastre económico y caos espiritual? ¿Qué va a introducir la nueva era de hermandad y vida grupal? ¿Quién o qué salvará al mundo? ¿No surgirá a la existencia activa un grupo de místicos prácticos que, asociados en el sentido de unidad divina, trabajen en forma práctica en la Tierra? Ellos no se retirarán a los monasterios o a los lugares solitarios del mundo, no importa lo atrayentes que les parezcan, sino que participarán de la vida normal del planeta. Serán los ejecutivos de nuestras grandes ciudades; desarrollarán nuestros programas políticos; conducirán a la juventud por los senderos de la correcta educación; regularán nuestros destinos económicos, sociales y nacionales, y lo harán desde el centro de su ser y desde el punto de vista del alma; conocerán el secreto de la iluminación; sabrán cómo someter todos los problemas a la omnisciencia del alma; conocerán el secreto de la vida, que hace que todos los hombres sean hermanos.

Reconocerán, como hijos de Dios, a todos cuantos les rodean, pero descubrirán también el signo del hombre iluminado y tratarán de colaborar con él para bien de todos. Se encontrarán unos a otros telepáticamente y trabajarán, por lo tanto, en la más estrecha colaboración. Este grupo ya existe, y sus miembros están en íntima relación entre sí. Se hallan en todos los países del mundo; sin embargo, se reúnen diariamente en el reino del alma. Hablan un mismo lenguaje; tienen los mismos ideales; no conocen fronteras ni divisiones; no sienten odios ni establecen diferencias de clase; no crean barreras raciales; ven las cosas tal cual son; al no ser idealistas ilusos, se concentran sobre el siguiente paso que debe dar la humanidad y no en las etapas finales de su propio desarrollo; trabajan con sabiduría mundana, a la vez que con percepción espiritual. Sobre todo, trabajan unidos y se ponen en relación mediante el poder de una realización unificada.

Este grupo integrado de místicos y conocedores es la esperanza del mundo y constituye el grupo Salvador del Mundo. Están por encima y más allá de todos los credos y teologías; actúan en todos los campos de la realización humano-científica, política, religiosa, educativa y filosófica. No se interesan en terminologías ni pierden el tiempo tratando de imponer a otros sus propias teorías, ni sus términos peculiares o su especial método de acercamiento a la verdad. Reconocen la verdad subyacente en todas las presentaciones y sólo les interesan los principios de la hermandad y hacer resaltar lo esencial, y vivir la vida del espíritu en el mundo cotidiano.

Conocen el significado de la meditación y están con nosotros ahora. Nuestro es el privilegio de ingresar en sus filas, sometiéndonos a la técnica de la meditación, a la disciplina del correcto vivir cotidiano y a la influencia que ejerce el móvil puro de SERVIR.

A partir de 1922, Alice Bailey comenzó a recibir gran abundancia de cartas de sus lectores, interesados profundamente por la práctica de la meditación. Quienes se dirigían a ella deseaban ser orientados en el trabajo interior, pero absteniéndose de pertenecer a una sociedad o grupo rígido en sus convicciones y en sus preceptos.

En 1923, Alice Bailey, para atender a quienes a ella se dirigían, cada día en mayor número, empezó a escribir mensualmente una carta sobre el trabajo interior. De esta forma fue naciendo la Escuela Arcana como tal, que aspiraba a desarrollar espiritualmente al individuo para llegar también al desarrollo espiritual de la humanidad.

La Escuela Arcana era básicamente esotérica porque mostraba el conocimiento esotérico tradicional. Atendía a sus miembros por correspondencia, facilitándoles el material escrito necesario para darles unos vastos conocimientos esotéricos y ayudarles en su desenvolvimiento personal. Las lecciones estaban redactadas en diversos idiomas y la escuela poseía varias sedes.

Los cursos dictados por la Escuela Arcana tenían una duración de varios años. Se pretendía que el discípulo llegase a pensar por sí mismo y que «estudiase», «meditase» y «sirviese» a los demás. El primer grado llevaba consigo diversos conocimientos esotéricos relativos al discipulado y a la constitución del hombre, y se concedía primordial importancia a la meditación. Durante el segundo grado, el estudiante aprendía a controlar sus emociones y sus instintos, a hacer que su mente prevaleciera sobre sus pasiones; aprendía también lo necesario para ir sirviendo a los demás.

En grados superiores, se impartía al adepto la enseñanza necesaria para encontrar e integrar su Yo y poder servir esotéricamente a la humanidad.

La instrucción impartida por la Escuela Arcana se clasificaba en cuatro grados: el de Servidores, el de «Luz en el Sendero», el de Discípulos y el Cuarto Grado. Se trataba de ir preparando y adiestrando al adepto, sólida, moral, espiritual y esotéricamente, a fin de que éste pudiera colaborar en el progreso espiritual de la humanidad. A medida que evolucionaba el discípulo, se le iban ofreciendo los conocimientos necesarios, hasta que fuese capaz de llegar a su integración y estuviese en óptimas condiciones para «servir».

Se encontrase más o menos evolucionado espiritual, cultural o psicológicamente, todo alumno comenzaba en el grado de Servidores. Se le enviaba el material de estudio y se le iba ayudando a organizar su mundo interior. Mensualmente se le formulaban determinadas preguntas esotéricas o espirituales, para seguir de cerca su evolución y ayudarle en aquellos puntos que no tuviese claros. Debía meditar con asiduidad e ir tomando conciencia de que habría de llevar a cabo un sólido adiestramiento espiritual. Encontraría dificultades en el entrenamiento de una mente descontrolada durante muchos años, pero si era constante, poco a poco podría ir sometiendo la actividad mental a su voluntad y perfeccionando el mecanismo de la atención. El estudiante debía seguir su vida normal y las actividades que ésta le impusiera, sin abandonarlas en absoluto, y, por otra parte, prestar atención a su trabajo interior.

Después de un año aproximadamente –tiempo que estaba condicionado al adelantamiento y madurez del estudiante–, se pasaba al grado de «Luz en el Sendero», donde las lecciones que se le enviaban alcanzaban una mayor riqueza y profundidad en los conocimientos mostrados. El estudiante iba ya organizando todo su mundo interior, sabiendo lo que verdaderamente deseaba, perfeccionando su meditación y su visualización. Los secretarios de la escuela continuaban revisando su trabajo.

El grado de «Luz en el Sendero» duraba aproximadamente unos seis meses, y después el estudiante estaba, por lo general, en condiciones de pasar al grado de Discípulos, en donde se preparaba fundamentalmente para el servicio a la humanidad, aparte de ofrecérsele unos conocimientos esotéricos mucho más sólidos que los que hasta ese momento había recibido. También se seguía profundizando en el adiestramiento interior, en el trabajo sobre el cuerpo, las emociones y la mente.

Cuando el estudiante llegaba a la madurez espiritual pasaba al Cuarto Grado, donde finalizaba su entrenamiento y se convertía en un servidor espiritual y esotérico de la humanidad. Entraba entonces en contacto con el conocimiento esotérico más elevado.

La Escuela Arcana consideraba que todo estudiante debía irse adiestrando en el autocontrol, en el estudio y en la meditación. Dado que las circunstancias de cada miembro eran muy diferentes, no había normas fijas. Cada estudiante debía ir imponiéndose por sí mismo sus reglas. Se deseaba orientarle, pero no influirle directamente. Los secretarios de grupo, que eran antiguos alumnos, revisaban su trabajo y le facilitaban la orientación necesaria.

Para ingresar en la Escuela Arcana el aspirante debía rellenar un amplio cuestionario, en el que tenía que reflejar sus ideas, deseos, rasgos de su carácter, motivaciones psicológicas y espirituales y datos personales. No se exigía que el estudiante dejase de pertenecer al culto, sociedad o grupo del que formase parte; tampoco se le exigía ninguna creencia en especial. Se esperaba de él que tuviese determinados conocimientos esotéricos para poder seguir felizmente la enseñanza. Podría abandonar la escuela en cuanto lo desease, pues en tal sentido no se obligaba a nada. Eran admitidas toda clase de personas, cualquiera que fuese su religión, su condición social o su ideología. Se respetaban todos los cultos y filosofías, considerando que había diferentes aspectos de la verdad única y muy diversas formas de exponerla. Cada hombre debía llegar por sí mismo a la verdad, más allá de todo prejuicio o influencia.

La Escuela Arcana no enseñaba a desarrollar poderes psíquicos ni se extendía en absoluto sobre esta clase de ocultismo. Se esforzaba por preparar espiritualmente al individuo y hacerle comprender que debía servir a la humanidad.

Transcribimos los principios básicos de la Escuela Arcana:

1. La Escuela Arcana es una escuela de entrenamiento para discípulos, no una escuela para discípulos en probación o para aspirantes devotos.
2. La Escuela Arcana entrena a hombres y mujeres adultos, a fin de que den el próximo paso en el Sendero de evolución.

3. La Escuela Arcana reconoce la existencia de la Jerarquía Espiritual del planeta e imparte instrucciones sobre la forma de acercarse y pertenecer a ella.

4. La Escuela Arcana enseña esa creencia práctica, que dice: «Las almas de los hombres son Una».

5. La Escuela Arcana hace resaltar la necesidad de vivir una vida espiritual, pero rechaza toda pretensión de poseer categoría espiritual.

6. La Escuela Arcana no es sectaria ni política; es de alcance internacional.

7. La Escuela Arcana no tiene dogmas teológicos, sino que enseña simplemente la Sabiduría Eterna tal como ha sido reconocida en todas partes desde épocas remotas.

Desde el primer momento, la Escuela Arcana dio a entender a sus estudiantes que debían prepararse para el servicio espiritual a la humanidad. Muchos de ellos, seguramente al comprobar que no se impartía una enseñanza más práctica o más ocultista —que no se facilitaba la forma de obtener facultades paranormales, como hacían otras sociedades o, mejor dicho, pretendían hacer—, sino que las lecciones eran filosóficas y espirituales, de un esoterismo elevado, abandonaban sus estudios.

El adiestramiento personal se hacía en función del servicio universal; tal era la meta de la Escuela Arcana. Trataba de formar estudiantes que colaborasen en el desenvolvimiento espiritual de la humanidad. Había que abandonar toda idea individualista y entregarse a los otros. La escuela no estaba de acuerdo con el renunciamiento ni con el místico que se aislaba.

Estimaba que todo hombre se debía a los otros y debía llevar a cabo la realización espiritual de los demás.

La Escuela Arcana consideraba como verdades las siguientes:

1. Que el Reino de Dios, la Jerarquía espiritual de nuestro planeta, pueda materializarse y se materializará en la tierra. Creemos que ya está presente y que más tarde será reconocida como el Reino culminante de la naturaleza.

2. Que en el transcurso de las edades ha habido continuidad de revelación, y que, ciclo tras ciclo, Dios se ha revelado a la humanidad.

3. Que Dios Trascendente es igual a Dios Inmanente, y que por medio de los seres humanos, que son en verdad hijos de Dios, los tres aspectos divinos —conocimiento, amor y voluntad— pueden ser expresados.

4. Que existe únicamente una Vida divina, que se expresa por medio de múltiples formas, en todos los reinos de la naturaleza, y que los hijos de los hombres son Uno.

5. Que en cada ser humano hay un punto de Luz, una chispa de la Llama Una. Creemos que el alma es el segundo aspecto de la divinidad, al cual san Pablo se refería al hablar de «es Cristo en ti la esperanza de gloria». Nuestra meta es la demostración de la vivencia divina en cada persona, y el discipulado es un paso en el camino hacia la suprema conquista.

6. Que es posible alcanzar una última perfección, aunque sea de carácter relativo para el aspirante individual, y la

humanidad como un todo, mediante la acción del proceso evolutivo. Tratamos de estudiar este proceso para reconocer las miríadas de vidas en desarrollo, cada una en su lugar en el esquema, desde el átomo más humilde ascendiendo por los cuatro reinos conocidos de la naturaleza, al quinto reino, del cual Cristo es el Guía Supremo, hasta las exaltadas esferas en las que el Señor del Mundo desarrolló el Plan Divino.

7. Que existen ciertas leyes inmutables que rigen el Universo, de las cuales el hombre se da cuenta progresivamente a medida que evoluciona. Estas leyes son expresiones de la Voluntad de Dios.

8. Que la ley fundamental de nuestro Universo se observa en la manifestación de Dios como Amor.

Los estudiantes de la Escuela Arcana deseaban cambiar la faz del mundo mediante una canalizada meditación oculta de naturaleza trascendente y, como ya hemos indicado, el adiestramiento espiritual de los hombres. Todo parece indicar que para cambiar la faz del mundo, si es que hay ciertas posibilidades de que esto pueda ser conseguido, se necesitan unos medios más prácticos y menos abstractos o filosóficos. La Escuela Arcana seguía primordialmente las ideas de su fundadora, Alice Bailey, y, por lo tanto, sus principios estaban muy imbuidos de teosofía y de toda esa mezcolanza de conocimientos esotéricos que se pierden frecuentemente en grandilocuentes conceptos y utópicas realizaciones. Habitualmente, la teosofía, en su afán esotérico y espiritualista, complica las cosas demasiado, cuando quizá todo sea menos efervescente y se centre en esa frase del Calígula de Camus que dice: «Me pregunto por qué los hombres mueren y no son felices». Cada escuela, cada grupo, cada sociedad trata de dar una contestación —su contestación— a este interrogante. Palabras, palabras, palabras. Quizá sea todo tan simple como pretende el Zen. Hay que tomar la vida tal como fluye. Sin más.

BIBLIOGRAFÍA

Bailey, A.: *Los Problemas de la Humanidad*. Kier. Buenos Aires.

_____*Cartas sobre Meditación Ocultista*. Kier. Buenos Aires.

_____*La Luz del Alma*. Kier. Buenos Aires.

_____*Un Tratado sobre Magia Blanca*. Kier. Buenos Aires.

_____*Del Intelecto a la Intuición*. Kier. Buenos Aires.

_____*La Educación en la Nueva Era*. Kier. Buenos Aires.

_____*El Destino de las Naciones*. Kier. Buenos Aires.

_____*El Alma y su mecanismo*. Kier. Buenos Aires.

I 8

SOCIEDADES Y SECTAS

LOS FILÓSOFOS DESCONOCIDOS

Los Filósofos Desconocidos fue una sociedad de naturaleza espiritual fundada en 1773, por un conjunto de individuos, muchos de ellos francmasones pertenecientes a los grados superiores, que aspiraban al estudio del esoterismo, el misticismo y los métodos capaces de conducir al ser humano hasta el centro de sí mismo y de llevarle hasta la «experiencia trascendental». Sus miembros investigaban en todas las ramas de esoterismo, desde las facultades ocultas hasta la alquimia. Estimaban que en la naturaleza existe una serie de fuerzas que, una vez descubiertas, pueden ser aprovechadas para la elevación espiritual del individuo.

Los adeptos pertenecientes a la sociedad de los Filósofos Desconocidos buscaban la autosuperación moral y espiritual, el progreso místico, tratando de pulsar el resorte capaz de hacer desembocar la conciencia en los planos más superiores. Era una sociedad secreta e iniciática.

La iniciación comprendía doce grados: Aprendiz, Compañero, Maestro, Elegido, Maestro escocés, Caballero de Oriente, Caballero Rosacruz, Caballero del Templo, Filósofo Desconocido, Filósofo Sublime, Iniciado y Filatelo.

Esencialmente alquimistas, más desde su vertiente puramente espiritual que material, los Filósofos Desconocidos comparaban sus doce grados de iniciación a las doce operaciones alquímicas: calcinación, disolución secreta, separación de los elementos, conjugación matrimonial, putrefacción, coagulación, incineración, sublimación, exaltación, multiplicación y proyección.

En un principio, el adepto era como la piedra bruta, pero poco a poco, mediante el debido adiestramiento espiritual y un minucioso proceso de purificación, la piedra bruta se hacía piedra pulida, el metal de baja calidad se convertía en oro, el adepto se aproximaba a la iluminación.

El trabajo interior era la escalera que conducía a la iluminación. Como en las operaciones alquímicas, el proceso era largo y laborioso. El ser humano debía desprenderse de todo aquello que enturbiaba su Yo, debía liberarse de su falsa y burda personalidad y penetrar hasta su esencia misma.

El Cristo Esotérico

Fue el canónigo Roca, sacerdote cristiano, ocultista y personaje influenciado por los movimientos esotéricos de la época, quien concibió el Cristo esotérico, pretendiendo para su siglo (el XIX) un sistema —¿deberíamos denominarlo religioso?— integrado por principios esotéricos, místicos, sociales y científicos. Quizá este singular sacerdote, cuyas ideas no aparecen del todo nítidas, actuara de buena fe, pero lo cierto es que sus aspiraciones no produjeron una considerable influencia entre sus contemporáneos.

Aun cuando el canónigo Roca había declarado: «La Curia Romana no me ha opuesto ninguna objeción, y ninguno de mis libros figura en el índice», más tarde, al publicar uno de sus libros, no sólo fue suspendido como sacerdote, sino que además su obra fue introducida en el índice. Aquel que pretendió formar —o deformar— una nueva doctrina —pretensión que en realidad no cristalizó— moriría ciego, cuatro años después de haber sido declarado hereje por la Iglesia. Un hombre más en esa larga, enorme cadena de hombres que han buscado y han querido crear una nueva, aunque nunca lo es, religión.

Los Hermanos Asiáticos

La sociedad denominada Los Hermanos Asiáticos fue fundada en Alemania, en 1781, por el Court Councillor von Ecker. Sus principios y contenido tenían un marcado tinte rosacruciano. Fueron también conocidos por el sobrenombre de «Hermanos de la Luz».

Los Polares

Los Polares forman una sociedad puramente iniciática. El neófito es examinado por seis de los superiores, todos ellos enmascarados, y debe prestar solemne juramento de rodillas. Se estima que la sociedad está dirigida por maestros invisibles que, cuando es necesario, facilitan las indicaciones oportunas.

Esta sociedad, fundada a comienzos del siglo XX, basándose en las enseñanzas de un ermitaño llamado padre Julián, perteneciente a una congregación himalaya, se propone combatir la hipocresía, el egoísmo y el orgullo.

Los Skopzi

¡Cuántas sectas y de qué variada naturaleza han surgido en el país ruso! Entre ellas cabe destacarse como una de las más curiosas la de los Skopzi, cuyos miembros, no cabe duda, pueden considerarse como unos avanzados psicópatas.

Los Skopzi, formados por ambos sexos, tenían como finalidad más inmediata la de evitar el nacimiento de nuevos seres, puesto que aspiraban a abolir la raza humana, por considerar que el mundo es un hormiguero de desgracias y pecados. Esta secta, alentada por Selivanov, un campesino de ideas fijas y nada constructivas, encontró su origen en Moscú, en 1757, si bien no obtuvo su plenitud hasta las primeras décadas del siguiente siglo. No es de extrañar que una secta de tales características y tan excéntricos propósitos encontrase una muerte rápida –aun cuando no siempre ocurre así–. A finales del siglo XIX la policía había conseguido desarticularla por completo.

EL DOWIEÍSMO

En 1894, un escocés que aseguraba ser el Elías Restaurador, fundaba en Norteamérica –donde, al igual que en Rusia, han surgido las sectas más extrañas y dispares– el dowieísmo. El egocéntrico escocés se llamaba Juan Alejandro Dowie, y en las proximidades del lago Michigan constituyó la Ciudad de Sion, centro encargado de las actividades de su secta.

Como Dowie, por lo que parece, no era de esos que juegan a hacerse el humilde y no dudaba en presentarse como un elegido, declaró que poseía facultades para realizar curaciones milagrosas; y como, lamentablemente, abundan en el mundo los desesperados de todo tipo, el dowieísmo pronto contó con muchos seguidores.

LA ROSACRUZ DEL TEMPLO Y DEL GRIAL

Josephin Peladan (1850-1918), francés de nacimiento, cabalista, amante de las mancias y miembro de la Rosacruz francesa, creó en 1891 su propia sociedad Rosacruz, a la que añadía el calificativo de «católica». Ni falta hace decir que él se autotituló como la jerarquía suprema. Su agrupación, que desapareció a su muerte, organizaba exposiciones de arte de naturaleza mística, llevaba a cabo representaciones de Misterios y promovía determinados conciertos. El mismo Peladan hizo su aportación artística; se trataba de su tragedia titulada *Babilonia*.

Unos hombres trataron de perpetuar el grupo; otros se separaron de él para formar otro nuevo: tal fue el caso de

Peladan. Pero la Rosacruz católica no tendría trascendencia, quizá porque la mezcla era demasiado explosiva, quizá porque Peladan no gozaba de la fuerza creadora necesaria, quizá porque para cautivar al ser humano —aunque éste pertenezca al grupo de ser-humano-dolorido— se requiere algo más que exposiciones y conciertos.

LA ROSACRUZ FRANCESA

En 1888, un culto aristócrata, poseedor de una vasta cultura y amante en extremo de la ciencia esotérica, fundaba en París una sociedad rosacruz. Era su nombre Estanislas de Guaita (1867-1897), y no cabe duda de que llegó a ser una gran autoridad en la materia. Cabalista, experto en la simbología esotérica y apasionado ocultista, realizó también una considerable labor como escritor de estos temas.

Dentro de los rosacruces franceses merece también ser especialmente destacado Gerard Encausse, mucho más conocido por Papús. Nacido en La Coruña, el 13 de julio de 1865, de padre francés y madre española, pasó, no obstante, casi toda su existencia en Francia; murió en París el 25 de octubre de 1916 y llegó a ser uno de los más grandes esoteristas de su época.

Gerard Encausse se graduó en Medicina en la Facultad de París, en 1894. Desde muy joven había experimentado un vívido interés por el esoterismo en general. Fundó dos revistas de ocultismo —*L'Initiation* y *Le Voile d'Isis*—, creó el Groupe Independant d'Etudes Esoteriques y la Faculté de Sciences Hermetiques, y estableció (1887) la Orden Martinista.

Desempeñó los cargos de presidente del Supremo Consejo de la Orden Martinista, presidente de la Orden Cabalística de la Rosacruz y presidente de la Sociedad Magnética de Francia. Trabajó como cirujano, viajó por numerosos países, entre ellos la India, y resultó un prolífico escritor sobre los temas de su especialidad.

La Fraternidad de la Cruz Rosada

En 1774, apareció en Estados Unidos la Fraternidad de la Cruz Rosada, cuyo Consejo de los Tres estaba constituido por Benjamín Franklin, Jorge Clymer y Tomás Paine. De dicha sociedad llegaría a formar parte Abraham Lincoln.

La sociedad pretendía la mejora, en todos los sentidos, del ser humano, su robustecimiento moral y espiritual. Sus principios estaban impregnados por el rosacrucianismo, y seguía una línea cristiana y patriótica.

Orden de la Rosacruz de Oro

La Orden de la Rosacruz de Oro fue fundada en Fráncfort, en 1757, y se propagó posteriormente por Bayona, Berlín, Viena, Praga y Potsdam. Perteneció a esta orden el que llegaría a ser el rey Federico II.

LA FRATERNIDAD ROSACRUZ

La Fraternidad Rosacruz fue fundada en 1909, en Oceanside, California (Estados Unidos), por Maz Heindel, con la finalidad de impartir la enseñanza esotérica capaz de favorecer el desarrollo espiritual del ser humano y de hacerle vivir en armonía consigo mismo y con los demás.

Maz Heindel, cuyo verdadero nombre era el de Carl Louis Grasshoff, nació en Dinamarca el 23 de julio de 1865. A los dieciséis años abandonó su hogar para trabajar en los astilleros de Glasgow, con la idea de hacerse ingeniero, carrera que ejerció desde 1895.

Desde muy niño, la vida de Maz Heindel se caracterizó por una larga cadena de sinsabores: cuando tenía seis años perdió a su padre, su primera mujer murió pocos años después de casarse y, además, a lo largo de toda su existencia padeció graves trastornos orgánicos. Quizá todo ello fue lo que le aproximó al mundo del misticismo y del ocultismo y lo impulsó lo suficiente para convertirlo en un gran estudioso y un prolífico escritor —sus obras son muy numerosas.

Años después encontró una mujer que le ofrecería una sólida amistad y una valiosísima colaboración: Augusta Foss, quien le haría interesarse viva y profundamente por la astrología. Deseando vivir a través del espiritualismo, deseando encontrar un sentido positivo y eficaz a su vida cubierta de frustraciones, ingresó en la Sociedad Teosófica de Los Ángeles. Pero aquel paso no resultaba suficiente; era más, mucho más lo que buscaba. En 1905 viajó a Alemania con el propósito de establecer contacto con la Orden Rosacruz. Parece ser que consiguió conectar con diferentes iniciados y que regresó a América con la finalidad de propagar la enseñanza. Escribió una obra que habría de despertar el interés de muchos: *Concepto Rosacruz del Cosmos*. En 1910 se desposó con Augusta Foss, quien fue siempre una excelente compañera. Nueve años después, el 6 de enero, falleció el fundador de la Fraternidad Rosacruz. El misticismo y la doctrina oculta habían paliado sus sufrimientos y habían renovado su energía vital. Vivió los últimos años de su vida consagrado a la orden y a propagar la enseñanza. Como tantos otros seres humanos, encontró un objetivo espiritual capaz de compensar sus deficiencias orgánicas.

Antigua Mística Orden Rosacruz

Amorc —acrónimo para designar a la Antigua Mística Orden Rosacruz— es una sociedad moderna, que asegura de sí misma ser la portadora de la auténtica esencia Rosacruz, y que tiene su sede en San José de California. Cuenta con muchos miembros y a cambio de una cuota mensual dicta cursos por correspondencia. Naturalmente, hay que comprender que todas las órdenes rosacruces afirman ser cada una de ellas la auténtica Rosacruz, pues nada cuesta proclamarse como la real y servirse así de un llamativo —¿deberíamos decir eslogan publicitario?— procedimiento para contar con nuevos miembros.

Orden de los Templarios de Oriente

Los francmasones Theodor Reuss y Heindrich Klein, tras un viaje a Oriente, en el que se pusieron en contacto con la sabiduría oriental, fundaron en Alemania la Orden de los Templarios de Oriente, en 1902, a la que habrían de pertenecer Rudolf Steiner, Aleister Crowley y Franz Hartmann.

Sociedad Rosacruz de Inglaterra

La Sociedad Rosacruz de Inglaterra fue fundada en 1867 por Robert Wentwort Litle. Se establecieron cuatro colegios, en Londres, Manchester, York y Bristol, respectivamente. Sólo admitía 144 miembros, y éstos debían ser maestros masones.

Orden del Templo de los Rosacruces

Esta orden fue fundada por Annie Besant, Marie Russak y J. Wedgwood, en 1912, a fin de investigar y estudiar todo lo relacionado con la magia ceremonial. Tuvo muy corta vida, ya que en 1918 llegó a su fin.

Annie Besant fue una mujer de admirable y sorprendente dinamismo. Merece indiscutiblemente la pena que dediquemos unas líneas a su activa existencia. Nació el 1 de octubre de 1847, en Londres. Se desposó en 1867 con un pastor evangélico, del que seis años después habría de divorciarse y con el que tuvo dos hijos. Perteneció a la National Secular Society y a la Fabian Society, resultando en toda la extensión de la palabra una librepensadora y una mujer de un carácter y de una tenacidad férreos. Realizó propaganda socialista y combatió con tenacidad los intereses políticos y sociales así como el fanatismo religioso. Posteriormente entró en contacto con H. P. Blavatsky y se hizo miembro de la Sociedad Teosófica. Incansable, pronunció determinadas conferencias en las que explicaba los motivos que la llevaron a hacerse teósofa.

Hay que decir que la señora Besant, anteriormente a su adhesión a la Sociedad Teosófica, era implacablemente atea, por lo que su conversión produjo desconcierto y consternación entre sus conocidos y amigos. Viajó a la India y en Benarés fundó el Hindu Central College, donde se estudiaba la auténtica filosofía india.

Además de esoterista, profundamente política hasta el mismo fondo de su alma, Annie Besant tuvo una considerable participación de tipo político en la India. En pocos años fue presidenta de varias instituciones: de la Sociedad Teosófica de Adyar, en 1907; de la Indian Home Rule League, en 1916, y del Congreso Nacional Indio, en 1917. Por si todo esto fuera poco, en 1926 y 1927 viajaría por toda Europa y América en compañía del famoso pensador, filósofo y apóstol de la paz Jiddu Krishnamurti (1895), a quien proclamó desde muy joven nuevo Mesías, y que fue aceptado como tal por miles de teósofos y esoteristas, que se asociarían en la Orden de la Estrella de Oriente. Años después, Krishnamurti, de cuya honestidad no cabe dudar, siempre leal a sus principios, se separó de la Sociedad Teosófica y, en 1929, disolvió la Orden de la Estrella de Oriente. A partir de entonces, este filósofo del amor viajaría por todo el mundo enseñando la doctrina, libre de toda pertenencia, y escribiendo libros tan espirituales como *A los pies del Maestro* y *El Canto de la Vida*.

En 1930 le fue concedido, a Annie Besant, el título de doctora por la Universidad de Benarés. Tres años después, el 20 de septiembre, en Adyar, fallecía tan singular mujer. Escribió varias decenas de libros, pronunció más de mil conferencias, contó con miles de discípulos e influyó muy considerablemente en la vida política y social del que podríamos decir se convirtió en su país adoptivo: la India.

Orden Hermética del Alba de Oro

Esta orden fue fundada en Inglaterra, en 1887, por tres miembros de la Societas Rosicruciana in Anglia: el doctor William Woodman, el doctor Westcott y sir Liddell MacGregor Mathers. Su finalidad era la de estudiar, investigar y mostrar la doctrina esotérica.

Los Adamitas

Los adamitas deseaban encontrar la pureza y la inocencia propias del primer hombre. Tenían determinadas prácticas mágicas y trataban, siempre que les era posible, de despojarse de sus prendas y vivir desnudos, en contacto directo con la naturaleza, tal como Adán. Pero estos buscadores del Paraíso no tarda ron en ser acusados de inmorales e idólatras, por lo que fueron condenados por la Iglesia. Su existencia data del siglo III.

Los Agapetos

Al igual que los adamitas, también los agapetos anhelaban la pureza y la inocencia, y rechazaban todo lo material por considerarlo impuro. Esta secta del siglo IV, aunque permitía la vida comunitaria de ambos sexos, exigía absoluta castidad.

Los Abelitas

Los abelitas eran una secta del siglo IV que, como su nombre indica, eran seguidores de Abel; consideraban que éste, durante su existencia, había tenido una compañera o esposa, si bien nunca había mantenido relaciones sexuales con ella. Los abelitas predicaban la pureza y, por supuesto, la castidad total.

Los Priscilianistas

A esta secta, también del siglo IV, le viene su nombre de su fundador, Prisciliano, que fue condenado a muerte por herejía. Es probable que él fuese el primer ajusticiado de esa larga, casi interminable serie de hombres condenados a muerte por apartarse del pensamiento religioso ortodoxo. Los priscilianistas propugnaban el vegetarianismo, la pureza y sencillez de costumbres, la austeridad y la castidad.

Los Nestorianos

Por diferencias religiosas en cuanto a la naturaleza de Cristo, el que fuera patriarca de Constantinopla, en el año 428, Nestorio, fue expulsado del seno de la Iglesia por el Concilio de Éfeso. Los seguidores de Nestorio constituyeron la comunidad nestoriana, que llegaría a formar la Iglesia Siria, que niega a la Virgen como madre de Dios y considera a Nestorio como el gran profeta del sistema.

Los Goliardos

Prácticamente, nada se sabe de la secta denominada goliardos o Hijos de Golias. Tan sólo que deseaban la igualdad universal y la fraternidad, y que, en el 1072, fueron condenados por el Concilio de Rouen.

Los Ismaelitas

El ismaelismo reviste una importancia enorme, puesto que más allá de ser una de tantas sectas musulmanas, fue una importante secta de muy rico contenido esotérico, que influyó intensamente sobre otras muchas.

Fue fundada en Siria por un persa: Abdalá, hijo de Maimún, califa de la Casa de la Sabiduría, en el siglo IX. Se dividió en varias ramas —oriental, fatimita, renovada— y en varias sectas —drusos, nosairianos, asesinos—, y todavía actualmente subsiste en Zanzíbar, la India e Irán.

El ismaelismo cree en siete profetas o enviados (imanes), seis que ya han venido y un séptimo que habrá de venir y que será el «señor del tiempo».

Analizaremos seguidamente las tres sectas más importantes en que se dividió el ismaelismo: los drusos, los nosairianos y los asesinos.

LOS DRUSOS

La doctrina de los drusos es muy esotérica y difícil de asimilar. Esta secta fue fundada por Hakem –sexto califa fatimita de Egipto– y por Hamsa, en el monte Líbano. Sus miembros se clasificaban en dos categorías: la de los yakil o combatientes y la de los akil o ancianos. Solamente los akil tenían el privilegio de la iniciación y del conocimiento esotérico. No era fácil convertirse en akil, ya que previamente era necesario superar tres pruebas que exigían un gran esfuerzo por parte de la voluntad. El neófito debía llevar a cabo un largo período de ayuno; después era colocado frente a una mesa cubierta de suculentos manjares y debería resistir, inalterable, a la tentación de abalanzarse sobre los alimentos y satisfacer su hambre. La segunda prueba era más difícil: después de cabalgar durante tres días por el desierto, no debería beber el agua fresca y cristalina que ante él se le presentaba servida en una jarra. Y, por último, venía la tercera prueba, consistente en pasar toda una noche en la compañía grata de una hermosa y resplandeciente joven y no dejarse arrastrar por la lujuria. Trascendidas estas tres pruebas, el neófito podría convertirse en akil y aspirar al supremo conocimiento.

Los drusos creían en la reencarnación. Las almas encarnaban en unos u otros seres de mayor o menor evolución, según la persona hubiese practicado más o menos fielmente los mandamientos durante su vida. Consideraban que Dios era único y que a lo largo de la historia de la humanidad iba reencarnando y manifestándose así a los hombres, para mantener y robustecer la fe. Una de esas encarnaciones fue Hakem, quien no murió, sino que regresó a su mundo, y que en el futuro regresará para extender la fe a toda la Tierra.

Los Nosairianos

Los nosairianos vivían en el monte Líbano, creían en la unidad y eternidad de Dios y estimaban que las almas reencarnaban tantas veces como fuera necesario, hasta que obtuviesen la purificación y la iluminación, convirtiéndose entonces en luminosas estrellas. Entre sus prácticas religiosas destacaba un rito del vino, efectuado para obtener la iluminación y acercarse a la divinidad.

Para los nosairianos, Dios encarnó varias veces a fin de robustecer la fe de los hombres. Sus encarnaciones fueron Abel, Set, José, Josué, Asaf, Simón y Alí.

Los Asesinos

La orden de los asesinos fue fundada por Hassan, quien murió en 1124. Su sucesor habría de ser Kia-Busurgomid. El nombre de la orden deriva de *hashish*, ya que sus miembros eran adictos a esta sustancia.

Hassan se proclamó a sí mismo como una encarnación divina, y pronto su secta contó con numerosos seguidores. Hay que señalar que los asesinos llegaron a tener gran poder e influencia. Fanáticos y diestros combatientes, los adeptos de la orden de los asesinos resultaban sumamente agresivos y violentos en sus actividades bélicas.

Fueron los caballeros de la Orden del Temple los primeros en infligir un duro golpe a los «comedores de *hashish*», quienes tuvieron que pagarles tributo. Se ha llegado a decir que los asesinos hicieron a los templarios partícipes de su sabiduría esotérica, pero no es más que una mera especulación.

La orden de los asesinos fue exterminada por las hordas de Kia-Euzurgomjd, a mediados del siglo X.

Los Valdenses

El nombre valdense deriva del fundador de esta secta, llamado Pierre Valdo, comerciante de Lyon que, aunque quiso oponerse a sus fuertes inclinaciones espirituales, cedió finalmente a ellas, hasta tal punto de que abandonó privilegios, riquezas y familia para viajar libremente y enseñar su doctrina. Pronto contó con numerosos adeptos. En sus comienzos nada hay que denote que los valdenses fueran unos herejes, ya que lo único que deseaban era la fraternidad universal, la igualdad y eliminar las incorrecciones cometidas por la Iglesia. Aun cuando Pierre Valdo murió en 1190, sus discípulos no abandonaron por ello la misión propuesta y se establecieron en diferentes regiones y países. La furia de las Cruzadas cayó implacablemente sobre ellos, pero ni aun así pudieron ser aniquilados.

Los Cátaros

Los cátaros surgieron probablemente a lo largo del siglo XI en Bulgaria. Hay que señalar que desde sus comienzos fueron perseguidos con inusitada insistencia. Los cátaros que se establecieron en Italia fueron conocidos con el nombre de patarios, y los que se establecieron en Francia, con el de albigenses. Como muchas de las sectas que aparecieron en aquella época, pretendían combatir los pecados de la Iglesia y llevar la igualdad a todos los seres humanos.

De los patarios apenas se tienen datos. Se los conoce con ese nombre debido a que se reunían en un barrio de Milán llamado Pattaria. Luchaban por imponer la justicia social, la igualdad entre los hombres, y estaban en desacuerdo con el matrimonio y la procreación.

Los albigenses eran muy dualistas en su concepto del universo: lo dividían entre un Espíritu Benigno y un Espíritu Maligno, el Alma y la Materia, el Bien y el Mal... Llevaban una existencia muy austera y no aceptaban la carne en su alimentación, así como tampoco la leche ni los huevos. En realidad eran unos ascetas, y no cabe duda de que hombres de una gran honestidad. No creían en la creación del mundo –lo consideraban eterno– y sí en la transmigración de las almas.

Aun cuando durante las primeras décadas los albigenses se vieron protegidos por la fortuna, después habrían de soportar la cólera desatada de la cruzada que contra ellos envió el papa Inocencio III. A partir de ese momento, un trágico destino era todo lo que estos herejes podían esperar.

Los Hesicastas

Una de las sectas cristianas más curiosas e interesantes fue sin duda alguna la de los hesicastas. En unos momentos históricos (siglo XIV) en que la violencia estaba en todo su auge, en que el odio y las rencillas estaban a la orden del día, en que las plagas arrasaban poblados enteros, en que el hombre era desconfiado por naturaleza y en que la Iglesia ortodoxa se desenvolvía en un pomposo lujo, esos monjes quietistas que eran los hesicastas se apartaban en la soledad de sus monasterios y, mediante diversas técnicas y la oración, trataban de alcanzar el éxtasis místico que los condujese a la unión con la divinidad.

En un silencio absoluto, estos monjes, a los que se conoció por el sobrenombre de «almas-ombligo», se sentaban en el suelo —como si se tratara de yoguis o monjes Zen— y, dirigiendo la mirada al ombligo, comenzaban su meditación; a veces largas y fecundas meditaciones que duraban varios días.

Existen determinadas semejanzas entre algunas técnicas hesicastas y las de los yoguis. Aparte de la vida austera y muy sencilla del hesicasta, entregado a la meditación y a la castidad, igual que el yogui, se sabe que estos monjes empleaban algunos métodos de interiorización parecidos a los del radja-yoga y ciertos ejercicios respiratorios similares al *pranayama*. En el tratado *Méthodos* se explica:

Luego, sentado en una celda tranquila, haz lo que te digo: cierra la puerta y eleva tu espíritu por sobre todo objeto vano y temporal; entonces, apoyando tu barbilla sobre el pecho y dirigiendo la mirada corporal con todo el espíritu hacia el punto medio del vientre, o sea, el ombligo, comprime la respiración de aire que pasa por la nariz de modo que no respires cómodamente, y explora mentalmente en el interior de las entrañas para encontrar ahí el lugar que acostumbran a frecuentar todas las potencias del alma. Al principio encontrarás tinieblas y espesura empecinada; pero si perseveras y practicas esta ocupación noche y día, encontrarás, ¡oh maravilla!, una felicidad ilimitada...

Muy significativas son las palabras del monje Nicéforo:

Tú, pues, siéntate, concentra tu espíritu, introdúcelo en el conducto nasal por donde el aire respirado penetra en el corazón, empujándolo, y oblígalo a entrar en el corazón junto con el aire respirado. Conseguido esto, lo demás sólo brindará alegría y delicias. Al igual que cuando un hombre vuelve a su casa después de un viaje no sabe cómo se encuentra a causa de la alegría que siente al contemplar a sus hijos y a su mujer, del mismo modo el espíritu, cuando se une al alma, se llena de voluptuosidad y de alegría inefables.

Mediante las técnicas respiratorias y de introspección, mediante la oración sincera y la meditación, a través de una vida ascética y pura, los hesicastas iban conquistando superiores niveles de conciencia y se iban aproximando al anhelado éxtasis.

Los Flagelantes

¡Hasta qué extremos puede llegar el ser humano impulsado por su fanatismo! Desolación, guerras, asesinatos y... automaceración y autocastigo, como en el caso de la secta conocida por el nombre de los flagelantes, o también Hermanos de la Cruz o Portadores de la Cruz.

A mediados del siglo XIII un monje llamado Rainier exhortó a la flagelación pública; y a partir de entonces surgieron numerosos fanáticos religiosos que, en grupos dispersos, recorrían las ciudades de Europa ofreciendo el espectáculo sorprendente y angustioso de la autoflagelación. Aunque dicho movimiento fue prohibido severamente, sus miembros continuaron actuando clandestinamente. Mediante sus procedimientos y la oración deseaban evitar la llegada del anticristo y conducir a los hombres al seno de un riguroso cristianismo.

Cuando la secta de los flagelantes estaba en plena decadencia, surgió un nuevo apóstol: Conrad Schmid, quien sostenía que había que flagelarse para identificarse con el sufrimiento de Cristo, y que, además, la flagelación era como un purificador bautismo de sangre.

En 1368, después de haber sufrido suplicio, murió Conrad Schmid, quien desde entonces fue considerado por sus adeptos prácticamente como una encarnación divina. Señalaremos que todavía a comienzos del siglo XV fueron condenados a la hoguera cerca de cien flagelantes.

En Rusia, a lo largo del siglo X aparecieron algunas sectas que también buscaban la purificación mediante el autocastigo. Tenemos, por ejemplo, los «quemadores de sí mismos» (*soshi ganteli*), que se suicidaban arrojándose al fuego; los «sacrificadores de sí mismos» (*morelstschiki*); los disciplinantes (secta a la que pertenecía Rasputín); los «Hermanos de la muerte», que para poner término a su vida de pecados, se suicidaban, incluso dejándose morir de hambre, o los «Palomas blancas» (Skopzi), que se castraban para no practicar la sexualidad, y que llegaron a ser alrededor de 60.000, aun cuando se los penaba con trabajos forzados.

Rusia y América han contado con una enorme cantidad de sectas de muy variada naturaleza y finalidad.

El Maniqueísmo

El maniqueísmo es un sistema filosófico-religioso que fue creado por Manes, persa nacido alrededor del año 216. Rebosante de misticismo, deseando fervientemente reformar la moral, alentar la vida del espíritu y universalizar el amor, Manes, a partir del año 242, comenzó a realizar prolongados viajes por la India, China, etc. Regresó a Persia en el 270, en donde despertó la animadversión y la cólera de los magos. ¿Cómo murió Manes? Es difícil saberlo, pues existen varias versiones: una sostiene que fue despellejado vivo, otra que murió de hambre en una cárcel, y una última que cuenta cómo los magos le hicieron crucificar. Comoquiera que fuese su muerte, es indiscutible que se debió a los magos, lo que convirtió a Manes en un mártir para sus seguidores. Del siglo IV al VII, el maniqueísmo obtuvo una enorme difusión y se extendió por el norte de África y por el Asia occidental. San Agustín perteneció durante diez años a este sistema.

La doctrina del maniqueísmo era muy similar en ciertos aspectos a la del zoroastrismo, aunque contenía también elementos del judaísmo, del budismo y del mitraísmo. Fundamentaba su doctrina en un riguroso dualismo entre el aspecto positivo y el negativo, el mundo de la luz y el mundo de las sombras, el bien y el mal; pero trataba de ir más allá de ese dualismo, de trascenderlo. Manes —cuya doctrina era sumamente esotérica para algunos— concibió un sistema cuyos principios resultaban muy interesantes, aunque muchas veces hayan sido tergiversados o mal interpretados.

LOS SUFÍES

Los sufíes representaban el más puro misticismo musulmán. Recibían su nombre del vocablo *suf*, que significa lana, porque la prenda con que cubrían la parte superior de su cuerpo estaba confeccionada con este tejido. Aun cuando posteriormente habrían de surgir múltiples sectas sufíes, y cada una seguiría sus propias técnicas místicas, todas ellas tendrían como fin básico y sustancial la purificación del espíritu y el autoadiestramiento espiritual a fin de llegar a la comunión mística con la divinidad. En los comienzos del sufismo, durante las primeras décadas del siglo IX, los más renombrados sufíes fueron Yazid Bastami, Tirmidhi, Jonyad y Hallaj, este último sometido a suplicio, sin que llegara a anular su mística alegría y su envidiable paz interior.

La situación de aquellos primeros heterodoxos religiosos fue muy difícil, y no cabía mayor inseguridad para sus vidas, pero aun así demostraron un valor inquebrantable y una fe únicamente similar a la de los primeros mártires cristianos.

Los Derviches

Los derviches son determinados ascetas musulmanes o egipcios, que al igual que los aissauas se sirven de unos muy peculiares procedimientos para desencadenar diversos estadios de conciencia. Han existido múltiples órdenes derviches –las primeras fueron formadas por los almohades– y cada una emplea sus propios métodos, aunque todos ellos resultan similares. Algunas órdenes derviches han sido sufíes y sus miembros han alcanzado una sorprendente elevación espiritual.

Los derviches se reúnen en grupos para llevar a cabo sus danzas del éxtasis. Colocados en círculo, comienzan a bailar con un ritmo muy lento y mesurado, a la vez que en voz baja van pronunciando el nombre de Dios y frases de naturaleza místico-religiosa. Pasado un tiempo, el ritmo de la danza se va acelerando progresivamente y la voz de los danzantes va subiendo considerablemente de tono. El ritmo se hace febril y delirante; los giros se suceden con increíble movilidad; de lo más profundo del ser, casi como en un rugido, sale el nombre de su dios. Finalmente los danzantes van cayendo exhaustos en el suelo, únicamente en compañía mística con su dios. Las danzas y los cantos son animados con la melodía sutil y esponjosa de las flautas. Todo ello colabora a crear un especial clima de adoración y misticismo.

Los Caraítas

Los caraítas eran una secta judaica fundada en el siglo VII por Abne Issa d'Ispahan, que sostenían que Jesús era el verdadero Mesías. Perseguidos durante las primeras décadas del siglo VI, los caraítas, poco después de mediado el siglo, contaron con Ananben David, quien no solamente pensaba y predicaba que Jesús era el verdadero Mesías, sino que exhortaba a la libre interpretación del Tora (Pentateuco) y desestimaba el Talmud (código israelita).

El caraísmo se extinguió en el siglo XII.

Los Qadiri

Los qadiri fueron una secta derivada de los derviches, cuya fundación se debió a Abdul-Qadir-il Yilani, místico sufí que nació en el siglo XI. Fue célebre por su santidad, por sus claras ideas místico-religiosas y por sus acentuadas facultades de taumaturgo, debido a lo cual contó con numerosos adeptos.

Los Rifa, Iya

Secta de derviches fundada por Ahmad El-Rifi, cuyos miembros se servían de determinados procedimientos de danza y canto que los inducían a un estado de trance o autohipnosis, durante el cual superaban el dolor, totalmente insensibles a las heridas.

Lógicamente, el estado de exaltación a que sus prácticas los sometían eliminaba toda sensación sensorial; la enorme efervescencia de sus mentes y de sus espíritus eliminaba temporalmente la actividad de sus órganos sensoriales y les era dado realizar numerosos ejercicios que frisaban en un asombroso faquirismo.

Los Husitas

Los husitas debieron su fundación a Juan de Hus (1369-1415), del que tomaron su nombre. Como tantas otras sectas, ésta surgió para combatir los abusos de la Iglesia y, como tantas otras veces, su fundador habría de ser condenado y muerto en la hoguera.

Los Picardos

Dentro de la secta de los husitas, apareció la denominada de los picardos, dirigidos por Peter Kanisch, condenado a muerte por los mismos husitas en 1421. Los picardos negaban la realidad del cielo y del infierno y sostenían que había que buscar a Dios en el interior del hombre.

Los Adventistas

Los milleristas, más tarde conocidos como adventistas, son una secta cuya fundación se debe a William Miller (1782-

1849), granjero de Massachussetts, que predijo que Cristo volvería a la Tierra en 1843. Convencido de su profecía, la difundió tanto como era posible. No obstante, cuando la fecha proclamada se aproximaba, dudó, y de sus dudas surgió otra creencia: que Cristo aparecería el 22 de octubre de 1844.

William Miller estaba completamente seguro entonces sobre la llegada de Cristo. Tanto es así que su convicción alentó la de sus fieles y éstos, jubilosos ante el glorioso día, se vistieron de blanco y se encaramaron en los lugares más altos para recibir al Bienamado. La decepción debió de ser enorme y las explicaciones de Miller, poco convincentes. Pero la secta continuó, porque el cálculo era un error humano y, naturalmente, no un error divino. Nuevas esperas y nuevas decepciones. Pero los adventistas tienen confianza. Han aprendido a esperar. Esperarán un siglo o varios, no importa, porque Él vendrá tarde o temprano; tiene que venir. Los adventistas forman una secta muy numerosa.

Los Anabaptistas

Los anabaptistas encontraron su origen en Alemania, en el siglo XV. Dos de sus más apasionados seguidores fueron Thomas Munzer (1489-1525) y Kaspar von Schwenkfe (1490-1561). Rechazaban las doctrinas cristianas, consideraban necesario un segundo bautismo en la edad adulta y predicaban la igualdad social. Fueron perseguidos en Holanda, Suiza y Alemania. En la actualidad están radicados principalmente en Inglaterra y Estados Unidos.

EL BABISMO

El babismo fue fundado en el siglo XIX por Mirzá Ah Mohammed, más conocido con el sobrenombre de Bad-ed-Din, quien sin ninguna clase de reparos tuvo a bien proclamarse a sí mismo como encarnación de los grandes maestros y portador de las grandes enseñanzas. Con un gran contenido sufí, fundó esta sociedad, la cual pretendía una verdad para toda la humanidad e interpretaba el islamismo desde sus puntos de vista.

Bad-ed-Din y la secta fueron derrotados por el Sah de Persia. Su fundador fue ajusticiado en 1850.

LOS MORMONES

Un templo, un almacén y un molino. Tales eran las posesiones de unos personajes que por aquel entonces –primeras décadas del siglo XIX– se decían pertenecientes a la Iglesia de los Santos del Último Día.

El 6 de abril de 1930, Joseph Smith fundó una secta denominada mormones o Santos del Último Día, en Fayette, Seneca County, Estados Unidos. Dos años antes, un ángel llamado Moroni, hijo de Mormón, profeta de la América precolombina, se había presentado ante él para anunciarle la existencia de un libro redactado en unas tablas de oro, en donde estaba la verdadera enseñanza, aquella que le permitiría rejuvenecer la auténtica religión. Smith buscó el libro, lo encontró y comenzó rápidamente a traducirlo. Allí estaban los principios religiosos necesarios para el nuevo culto. El fundador y sus seguidores se establecieron en Kirtland. Un templo, un almacén y un molino. Años después fueron expulsados de esta ciudad y tuvieron que asentarse en Nauvoo. En junio de 1844, Joseph Smith encontraba la muerte en un linchamiento preparado por sus enemigos.

Toda la doctrina de los Santos del Último Día se basa en el *Libro de Mormón*, escrito, según sus detractores, no por Mormón, sino por un pastor llamado Salomón Spalding. Presionados por el gobierno, los mormones han perdido mucho de la doctrina original, que permitía la poligamia, creía en la divinidad inmersa en el ser humano, la Trinidad, el bautismo por inmersión, la imposición de manos, la pluralidad de los mundos y la redención de los pecados sin confesión; además negaba que toda la humanidad tuviese que padecer el pecado cometido por Adán.

Los Mennonitas

Los mennonitas surgieron alrededor de 1525, en Zúrich, donde fueron implacablemente perseguidos. Parte de ellos emigraron a América y crearon allí sus comunidades. Son disidentes de los anabaptistas y sus miembros llevan una vida que raya casi en lo ascético. En contra de todo progreso material, básicamente pacifistas, primordialmente agrícolas, viven en núcleos muy cerrados, en casas construidas por ellos mismos, rechazando todo adelanto moderno y todo lujo.

HERMANDAD DE LUXOR

Se trataba de una sociedad secreta e iniciática, a la cual se supone que pertenecieron H. P. Blavatsky y el coronel Olcott, organizada a finales del siglo XIX y que interpretaba y seguía a su modo las enseñanzas rosacrucianas.

LOS ILUMINADOS

En 1776 aparecía en Baviera una secta que, aun siendo de corta duración, adquirió gran importancia. Se denominaba Los Iluminados, y Adam Weishaupt, profesor de Derecho canónico en la Universidad de Ingolstadt, fue su fundador. Deseaba el progreso moral y espiritual del ser humano. En 1780, la secta fue reformada por el barón Knigge. Tres años después, los iluminados eran condenados por la Iglesia, y, poco más tarde, la secta era perseguida en toda Alemania y prohibida en Baviera; varios de sus maestros, entre ellos el mismo Weishaupt, fueron desterrados.

Los iluminados formaban una secta esotérica, de contenido doctrinal en cierto modo ecléctico, con elementos de diversos sistemas y con una organización de marcada influencia masónica. Sus miembros iban recibiendo la iniciación a medida que iban madurando espiritualmente. La iniciación constaba de trece grados —clasificados en cuatro grupos—: Preparatoria, Novicia, Minerval, Illuminatus Minor (grupo Seminario), Aprendiz, Compañero, Maestro (grupo masonería simbólica), Iluminado Major, Illuminatus Dirigens (grupo masonería escocesa), Sacerdote, Regente, Mago y Rey (grupo Misterios).

La enseñanza se iba ampliando y haciendo más consistente a medida que el adepto iba siendo iniciado. Los primeros cuatro grados eran preparatorios; el adepto debía obedecer e irse transformando poco a poco. Mediante los cinco grados siguientes, aprendía a penetrar en lo existencial y en sí mismo, descubriendo nuevos e importantes valores. La transformación se iba haciendo más sólida. Los últimos grados permitían una visión sabia y completa del universo y del hombre; se encontraba la piedra filosofal espiritual y la metamorfosis era absoluta. Se trataba de un largo recorrido hacia la «realización», hacia la «integración» del hombre consigo mismo y con los demás.

La Iglesia Católica Liberal

Fue una sociedad de naturaleza puramente teosófica, fundada por Charles Leadbeater, consumado teósofo, escritor y conferenciante, que con sorprendente naturalidad exponía en sus obras sucesos de sus anteriores reencarnaciones y aseguraba haber estado en contacto con los maestros.

Charles Webster Leadbeater nació en Inglaterra el 17 de febrero de 1847. Cuando todavía era un adolescente, viajó en compañía de sus padres a Brasil, en donde encontró la muerte uno de sus hermanos, aquel que se asegura reencarnó en Jinarajadasa. De vuelta a Inglaterra, comenzó sus estudios en la Universidad de Oxford, aunque se vio obligado a suspenderlos por vicisitudes económicas.

En 1878, Leadbeater se ordenó pastor anglicano, y ejerció el sacerdocio durante seis años, hasta que se hizo miembro de la Sociedad Teosófica y acompañó a la señora Blavatsky a la India. Allí recibió la enseñanza de los maestros y aprendió a desarrollar sus facultades clarividentes. Posteriormente desempeñó en la Sociedad Teosófica el cargo de secretario archivero, y visitó Birmania y Ceilán. Regresó a Inglaterra y, a partir de 1896, realizó múltiples viajes por todo el mundo, pronunciando conferencias sobre teosofía.

En 1906 dimitió de la Sociedad, a la que volvería dos años después. Un año más tarde se estableció en Adyar y colaboró activamente con Annie Besant. Por último, viajó a Australia, donde se dedicó de lleno a trabajar en favor de la sociedad creada por él: la Iglesia Católica Liberal.

SECTAS DEL HINDUISMO

El visnuismo:

Los devotos de Visnú, divinidad serena y misericordiosa, amante de los hombres y siempre dispuesta a protegerlos, le conceden un destacado puesto al amor y a la devoción (*baakti*). Formaron el culto conocido como visnuismo.

Los ramanandis:

Esta secta fue fundada por Ramananda, aproximadamente en el 1400. Los ramanandis persiguen la liberación a través del amor a la divinidad y la entrega absoluta a ella. Carecen de prejuicios de casta, confieren los mismos derechos a la mujer que al hombre y son devotos de Rama.

Los krishnaitas:

Los miembros de esta secta son devotos de Krishna y tratan de alcanzar la liberación a través del amor y de la devoción.

Los saktas:

La secta de los saktas observa el culto a la madre divina, a la *sakti*. Hay dos ramas:

— Los vamamargis: son los saktas de mano izquierda, que tratan de entrar en comunión con la divinidad mediante la realización sexual.

— Los dakshinamargis: son abstinentes y para obtener la fusión con la divinidad se sirven de la interiorización y la meditación.

Los sivaítas:

La secta de los sivaítas es devota del dios Siva, divinidad muy contradictoria, ya que puede entenderse como la más edificante y también como la más destructiva. Existen múltiples ramas sivaítas:

— Los pasupatas: secta extinguida en la Edad Media, adoraban a Siva en su aspecto de protector y amante de los individuos. Eran seguidores de los preceptos de la filosofía Samkya y para su adiestramiento espiritual se servían de diversas técnicas propias del yoga, especialmente del *lapa* (repetición de mantras).

— Los kapalikas: son adoradores del aspecto destructor de Siva, de la muerte, y a través de ella buscan la liberación. Tratan de permanecer en estrecho contacto con la muerte, hasta el punto de que se frotan el cuerpo con cenizas funerarias, asisten con mucha frecuencia a los cementerios, y toman sus alimentos y bebidas en cráneos.

– Los lingayats: son adoradores del aspecto constructor de Siva, de la creación y de la fecundidad. No admiten la autoridad de los brahmanes, ni las teorías del karma y de la reencarnación. Siguen el culto al *linga*.

– Los agamantinos: tienden mucho más a la filosofía que a la ascesis y siguen los principios de los textos denominados *agamas*. Creen en Dios y en la individualidad de las almas. Consideran que el ser humano debe disipar la ilusión (*maya*) para alcanzar la liberación.

– Los gorakhnathis: buscan la liberación a través de las técnicas propias del hatha-yoga, obteniendo un espectacular control sobre su cuerpo y sobre su mente. Llevan una vida muy disciplinada y en cierto modo ascética.

Otros devotos sivaítas son los urdhvabahas, que pasan incluso años o toda una vida con los brazos en alto; los ajçha-samukhins, que pasan largos períodos de tiempo mirando al cielo; los raseshavaras, que se purifican mediante el mercurio, o los bahikatas, que expían sus faltas mediante el autocastigo, a veces hasta un extremo tal que se dan cuchilladas en el propio cuerpo.

Si un país merece destacarse por la riqueza de su espiritualidad es la India. Desde los tiempos más remotos han proliferado en ella los cultos, las sectas y las escuelas filosóficas.

BIBLIOGRAFÍA

Abu Bakr Siraj-Ed-Din: *The Book of Certainty*. Rider and Co. Londres.

Beardsley, H. M.: *Joseph Smith and His Mormon Empire*.

Beneviste, E.: *Hymnes Manichées*.

Bricaud, J.: *Les Illuminés d'Avignon*. París, 1927.

Burckardt, T.: *Du Soufisme*.

Burkitt, F. G.: *The Religion of the Manichees*. Cambridge, 1925.

Clymer, R. S.: *La Fraternidad de la Cruz Rosada*.

_____*The Way to Life and Inmortality*.

_____*Los Rosacruces y sus Enseñanzas*. Kier. Buenos Aires.

_____*La Filosofía del Fuego*. Kier. Buenos Aires.

_____*Cristification*.

Cumont, F.: *La Cosmogonie Manichenne*. Bruselas, 1908.

Cumont y Kugener: *Recherches sur le Manicheisme*. Bruselas, 1912.

Documentos de Comunidades Derviches Contemporáneas: Kalendar. Buenos Aires.

El Libro de Mormon: «Iglesia de Jesucristo de los Santos de los Últimos Días». Salt Lake City, Utah.

Engel, L.: *Geschichte der Illuminaten Orders*. Berlín, 1906.

Guaita, S.: *Essais de Sciences Maudites*. Carré. París, 1890.

_____*En el umbral del Misterio*.

Heindel, M.: *Iniciación Antigua y Moderna*. Kier. Buenos Aires.

_____*Los Misterios Rosacruces y el Veto del Destino*. Kier. Buenos Aires.

_____*Cristianismo Rosacruz*. Kier. Buenos Aires.

_____*Recolecciones de un Místico*. Kier. Buenos Aires.

_____*Filosofía Rosacruz en Preguntas y Respuestas*. Kier. Buenos Aires.

_____*Concepto Rosacruz del Cosmos*. Kier. Buenos Aires.

_____*Cartas a los Estudiantes*. Kier. Buenos Aires.

_____*Enseñanzas de un Iniciado*. Kier. Buenos Aires.

Idries Shah: *Problemas Especiales para el Estudio de las Ideas Sufíes*. Kalendar. Buenos Aires.

Jackson, A. V. W.: *Researches in Manichacisme*. Bruselas, 1912.

Nicholson, R. A.: *I Misten dell' Islam. Il Sufismo. Fratelli Bocca*. Tonno.

Papus: *La Reincarnation*.

_____*La Triade Initiatique*. Dangle. París.

_____*Conferences Esoteriques*. París, 1908.

_____*Tratado Elemental de Ciencias Ocultas*. Kier. Buenos Aires, 1951.

_____*Tratado Elemental de Magia Práctica*. Kier. Buenos Aires, 1952.

Peladan, J.: *La Rose-Croix*.

_____*Acta Rosae Crucis*.

_____*Orpheé*.

_____*Le Mystére du Graal*.

_____*Oedipe et Sphinx*.

Roche, D.: *Etudes Manicheennes et Cathares*. Arques, 1952.

Sirdar Ikbal Ali Shak: *Islamic Sufísm*.

Smith, Margaret: *The Sufí Path of Love*.

_____*The Sufie Message of Hazrat Inayat Khan*.

St. Runciman: *Le Manicheisme medieval*. Payot. París.

Textos Sufíes: Kalendar. Buenos Aires.

Vett, Carl: *Dervish Diary*.

Widengren, G.: *Mesopotamian Elen in Manicheisni*.

ÍNDICE